论公司财务责任

——基于价值创造的视角

莫磊 著

西南财经大学出版社
Southwestern University of Finance & Economics Press

中国 成都

图书在版编目(CIP)数据

论公司财务责任:基于价值创造的视角/莫磊著. —成都:西南财经大学出版社,2022.10

ISBN 978-7-5504-4990-9

Ⅰ.①论… Ⅱ.①莫… Ⅲ.①公司—财务—法律责任—研究—中国 Ⅳ.①D922.291.914

中国版本图书馆 CIP 数据核字(2021)第 149239 号

论公司财务责任——基于价值创造的视角

LUN GONGSI CAIWU ZEREN——JIYU JIAZHI CHUANGZAO DE SHIJIAO

莫磊 著

责任编辑:杨婧颖
责任校对:雷 静
封面设计:张姗姗
责任印制:朱曼丽

出版发行	西南财经大学出版社(四川省成都市光华村街55号)
网 址	http://cbs.swufe.edu.cn
电子邮件	bookcj@swufe.edu.cn
邮政编码	610074
电 话	028-87353785
照 排	四川胜翔数码印务设计有限公司
印 刷	郫县犀浦印刷厂
成品尺寸	170mm×240mm
印 张	19
字 数	415 千字
版 次	2022 年 10 月第 1 版
印 次	2022 年 10 月第 1 次印刷
书 号	ISBN 978-7-5504-4990-9
定 价	98.00 元

前言

公司财务责任问题一直充分体现在我国企业改革发展历程中。它最初体现在国有企业从政府附属执行机构向现代公司转变的第一轮改革探索中，并最终成为国有企业新财务管理体制建立中的重要思想与管理实践支撑。1980年开启的利润留成制标志着国有企业开始享有部分收益分配的财务权利，但前提是其完成了成本控制与收益增长的财务责任。1993年，《中华人民共和国公司法》（以下简称《公司法》）正式颁行，确立了在公司制度框架下公司财务权利与财务责任具有对等性的法律精神。相比《企业财务通则》（1992），2006年全面修订的《企业财务通则》对"责任"的具体要求由最初的1处增加到14处，初步形成了公司财务责任的基本规范框架。当前，它拓展于我国的立法演进与全面深化改革之中。2014年《中华人民共和国环境保护法》（以下简称《环保法》）修订的经济实质在于将公司耗用的隐性环境成本显性化为公司财务性责任，从而于外引导公司生产经营的环保化、于内拓展了公司财务责任的内涵与意义。2015年出台的《关于国有企业功能界定与分类的指导意见》提出了"分类定责考核"的改革方向与要求，这意味着国有企业改革正在进入"财务责任分类界定与分类考核"的新时期。

财务责任是公司财务责权利关系的中心问题①②，它反映了财务目标的

---

① 郭复初. 财务通论［M］. 上海：立信会计出版社，1997.
② 张兆国. 论国有企业财务宏观管理中的几个问题［J］. 财政研究，1998（4）：54-56.

内在要求，是评价财务工作绩效的标准。然而，较之当前以财权配置为中心内容的财务治理理论研究的繁荣与深入，作为与财权相对应的财务责任问题却依然处于缺乏系统性研究的滞后阶段，这便导致了财务治理理论中财权维度与财务责任维度不平衡、不协调的研究现状。从公司治理的制衡性发展需要来看，公司财务责任问题是进一步深化现代企业制度改革的一个重要问题，对其进一步深入研究具有理论必要性和现实迫切性。

从理论价值来看，对公司财务责任问题进行系统性研究，对于公司财务治理理论体系的制衡性完善、揭示财务责任创造公司价值的内在规律与实现路径，具有创新性的理论探索价值。从宏观现实意义来看，在经济发展进入新常态时期深入研究公司财务责任问题，对于完善公共财务规则、指引公司财务活动的价值重构、引导行业和公司两个层面协同推进结构性供给侧改革，以及助力国有企业全面深化改革等方面都具有一定的参考价值与实践意义。从微观现实意义来看，对公司财务责任问题的深入研究探索，有利于推进财务责任与公司发展战略的融合，从而更好地指引公司最优化地配置和使用财务资源（如创新优化公司的投资方向等），更有效地提升公司层面的供给能力，并更好地保障公司价值最大化等财务目标的可持续实现。

鉴于此，本研究立足于开拓创新，以马克思辩证二重分析法为指导，对公司财务责任问题展开系统深入的研究，以努力改进这一领域缺乏系统性研究的现状。研究架构上，在导论中分别对财务责任和马克思辩证二重分析法在企业财务等研究领域运用的相关研究进行了文献综述。在此基础上，将正文分为七章展开研究：

第一章，公司财务责任的制度背景与理论基础。首先，梳理了我国三个不同层次制度规范体系对公司财务责任的客观制度要求。其次，以马克思政治经济学理论、公司契约理论等理论为依据，以马克思主义辩证二重分析法为基本分析方法，以公司、公司财务和公司财务责任的本质性二重属性为研究主线展开论述，并由此构建公司财务责任的理论体系。最后，将公司财务责任与公司社会责任进行理论辨析，以明确不同概念的内涵与理论边界。这一章为全书奠定了理论基础。

第二章，公司财务责任的价值创造机理解析。分析论证了公司财务责任的不同属性在公司价值创造过程中发挥的不同作用以及它们之间内在的统一性与潜在的矛盾性。最后归纳论证，提出两者以公司发展战略为融合和协同中心统一于公司价值创造的过程中。这一章为实证检验提供了理论依据。

第三章，财务责任融入公司融资战略的价值创造实证检验。以第二章论证的财务责任价值机理为理论依据，以2007—2014年中国A股上市公司的财务数据为研究对象，对公司财务责任二重属性在融资战略中的统一性价值创造效应进行实证检验。

第四章，财务责任融入公司人力资本战略的价值创造实证检验。以第二章论证的财务责任价值机理为理论依据，以2008—2010年中国央企控股上市公司的财务数据为研究对象，对公司财务责任二重属性在人力资本战略中的统一性价值创造效应进行实证检验。

第五章，财务责任融入公司市场战略的价值创造实证检验。本章以第二章论证的财务责任价值机理为理论依据，以2012—2015年中国A股上市公司的财务数据为研究对象，对公司财务责任二重属性在市场战略中的统一性价值创造效应进行实证检验。

第六章，财务责任融入公司环境战略的价值创造实证检验。本章以第二章论证的财务责任价值机理为理论依据，通过手工收集整理的方式，以在2008—2014年完整披露了环保投资数据的上市公司为研究对象，对公司财务责任二重属性在环境战略中的统一性价值创造效应进行实证检验。

第七章，公司财务责任持续创造公司价值的保障机制建议。本章从政府和公司两个层面提出建议，以构建起外部监管与内部治理相配合的引导公司财务责任持续创造公司价值的保障机制。

通过以上研究，本书形成了如下主要结论，这对于公司财务责任的确立与建设具有一定指导意义，其中实证检验的相关结论凸显了公司财务责任改进的重要意义。

第一，本书理论分析部分表明，马克思辩证二重分析法揭示了公司财务责任所固有的二重属性：一是与公司生产力相联系的公司财务责任的自然属性，它是公司的自然属性（生产力属性）在公司财务层面的原则性体现与责任性要求；二是与公司生产关系相联系的公司财务责任的社会属性，它是公司的社会属性（生产关系属性）在公司财务层面的原则性体现与责任性要求。在创造公司价值过程中，公司财务责任的自然属性与社会属性之间既有统一性又有矛盾性，而公司发展战略是两者间潜在矛盾性关系得以协调统一的融合平台与协同中心。以马克思辩证二重分析法为基础构建的公司财务责任理论与西方公司社会责任理论之间具有本质性区别，这主要体现在三个方面：两种理论衍生的实践依据不同，两种理论建构的研究立场不同，两种理论研究的内涵范畴不同。

第二，本书实证研究表明，社会主义市场经济下的公司财务责任，无论是融入公司的融资战略、人力资本战略，还是融入公司的市场战略乃至环境战略，最终无一不反映在公司价值的创造成效上：公司财务责任在不同层面上的改进与提升，都对公司价值创造形成了显著的促进效应，而且这种效应是总体的、全方位的。

第三，实证检验结果进一步表明，非国有控股公司的财务责任的价值创造效应总体上更为显著，这表明总体而言非国有资本在利用公司财务责任的价值创造功能上具有更好的竞争力与创造力。但例外出现在公司环境战略中，国有公司的财务责任（以环保投资为代理变量）与公司价值之间呈现显著的正相关关系，而这一关系在非国有公司中却并不成立。这反映出在经济新常态改革时期，政府在战略性、前沿性等关键领域对国有资本投向的引导和推动具有重要意义。同时，这也意味着，应当注重将非国有资本的竞争力、创造力与国有资本的规模优势、发展优势相结合，从而通过各取所长、相互促进的方式来发展混合所有制经济。

第四，总体上，本书研究表明，在公司治理中嵌入财务责任维度，确立财务责任与公司发展战略相融合的现代公司财务运行机制，对于约束、制衡与指引公司财权在财务决策中的合理运用具有不可或缺的制衡性治理作用，是从科学化和系统化管理的角度提升公司（尤其是国有性质的公司）价值创造效应的重要财务方式。因此，应构建起外部监管与内部治理相配合的引导公司财务责任持续创造公司价值的保障机制。

本书可能的研究创新主要体现在三个方面：

第一，探索了马克思辩证二重分析法与西方实证研究方法相结合的研究方式在公司财务领域的具体实现。本书关于财务责任的理论构建部分以马克思辩证二重分析法为指导方法和基本理论依据展开，而财务责任的实证分析部分则运用西方实证研究方法进行了较为全面的实证检验，从而在公司财务领域创新探索了两类不同研究方法的有机结合与综合运用。这同时也从公司财务层面上体现了马克思主义二重性理论及其分析方法对中国经济改革与创新发展的重要指导作用，这将为公司财务领域研究方法和研究方式的探索创新提供有益启示。

第二，构建了公司财务责任理论体系。本书尝试通过系统构建的方式提出公司财务责任的理论体系，并通过历史与逻辑相统一的研究思维、制度演进与案例佐证相配合的论证方式来全面展开论述。书中所构建的财务责任理论体系探索了公司财务领域关于责任维度的系统研究，丰富了财务治理理论关于财务责任维度的研究文献，为公司完善财务治理提供了新的考察视角与实践路径。

第三，提出并实证检验了关于公司财务责任统一性价值创造机理的独立性见解。目前关于公司责任履行机制与公司价值创造关系的国内外相关研究总体上还处于研究碎片化、观点差异化的阶段，这一研究困境亟待破解。对此，本书从财务责任具有二重维度的整体视角出发，系统辩证地提出了公司财务责任的统一性价值创造机理；同时，本书通过多角度的实证研究，验证了公司财务责任统一性价值创造机理的客观存在性与普遍适用性。本书的这一研究突破了以往研究中的单一思维，为公司责任履行机制与公司价值创造相关关系的研究领域提供了新的研究思维和有益启示。此外，从当前中国社会主义市场经济全面深化改革的视角来看，本书的这一独立性见解对于公司财务责任的确立与完善、对于现代企业制度的探索深化具有一定的指导意义。

莫　磊

2022 年 4 月

目录

导论

一、研究背景与意义

（一）研究背景

在公司契约理论框架下，以及在不完全契约引致的利益博弈和再谈判过程中，公司控制权与财权的均衡配置已形成，实质上相应契约中的财务责任条款也已达成。这些财务责任条款或为显性，或为隐含状态，都是对财权配置边界的界定、约束和制衡。因此，在一个健全的公司财务体系中，必须充分考虑并明确与财务主体相应的财务责任问题。然而公司财务责任问题在理论和实践中却一直没有得到足够的关注与重视。例如，很多上市公司偏好以资本市场为融资平台，重融资数量却不讲求融资回报，缺乏必要的融资责任约束机制，而国有上市公司中大额补贴与大额亏损并存的现象更是令人震惊。可以看到，当前我国上市公司普遍处于财权与财务责任严重不对称的失衡状态，这正是上市公司诸多弊病的财务根源所在。在一定意义上来说，财务责任是公司财务责权利关系的中心问题①②，因为它反映了财务目标的内在要求，是评价财务工作绩效的尺度。然而，相比当前以财权配置为中心内容的财务治理理论研究的繁荣和深入，作为与财权相对应的财务责任问题却还处于缺乏系统性研究的滞后状况，我们可以看到财务治理理论中财权维度与财务责任维度不平衡、不协调的研究现状。从公司治理的制衡性发展需要来看，公司财务责任问题是进一步深化现代企业制度改革的一个重要问题，对其进行进一步深入研究具有理论必要性和现实迫切性。

新中国成立以来，我国历届领导人始终坚持马克思主义在哲学社会科学工作中的指导地位，而我国哲学社会科学也在理论界工作者自觉学习和运用马克

---

① 郭复初. 财务通论 [M]. 上海：立信会计出版社，1997.
② 张兆国，孔庆贵，谭业富. 试论现代企业财务机制构造企业社会责任与财务管理变革：基于利益相关者理论的研究 [J]. 武汉大学学报（人文科学版），1998（5）：52.

思主义的过程中不断发展前进。习近平总书记在 2016 年哲学社会科学工作座谈会上进一步强调:"坚持以马克思主义为指导,是当代中国哲学社会科学区别于其他哲学社会科学的根本标志,……我国广大哲学社会科学工作者要自觉坚持以马克思主义为指导,自觉把中国特色社会主义理论体系贯穿于研究和教学全过程之中"①。这表明,新时期的哲学社会科学工作应自觉把马克思主义的立场、观点与方法贯穿于学术研究中,以不断形成具有中国特色的新理论成果。在以马克思主义方法论为指导开展财务领域研究时,财务的本质应当从财务的二重属性进行考察。事实上,客观事物(包括经济活动)无一不具有二重性,马克思辩证二重分析法正是通过对客观事物本质性的二重展现而成为认识事物的科学方法。

综上,公司财务责任的研究背景为本书研究提供了如下启示:第一,对公司财务责任的制度性规制是公司法律规制的重要构成部分,其重要性在制度演进中不断凸显;第二,缺乏来自财务责任的约束、制衡与问责考评机制,是很多公司财务活动效率低下的重要原因之一,因而研究公司财务责任问题具有重要的现实意义;第三,现有财务治理理论中缺乏关于财务责任维度的系统性研究,因而对公司财务责任问题进行系统、深入的研究,具有理论上的必要性和紧迫性,而马克思主义辩证二重分析法可以为这一研究的科学性和合理性提供方法论上的支持与依据。

因此,本书立足于开拓创新,以具有现代企业制度特征的有限责任公司和股份有限公司为研究对象,以马克思辩证二重分析法为指导,对公司财务责任问题展开系统、深入的研究,以努力改进这一领域缺乏系统性研究的现状。

(二)研究意义

从宏观管理层面上来看,在经济发展的新常态时期深入研究公司财务责任问题,对于完善公共财务规则、指引公司财务活动的价值重构、引导行业和公司两个层面协同推进结构性供给侧改革,以及助力国有企业全面深化改革等方面都具有一定的参考价值与实践意义。从微观层面上来看,研究公司财务责任问题对于完善公司治理体系的制衡机制、规范和优化公司的财务行为、揭示公司财务责任的价值创造机理与具体实现机制,有着积极的理论价值和现实意义。因此,本书的理论价值和现实意义分别归纳如下:

---

① 新华网. 习近平主持召开哲学社会科学工作座谈会并强调:加快构建中国特色哲学社会科学 [EB/OL]. (2016-05-17) [2021-10-08]. http://news.xinhuanet.com/politics/2016-05/17/c_1118882832.htm.

1. 理论价值

（1）创新探索了马克思主义辩证法在公司财务责任问题上的深入应用，丰富了以马克思主义方法论为分析方法的、探讨公司财务治理领域问题的研究文献。

公司财务治理理论研究中关于财务责任问题的研究深度不足，一定程度上是因为以往的相关研究中往往缺乏可以作为科学指导并能贯彻始终的研究方法论。本书研究表明，马克思主义唯物辩证法可作为财务治理理论相关研究中贯穿始终的理论分析工具，并从方法论的角度保障了研究的科学性。因此，本书不但丰富了以马克思主义方法论为分析方法的、探讨公司财务治理领域问题的研究文献，而且可为后续公司财务领域相关研究起到一定的启示作用。

（2）通过研究构建财务责任理论体系，拓展财务治理理论的责任维度。

尽管财务治理中财务责任问题的重要性已经在相关研究中得到了充分的肯定①，但总体而言，学界目前还缺乏对公司财务责任理论体系及其运行机制的系统性研究。然而，权责明确与权责匹配制衡在客观上是公司财务治理乃至公司治理得以良好、有序运行的客观必要条件，因此，在财权问题研究与财务责任问题研究之间呈现出鲜明不对称、不平衡的发展现状下，深入、系统研究公司财务治理的责任维度对于公司财务治理理论的完善与发展具有创新的制衡性理论价值。

（3）通过研究揭示公司财务责任的价值创造机理。

一方面，公司财务作为公司价值管理的基本工具，是公司价值创造过程中不可或缺的一部分。另一方面，从财务治理的视角来看，公司财权的运用与财务责任的履行构成了公司财务运行的客观内容。于是，公司财务责任的客观存在性及其具体履行情况也必然成为影响公司价值创造的重要因素之一。对此，本书通过理论解析、案例分析以及实证检验相结合的方式，揭示和呈现公司财务责任的价值创造机理，从而为充分发挥公司财务责任的价值创造功能提供理论依据和理论指导。

2. 现实意义

本书研究的现实意义又包括宏观现实意义和微观现实意义两个层面。

（1）从宏观现实意义来看，本书将为政府在宏观层面完善公共财务规则、规制财务责任以驱动实体经济创新以及助力国有企业全面深化改革等方面提供有益参考。

---

① 见郭复初、张兆国、傅磊、林钟高和叶德刚以及刘群和龙时华等相关研究中的观点。

首先，围绕公司法人格和利益相关者形成的财务责任关系链是公司财务治理的核心问题之一，深入研究公司的财务责任关系链，有利于促进宏观经济发展、民生改善、社会和谐等政策与公司财务的融合与互动。因此，本书将为政府从宏观上完善财务规则提供理论参考和经验性总结，以财务责任维度规制强化为线索，从而更好地将公共财务规则的设计与国家宏观改革方向相结合。

其次，本书将为我国规制和引导公司更好地适应当前经济形势的客观要求、更顺利有效地实现转型升级提供新的财务性治理工具，并通过由此衍生形成的责任治理效应，更好地驱动实体经济的发展与创新、更好地引导公司与行业两个层面协同推进当前的供给侧结构性改革。

再次，分类改革是当前国有企业全面深化改革的基本方向和基本要求。从公司财务的角度来看，不同性质、不同类型国有企业的财务定位与财务行为有别，这也就意味着国有企业改革正在进入"财务责任分类界定与分类考核"的新时期。因此本书将为国有企业全面深化改革提供财务视角的有益参考。

（2）从微观现实意义来看，本书将为公司治理体系的制衡性改进，以及公司财务责任与发展战略全面融合中的价值创新和价值创造提供经验证据与有益参考。

本书致力于厘清公司财务责任的理论体系，揭示并论证公司财务责任的价值创造机理，可以通过制衡财权配置带来公司治理效率的提升，为完善公司治理体系的制衡机制提供有益参考。同时，通过引导财务责任与公司发展战略的全面融合，可以更好地指引公司通过财务活动对财务资源进行最优化配置和最富有效率的使用（如优化创新公司的投资方向、更有效提升公司的投资效率等），由此，公司一方面更有效地提升了公司层面与社会需求发展相适应的产品（服务）供给能力，另一方面则可以更好地维持公司对价值最大化等财务目标追求的可持续性。总而言之，在微观意义上，研究以推动公司治理体系的制衡性改进为基点，为引导公司通过发展战略与财务责任的融合来开辟新的公司价值增长点与推进公司实体经济的创新性价值成长提供了经验证据与有益参考。

综上，本书对财务责任的系统研究不但是对财务治理理论的进一步探索和拓展，还有可能为公司价值相关理论开辟新的研究视角、为实践中公司价值可持续增长模式的探索提供理论参考与实践证据。同时，这还将为改善国有企业改革中财务治理效率不高、财权配置不均衡、财务驱动性创新不足等关键问题提供有益借鉴。

二、文献综述

公司制度是在西方国家自发自治的商业创新中发展而来的①，这一制度发展和繁荣到一定阶段才为商法所吸纳而规范为法律化的强制性规定②。因此，在以古典和新古典经济学为基础的西方经典公司理论中，公司相关的财务性责任并不是一个需要特别考虑的理论问题，而是被当作先天就内生于公司制度中必不可少的一个组成部分。例如，公司资本维持的财务责任、公司债务清偿的财务责任、公司追求财务资源优化配置的财务责任以及公司自负盈亏的财务责任等，无一不是法律框架下公司制度运行的基本原则与内在责任要求，又无一不默许为公司经营中管理层代表公司法人格开展经营活动的当然基本原则与基本前提。

在以新制度经济学为基础的西方现代公司理论当中，公司契约理论、公司产权理论、资产专用性理论、资源基础理论以及利益相关者理论等理论都隐含着一些关于公司具有财务性责任的重要启示与理论逻辑依据，尽管它们并没有直接通过"财务责任"或"财务性义务"这样明确的概念来进行阐述或论证；但这些有益的启示与理论逻辑依据往往都可以通过细致的理论解读获得。鉴于此，西方现代公司理论中关于公司财务责任的理论启示并不适合列示于本书的文献综述部分（因为并未直接阐述公司财务责任概念）。本书将在第一章第二节的理论基础部分对此进行清楚的阐述与深入、细致的解读。

不同的是，在我国微观公司组织的发展演进过程中，财务责任是一个非常重要的理论与实践问题，中西方研究的鲜明差异与我国宏观经济的历史演变密不可分。在我国从计划经济向市场经济转变的渐进过程中，公司财务责任问题实质上也历经了一个"从无到有、从部分到完全自主"的渐进式发展过程。这一过程中涌现出不少的关于这一方面的理论研究成果，它们在公司财务实践中发挥了积极有益的指导性作用。同时，将马克思唯物辩证二重分析法作为我国公司财务领域理论探索的科学方法论，是新中国财务学理论界一直以来的优良科研传统，也形成了一系列具有理论启示价值与实践指导意义的理论观点和研究成果。

由于国外研究中普遍没有专门对公司财务责任问题进行明确细致的研究③，而本书主要运用马克思辩证二重分析法来对公司财务责任问题进行深入

---

① 蔡立东. 公司制度生长的历史逻辑 [J]. 当代法学，2004 (11)：150-153.

② 雷光勇. 会计契约论 [M]. 北京：中国财政经济出版社，2004.

③ 这在一定程度上与西方理论界不注重系统性理论研究的研究范式有关。

研究，因此在文献综述部分主要以国内相关研究为依据（西方相关理论安排在理论基础部分进行列示和解读），分别对财务责任与马克思辩证二重分析法两个方面的主题进行阐述与归纳。

（一）公司财务责任问题的相关文献综述

依据在论及公司（企业）财务责任问题时的不同研究角度，目前已有文献主要从四个方面对公司财务责任问题进行了研究：其一是将公司内部财务管理体制问题或公司财务治理问题作为内容构成的一部分，并在一定程度上对财务责任的性质进行了界定，但这种研究相比财务治理理论中财权问题研究的深入程度尚相差甚远；其二是依据国有企业渐进式改革中不同阶段的演进背景而展开的关于国有企业财务责任问题的专门探讨；其三是对公司财务责任的社会嵌入性问题进行的探讨，这一方面主要是公司财务理论受到资产专用性理论、资源基础理论、利益相关者理论等不同立场的现代公司理论的思想碰撞而引致的研究，而这也大大拓展了公司财务责任的社会属性维度；其四是提出、探讨了一些与公司财务责任有一定相近之处的其他相关概念如"利益相关者增值分享"和"利益相关者满足"等的研究，这些相关概念的提出和探讨实质上是从利益相关者的立场来"换位探讨"公司对利益相关者的财务责任履行（情况）及其带来的经济后果问题。总体而言，已有研究为进一步系统深入地展开公司财务责任问题的研究提供了重要方向指引与理论基础。

1. 公司财务责任性质的有关探讨

我国著名财务学家郭复初最早在《财务通论》中明确论述了财务责任在公司财务活动中的重要角色，"公司财务中的责权利关系既矛盾又相互依存：财务责任是中心，它反映了公司财务目标的要求，也是评价财务工作绩效的尺度；财务权力是财务活动运行前提，它为财务责任的履行提供条件；财务利益是履行财务责任的目的"[①]。此后，郭复初教授又先后从"公司内部财务管理体制"和"公司财务治理结构"的角度对财务责任的性质和意义进行了相关论述。郭复初在分析公司高管财务行为时提出："公司内部财务管理体制是开展公司财务活动的前提，其设计应以财务责任为中心，以财责定财权、以财责定财利，从而实现权责利三个方面的有机结合。"[②] 此后，郭复初结合国有公司的财务治理现状提出："公司财务治理制度是有关公司治理层面在财务权力、财务责任与财务利益关系处理等方面的一整套制度，公司财务治理结构即

---

① 郭复初. 财务通论 [M]. 上海：立信会计出版社，1997：60.
② 郭复初. 论企业高层主管人员的理财行为 [J]. 财政研究，1998（5）：48-49.

公司财务管理体制。"①

　　汤谷良认为，企业全部的财务责任是资本保值增值责任和还本付息责任等多方面责任的综合②。张兆国对财务责任进行了具体的概念化界定："财务责任是指财务主体在筹资、投资、收益增长、资本保值增值等各方面财务活动中负有的责任，在财务责权利关系中，财务责任是核心，因为它是授予财务权力的前提和根据，而其履行情况又成为衡量财务利益的依据所在"③。王永海认为，科学健全的财务控制体系能有效保证财务信息的可靠性与准确性，并进而制衡财务契约的不完全性和财务责任的不对等性，因此，财务控制体系的健全程度同时也是国有资本是否可以退出企业的重要依据之一。宋献中认为，财务治理结构是一组规范所有者和经营者的财务权利、财务责任和财务利益的制度安排。傅磊提出，"一般意义上，公司财务管理体制是指规定公司财务关系的制度，这其中包括财务责任、财务权限、财务利益等方面"④。林钟高和叶德刚认为，"公司财务治理作为公司制度安排以促成财权、财务责任和财务利益在利益相关主体间的均衡配置为主要目的，从而为财务活动的效率与公平奠定制度基础"⑤。由此，他们提出，公司财务治理结构出现失衡和无序的根本性原因是财务主体的不明晰或财务责任、财权与财务利益没有实现对称性安排。刘群和龙时华认为财务权力的分割和财务责任体系的建立，是公司制下财务运行的根本前提⑥。罗演认为，公司财务责任是公司行为具有责任性的必然要求。张灵认为，公司责任主要包涵经营责任和财务责任两个部分，公司创新发展中的财务行为往往不可避免地涉及公司内外部的财务责任履行问题⑦。莫磊提出，财务责任是指公司在使用各种资源过程中所负有的、对公司拟制法人格和各利益相关方在财务方面的责任⑧。

　　综上，研究者普遍认为，在一个有效的公司财务治理体系（或者说一个

　　① 郭复初. 国有公司财务管理现状与治理分析 [J]. 财务与会计（理财版），2008（5）：24-25.

　　② 汤谷良. 经营者财务论：兼论现代企业财务分层管理架构 [J]. 会计研究，1997（5）：20-21.

　　③ 张兆国. 论国有企业财务宏观管理中的几个问题 [J]. 财政研究，1998（4）：54-56.

　　④ 傅磊. 国有企业财务管理体制改革的设想 [J]. 财政监察，2002（1）：16.

　　⑤ 林钟高，叶德刚. 财务治理结构：框架、核心与实现路径 [J]. 财务与会计，2003（4）：18.

　　⑥ 刘群，龙时华. 企业财务运行机制的动态协调 [J]. 当代经济，2008（5）：128.

　　⑦ 张灵. 试论企业财务的社会责任 [J]. 会计之友，2013（9）：73-75.

　　⑧ 莫磊. 论公司财务责任：基于财务治理体系制衡的视角 [J]. 财经理论与实践，2014（5）：61.

有效的公司财务管理体制）当中，财务责任是一个必不可少的构成维度，财务权力、财务责任与财务利益之间的矛盾关系是设计和优化公司财务治理的基本依据，公司财务的责权利相制衡是良好财务治理制度的必要性条件。以上相关文献均对财务责任对公司财务治理的重要性给予了一致性认同，都认为财务责任在公司财务治理体系中发挥着制衡财权配置、评定财务利益分配等重要作用。可见，已有研究主要是从公司财务治理结构或公司内部财务管理体制的视角来分析和探讨财务责任的性质、作用与地位，同时也有少数几篇文献对公司财务责任的范畴进行了初步的探索性界定。以上这些方面为本书展开全面系统的研究提供了研究启示，这在一定程度上也反映出公司财务责任形成和发展的特定理论背景，但总体而言，相关研究还没有对财务责任的内涵定义和范畴边界进行系统的规范性界定和充分深入的研究。简言之，现有关于公司财务责任性质的研究还主要停留在了关注和强调其"重要性"的层面，而对于其"内容实质"层面的研究尚处于初步探索阶段，因而亟待进一步深入。

2. 财务责任问题在国有企业改革发展中的探讨

在《公有制工业企业：绩效的决定因素》(*Public Industrial Enterprises：Determinants of Performance*) 中，作者对 13 个国家和地区的公有制企业进行了考察，并总结提出：决定公有制工业企业绩效的因素有三个方面，其中之一便是要赋予公有制企业足够的财务自主权并配置以相应明确的财务责任。这一观点得到了周叔莲、韩光道、杜乃涛及张惠忠等国内相关研究者的认同。

具体到我国，国有企业从行政部门的附属执行机构逐步转为"自主经营、盈亏自负的独立经营性财务主体"的改革进程是国有企业财务责任问题的基本历史背景。因此，我国国有企业财务责任问题的探讨往往与特定的国有企业改革阶段相联系。也正因为我国国有企业财务管理体制几乎历经了一个从无到有的过程，从而也成了本书研究中不同企业自主度下财权和财务责任的确定、演变及其影响后果的重要窗口和重要线索。

我国较早对国有企业财务责任问题进行相关探讨的代表学者之一是著名的财政学家与财务学家黄菊波教授。有所不同的是，他主要是以"经济责任"的表述来探讨这一问题。在试点国有企业利润留成制不久，黄菊波就提出，企业贷款的经济责任、经济效果和经济利益要紧密结合起来[1]。随后，黄菊波和尹卫生进一步提出，在扩大企业自主权的同时，必须加重企业的经济责任，坚

---

① 黄菊波. 利润留成试点中的几个问题 [M] //黄菊波. 改革与发展中的财政问题. 北京：经济科学出版社，1992.

决实行资金有偿占用制度，把权、责、利有机地结合起来①。此后，黄菊波（1992）对国有企业改革的权责关系进行了专门的总结："权和责的关系，责是前提和核心，权由责而来，正是由于需要负起经济责任，企业才要扩大企业的经济权力（自主权）"②。

对我国国有企业财务责任的阶段性演化研究的代表人物当属财务学家郭复初教授。郭复初最早在其著作《财务通论》中就对这一领域进行了系统深入的论述和分析，并在此后多次发表文章，更深入地探讨了国有企业财务责任的相关问题。总体说来，根据国有企业财务管理体制改革进程中财权和财务责任分割配置状况的不同，结合国有企业改革的进程，郭复初将国有企业财务责任的演变系统归纳为四个发展阶段③：第一阶段（1949—1978年），为计划经济体制下国家对国营企业"统一收支、统负盈亏"的发展阶段，这一时期国有企业的自主财权和财务责任都很小，且两者处于断层状态；第二阶段（1978—1984年），为"放权让利、统负盈亏"的发展阶段：在利润留成制（1980年）等分配领域制度改革放权的实施背景下，国有企业获得了一定内部性筹资权、投资权和基金使用权，也承担起一定内涵扩大再生产和职工薪酬方面的财务责任，国有企业财权和财务责任处于较为对称的初步发展状态；第三阶段（1984—1999年），为"扩权放利、共负盈亏"的发展阶段，1993年《企业财务通则》将财务分配制度明确规范为税后按资分配（包括国有股权），1993年《公司法》授予了公司自主筹资权，1998年的《中华人民共和国证券法》（以下简称《证券法》）等则进一步明晰了公司投资权，这一时期国有企业财权获得了全面的扩展，也赋予了国有企业清偿债务、部分盈亏自负的财务责任，但国有企业财权与财务责任不对称的失衡发展状态也由此开始形成了；第四阶段（2000年至今），以1999年《中共中央关于国有企业改革和发展若干重大问题的决定》的出台为标志，现代企业制度发展导向下的国有企业开始进入"财务自主、盈亏自负"的新发展阶段：形成了财务决策权、财务执行权与财务监督权相互独立的财权配置体系，在财务责任方面，国有企业开始独立承担盈亏自负的责任，从而进入了国有企业自主协调和处理国有企业与利益相关主体间财权、责、利关系的新发展阶段。郭复初对国有企业财务改革的分阶段演进

---

① 黄菊波，尹卫生. 更新改造资金管理制度的演变及其经验教训 [J]. 财政研究，1980（4）：10.

② 黄菊波. 扩大企业自主权中一个不容忽视的问题 [M] //黄菊波. 改革与发展中的财政问题. 北京：经济科学出版社，1992.

③ 郭复初. 国有企业财务管理体制改革的历程 [J]. 财务与会计，2008（11）：16-18.

特征进行了规律总结："从这一发展趋势可见，财务改革的动因在于促进国有企业生产力的发展，其核心是处理好财务责、权、利关系的基本模式问题"①。

关于国有企业财务责任运行机制的方面，张兆国最早进行了有益的深入探讨。张兆国提出了财责、财权、财利在国资管理部门、国有资产运营公司及国有企业间进行分割与配置的基本体制框架，并提出："国资管理部门应负有的财务责任主要是，以国有资本优化配置为导向设计国有企业财务规章制度与国有资产经营考核的指标体系并有效监督执行；国有资产经营公司应配置的财务责任主要是，通过筹投资等财务活动优化国有资本的投向与分布，从存量和增量两个方面对负责的经营性国有资本承担保值增值的效益责任；国有企业应配置的财务责任主要是，落实国有资产经营责任制度，履行对国有资产保全、价值增值的财务责任，并做好控制成本、降低耗费、按时足额的缴纳税费与国有产权收益等财务活动"②。

同时，有一系列的文献侧重从财务责任作用发挥与制衡财务自主权的视角进行探讨。雷志明认为，举债经营有利于促进和激励国有企业的发展，这是因为自主负债的国有企业负有保证负债融资资金使用效果的财务责任。周叔莲提出，自负盈亏是国有企业明确承担必要的财务责任的基础。边恭甫认为，对于顺应转换企业经营机制要求的国有企业内部审计之转变而言，完成好资产保值增值等方面的财务责任审计是基础，发展和发挥好经济效益审计职能是关键③。韩光道和杜乃涛从财务目标定位、财务亏损责任、市场融资导向、规范投资行为、实现财务激励等方面进行探讨，总结提出必须赋予国有企业足够的财务自主权，同时也需要设计和配置与之相对等的财务责任制度，才能有效保障国有企业改革成功。常玮红认为国有企业财务管理体制主要在于明确国家与国有企业间的财务关系，这当中的基本原则之一就是国有企业财务自主权与财务责任、财务利益之间要互相联系。李代平主要从成本费用有效控制的角度出发，结合东方电机厂④的实践经验，提出了公司内部财务责任指标考核体系及其运行机制。李心合认为，邯钢模式是通过财务责任控制模式有效实现企业内部财务控制的典范⑤。周叔莲提出，依据国有经济运营的国际经验来看，办好

① 郭复初. 中国财务改革实践与理论发展 [J]. 财会通讯, 2000 (5): 3-7.
② 张兆国. 论国有企业财务宏观管理中的几个问题 [J]. 财政研究, 1998 (4): 54-56.
③ 边恭甫. 国有大中型企业内部经济效益审计若干问题思考 [J]. 审计研究, 1994 (2): 23.
④ 东方电机厂为中央企业中国东方电气集团公司的全资子公司。
⑤ 李心合. 利益相关者与公司财务控制 [J]. 财经研究, 2011 (9): 63.

国有企业是完全可行的，但必须要具备企业的功能定位得当、充分的经营自主权与明确的财务责任这三方面的基本条件①。安仕波认为，国有企业的良好运行需要以科学有效的财务责任指标体系设定为基础②。

此外，还有一系列文献从国有企业领导人经济责任审计的角度探讨了国有企业财务责任的受托责任问题。罗彬和万国超、谢赞春、濮延娅在关于国有企业领导人经济责任审计的界定中认为，国有企业领导人应对企业的财务责任承担受托责任，这其中应包括资产质量、重大财务决策及企业绩效等多个方面。赵爱玲和李洪杰提出，在界定具体的国有企业领导人经济责任时，领导责任与财务责任的界定是难点和关键点之一。陈爱成认为，中国过去20年关于国有企业绩效评价的制度变迁表明财务责任一直都是国有企业的导向责任③。

总结起来，郭复初对国有企业财务管理体制改革的历史总结揭示了公司财权与财务责任应当均衡配置的客观规律：公司财务责任是伴随着公司财权的不断扩大而扩大的，对财务责任配置的改革探索往往作为突破口引领、标记了国有企业改革的发展方向，而财务责任与财务权力则成了推动国有企业财务运行最重要的一对矛盾。同时，在国有企业财务责任的运行机制方面，张兆国提出了内容较为合理、逻辑较为严密的基本运行框架体系，这为国有企业财务责任科学配置的进一步研究提供了很有价值的理论参考。总体而言，国有企业财务责任实质上历经了"从无到有、从部分到完全自主"的发展过程，这也使得关于国有企业财务责任的理论总结（探索）具有特别重要的启示意义：从财务责任的视角来解读国有企业改革的发展脉络，为解构经济新常态下的国有企业全面深化改革的关键点与财务实质，为深刻理解和运用国有企业运行的内在财务规律提供了有价值的创新视角与可行路径。

3. 公司财务责任的社会嵌入性问题的探讨

在公司外部性影响不断内部化为公司的现实制度背景下，在现代公司理论④与资产专用性理论、资源基础理论、利益相关者理论等不同立场的理论思想碰撞中，具有鲜明外部性效应的公司财务成为联结公司与利益相关各方博弈的聚焦点，这自然而然地引申出对公司在开展财务活动中所面临的责任问题与

---

① 周叔莲. 我对国有企业改革的研究 [J]. 中国延安干部学院学报，2012 (4)：75.

② 安仕波. 国有企业财务管理 [J]. 现代国企研究，2016 (3)：5.

③ 陈爱成. 建设国家创新体系与国有企业财务绩效评价制度变革 [J]. 东北财经大学学报，2015 (2)：62-66.

④ 现代公司理论在这里代称公司契约理论、公司产权理论、公司治理理论等相关现代企业制度下的相关理论。

责任边界的思考。更准确地说，具有重要外部性效应的公司财务在公司外部环境和公司相关理论持续变革的背景下呈现出"社会嵌入性导致责任边界外延"的发展趋势问题，并引致了理论界不同视角的思考和深入探讨。

李心合指出："现代公司的理财行为是社会经济型模式，公司理财的责任与目标结构具有社会嵌入性特征"①。李心合提出了利益相关者财务控制论，并认为公司理财必须在谋求利润与履行其他责任上保持同步性，换言之，面向可持续的利益相关者财务控制是指公司在理财的同时履行对各利益相关者的各种财务责任，这也是利益相关者财务控制的基本宗旨②。此后，李心合从公司与利益相关者之间的财务冲突与协调问题出发，以财务制度的社会嵌入性为切入点和分析视角，进一步系统构建了利益相关者财务论，并提出了令人耳目一新的观点："财务基本目标应涵盖效率与公平，效率目标在于公司有效增加值最大化，公平目标在于收益分配协调化，财务的效率性目标体现了公司内在财务责任，而公平性目标表达了公司对利益相关各方负有财务收益公平分配责任的本质"③。李心合还特别强调，在利益相关者关系嵌入公司财务的背景下，只有将财务收益分享权与财务控制权进行对称性安排才能兼顾公平与效率。

郑庆华和林燕认为，顺应《企业财务通则》、税制及公司制的改革精神和方向，应建立全新的社会型公司财务管理体制，合理划分公司与不同相关利益主体的财务权利与财务责任，从而实现协调公司财务关系、调节公司收益分配、评价和提升公司价值以及提高资本配置效率的全面社会化财务管理职能。

曹雯、杨中环和邱凛认为，利益相关各方源自契约关系的财务要求都应当纳入公司理财的目标管理体系之中，应当以财务目标的兼容性和财务责任的社会化为要义确立财务管理目标，从而建立起公司与社会的双赢互动机制④。何召滨认为，公司财务治理客体应全面反映治理主体的财务责任、权力与利益⑤。彭宇文和乌画认为，应将公司及其利益相关方视为"经济生态圈"来进行整体考察，以新的财务学科假设研究两个要素内容：一是公司财务体制及其遵循情况（财务治理机制及其运行状况）；二为财务效率，亦即公司的"社会总贡献"及在利益相关者间的分配合理度⑥。

---

① 李心合. 儒家伦理与现代企业理财 [J]. 会计研究，2001 (6)：26-32.
② 李心合. 利益相关者财务控制论（上）[J]. 财会通讯，2001 (6)：3-7.
③ 李心合. 利益相关者财务论 [M]. 北京：中国财政经济出版社，2003：19-169.
④ 曹雯，杨中环，邱凛. 加强企业财务管理的对策 [J]. 财会通讯，2004 (11)：71.
⑤ 何召滨. 国有企业财务治理问题研究 [D]. 财政部财政科学研究所，2012：7-12.
⑥ 彭宇文，乌画. 现代主流财务学研究范式的主要缺陷及其优化 [J]. 东南学术，2013 (5)：99.

罗演提出，当前我国公司的财务利益与财务责任之间存在脱节，需要建立一套切实可行的财务责任评价体系作为治理工具，以促进公司发展战略与社会经济的协调发展，而公司财务责任评价指标应同时包括内部财务责任指标和外部财务责任指标两个不同层面①。同时，她着重分析了公司财务伦理的重要性，并提出了将"基于责任伦理和财务伦理契合关系的公司财务责任伦理"嵌入公司财务的内化建议，以此来配合公司财务责任体系的有效运行。

张灵则认为②，公司必须与财务责任的外部现实要求相适应，才能与社会长远协调发展。对此她特别进行了举例说明：例如，在财务投资决策过程中，除衡量直接现金流效益以外，还应当将相关降能耗、控污染的财务性投入内部化到影响决策的内含收益率指标中，从而在内含了公司财务责任履行的计量基础上进行最优化的、合理的财务决策选择。此外，莫磊提出，公司财务责任履行的关键在于设计财务责任履行为前提的财务决策形成机制和与面向利益相关各方的公平合理的利益分配机制③。

综上可见，尽管研究者们的研究视角和切入点有所不同，但在这一系列文献都表达出这样一种共识：在新的时代背景下，利益相关者理论、公司契约理论对公司财务的不断嵌入和碰撞，为公司财务责任问题有关思想的发展带来了重大的冲击和影响。公司财务责任的内涵边界以及可能的经济后果都在这一过程中大为拓宽和深入，这为系统研究公司财务责任问题提供了丰富的思想土壤。这其中，李心合提出的"公司财务目标应细分为效率子目标和公平子目标"之"财务目标二重分析视角"和罗演提出的"公司财务责任伦理"对公司财务责任的进一步研究尤其具有启发意义。

4. 与公司财务责任相近的其他相关概念

根据利益相关者对公司价值创造存在客观影响的理论逻辑与实践观察，一些文献从公司财务的视角切入，提出了以公司对利益相关者的财务利益管理作为治理工具推进利益相关者协同公司价值创造的基本思想，并尝试通过实践中上市公司的财务数据来分析和检验这一机制的客观存在性。这当中比较有代表性的有"利益相关者增值分享""利益相关者显性利益""利益相关者满足"的概念界定及其参与公司价值创造机制的探讨。

关于"利益相关者增值分享"的概念与探讨。王竹泉和安春娟最先提出了

---

① 罗演. 企业财务伦理建设问题研究 [D]. 长沙：湖南工业大学，2011：28.

② 张灵. 试论企业财务的社会责任 [J]. 会计之友，2013（9）：73-75.

③ 莫磊. 论公司财务与社会责任的全面融合：基于制度规制与价值创造的双重视角 [J]. 会计之友，2015（6）：29-34.

"利益相关者增值分享"①的概念。他们认为，公司增值在分享环节上包括两个阶段，供应链上的增值价值分配可以视为公司增值分享的第一个阶段，除供应商和分销商（大客户）外的如股东、债权人、员工、政府等其他利益相关者参与的是第二阶段剩余的公司增值分享。通过对 1999—2003 年山东上市公司混合截面数据的实证分析检验，王竹泉和张明发现不同的"利益相关者增值分享指标"与公司绩效的关系有较大差别。具体而言，他们用以代理利益相关者增值分享的具体指标分别为：用净利润代表股东对公司增值的分享、用利息支出代表债权人的分享、用工资薪金代表员工的分享、用各项税费合计代表政府的分享，等等。此后，王竹泉和龚丽提出，由于利益相关者提供要素资本的禀赋不同，由此形成了不同资源组合特质的公司，因而具有不同的利益相关方分享公司增值模式。

关于"利益相关者显性利益"的概念与探讨。任海云从主动性、重要性和可量化性三个原则出发，界定了公司的主要利益相关者并提出了对各主要利益相关者之显性利益进行计量的相关代理财务指标。关健和宋小丹（2009）以 1998—2007 年实现业绩转向的 96 家中小上市公司为样本，运用 Logistic 回归检验了利益相关者显性利益与公司业绩转向间的关系。结果表明，在公司业绩扭转过程中不同利益相关者之显性利益发挥的作用有显著差异。具体而言，他们用以代理各利益相关者之显性利益的相关财务指标分别为：用净资产增长率衡量股东的显性利益、用资产负债率衡量债权人的显性利益、用平均工资增长率衡量员工的显性利益、用平均报酬增长率衡量管理层的显性利益、用应付账款周转率衡量供应商的显性利益、用营业成本率衡量客户的显性利益、用纳税增长率衡量政府的显性利益，等等。

关于"利益相关者满足"的概念与探讨。吕夫等（Ruf et al.）较早提出了"满足利益相关者之要求将有益于提升公司绩效"②的观点，并通过美国的经验数据进行了验证。从公司契约理论、利益相关者理论和期望理论之间的契合点出发，借鉴经济学上的消费者效用理论，纪建悦、李鹏和吕帅从经济性回报的角度正式提出了"利益相关者满足"的概念，并探讨了利益相关者满足对于公司价值创造的影响机制③。此后，纪建悦等研究者以利益相关者满足为

① 安春娟. 企业价值增值的分享及其报告 [D]. 青岛：中国海洋大学，2005：1-2.

② RUF B M, MURALIDHAR K R, BROWN M et al. An empirical investigation of the relationship between change in corporate social performance and financial performance：a stakeholder theory perspective [J]. Journal of Business Ethics, 2001, 32 (2)：143-156.

③ 纪建悦，李鹏，吕帅. 利益相关者视角的企业价值构成探讨 [J]. 现代管理科学，2008 (2)：75.

核心概念，探讨了其通过影响利益相关者专用性投入进而影响公司价值创造增进效益的传导性机制，并相应进行了一系列实证分析研究：对酒店餐饮类上市公司①、家电类上市公司②以及房地产类上市公司③分别使用面板回归模型进行了实证检验。研究发现大部分利益相关者满足度代理指标与公司价值之间存在显著性关系，但具体指标的价值相关性效应及显著性程度在不同行业间存在明显差异。具体而言，他们用以代理利益相关者满足度的相关财务指标分别为：用每股股利与每股公积之和代表股东的满足度、用资产负债率代表债权人的满足度、用支付给员工现金与营业收入比代表员工的满足度、用应付账款周转率代表供应商满足度、用营业成本率代表客户满足度。此后，王端旭和潘奇的实证结果表明，利益相关者满足度作为调节变量显著增强了公司捐赠与公司价值的正相关关系。而唐鹏程和杨树旺以中小板上市公司经验数据为样本，实证检验了利益相关者满足度的提升可以通过缓解代理冲突、减少交易成本等路径显著改善公司的融资约束状况并进而推进公司价值创造。

可见，无论是"利益相关者增值分享""利益相关者显性利益"还是"利益相关者满足"，其理论逻辑都是分析公司从财务上积极回应和满足利益相关者"利益索取权"的重要性和价值相关性，在实证检验中所采用的计量指标也都是以各利益相关者相关的财务指标作为代表变量。

所以，从公司财务的视角来分析，这些相关概念的提出和探讨实质上是从利益相关者的立场来"换位探讨"公司对利益相关者的财务责任履行机制（情况）及其对公司价值创造成效（公司绩效）的影响性问题。

（二）马克思辩证二重分析法及其在企业财务研究中应用的相关文献综述

恩格斯曾指出："马克思的全部见解，不是一种教义，而是一种方法"④。而在一定意义上来说，辩证的二重分析方法是马克思方法论的精髓⑤，这在马克思的巨作《资本论》中得到了充分的体现：马克思正是通过大量运用这一方法，深刻揭示了资本主义经济活动中的普遍二重性。事实上，我国无产阶级

---

① 纪建悦，吕帅. 利益相关者满足与企业价值的相关性研究：基于我国酒店餐饮上市公司面板数据的实证分析 [J]. 中国工业经济，2009（2）：151-160.

② 纪建悦，刘艳青，袁冶. 利益相关者满足与企业财务绩效的相关性研究：基于我国家电上市公司面板数据的实证研究 [J]. 财经科学，2010（9）：71-78.

③ 纪建悦，李坤. 利益相关者关系与企业财务绩效的实证研究：基于中国房地产上市公司的面板数据分析 [J]. 管理评论，2011（7）：143-148.

④ 马克思，恩格斯. 马克思恩格斯全集：第39卷 [M]. 中央编译局，编译. 北京：人民出版社，2006：406.

⑤ 杨志. 资本的二重性与公有资本 [J]. 当代经济研究，1999（1）：49-53.

革命家张闻天就把马克思的科学方法论归结为关于一般与特殊、内容与形式、抽象与具体的辩证二重法①。

为合理运用这一科学分析方法并明确本书的研究基础与研究起点，在此笔者分三个层面依次总结马克思辩证二重分析法的有关文献综述：第一个层面，关于马克思辩证二重分析法的内涵和意义的相关研究文献；第二个层面，以马克思辩证二重分析法为指导研究企业（公司）本质问题的相关文献；第三个层面，以马克思辩证二重分析法为指导研究企业（公司）财务本质问题的相关文献。

1. 关于马克思辩证二重分析法之内涵和意义的相关研究

关于马克思辩证二重分析法，中国人民大学的杨志教授是进行了系统性研究和总结的代表性学者之一。在 2002 年度的《资本论》研究学术年会上，杨志在《马克思二重分析方法——理解资本二重性的方法论基础》一文中总结到，辩证法揭示了客观物质世界内部普遍存在着矛盾性，现代科学的发展把这种普遍的矛盾性描述为客观事物的二重性及其二重表现形态（如物质的波粒二象性），马克思辩证二重分析法就是揭示客观世界本质性二重状态的辩证法，客观世界的二重性决定了马克思辩证法对客观事物矛盾二重性的关注②。在此基础上，杨志进一步指出，事物矛盾内部的二重性决定了事物变化发展的规律，因此，在辩证二重方法的基础上，列宁通过将事物内部客观存在的二重方面统一为事物的本质——矛盾，揭示了著名的对立统一规律；而毛泽东以客观存在于事物的矛盾为着眼点，深刻揭示了矛盾应一分为二的二重方面③。

为了更清晰地呈现这一方法的内涵与意义，杨志教授将辩证二重分析法与矛盾分析法进行了比较。杨志认为，矛盾分析法体现了马克思主义辩证法的本质与内核，其意义在于揭示了客观事物的内在矛盾及其运动规律。相比之下，二重分析法则可以理解为马克思辩证法的特征。辩证二重分析法的意义在于揭示客观事物内在矛盾在其运动变化过程中所表现出来的常态，对客观事物矛盾的二重分析是矛盾对立统一分析的进一步攀升，因为它更能具体展开矛盾体那相依、相对的二重层面④。因此，马克思辩证二重分析法的意义是对客观事物

① 张闻天. 张闻天社会主义论稿 [M]. 北京：中国党史出版社，1995：209.

② 杨志. 马克思二重分析方法：理解资本二重性的方法论基础 [C]. 中国《资本论》研究会第 11 次学术年会，2002：2.

③ 杨志. 马克思二重分析方法：理解资本二重性的方法论基础 [C]. 中国《资本论》研究会第 11 次学术年会，2002：23.

④ 杨志. 论资本的二重性兼论公有资本的本质 [M]. 北京：中国人民大学出版社，2014：29.

本质性的二重展现，是矛盾分析法的二重具体化。杨志总结到：辩证法的核心是对于事物内在矛盾的二重分析法①。

其他一些文献也表述了相似的观点。刘召峰认为，从《资本论》的分析和表述来看，二重性就是事物"既是……同时又是……"的二重属性，而马克思的"二重性学说"之要义在于揭示物的社会形式是如何历史地获得和叠加的②。许光伟认为，马克思的二重性学说是源自实践化的构造而不是主观仓促的理论性构造。

2. 以马克思辩证二重分析法为指导的企业（公司）本质问题研究

已有文献在运用马克思辩证二重分析法来分析和认识企业（公司）固有的本质性二重特性时，主要是以生产力与生产关系的辩证统一关系为研究线索来展开分析、形成结论的。相关文献形成的结论总体上是一致的，即企业（公司）具有本质性的二重属性：自然属性（生产力属性）与社会属性（生产关系属性）。

从生产力因素来看，企业是生产社会化的必然产物，企业制度变迁不过是顺应不同时期生产力发展水平的客观要求而呈现的自然有序演进，因此其始终代表了生产力发展的客观要求；从生产关系因素来看，企业各方面生产活动又始终具有协作性或交易性的社会性特征，这就必然使其成为特定生产关系的客观载体。故从生产力与生产关系的辩证统一规律来分析，企业是生产力和生产关系的凝结物③④。从《资本论》来看，马克思实际上将工厂制度或股份公司理解为一种生产方式：一种生产力与生产关系的统一体⑤⑥。因此，企业（公司）所具有的本质性二重属性就可以描述如下：一方面，企业（公司）具有与社会化大生产相联系、组织发展生产力的自然属性⑦⑧；另一方面，企业（公司）又具有同生产关系和社会制度相联系的、反映特定社会生产关系的社会属性。与此一致的，王永年认为，市场中的企业是自然属性和社会属性的二重统一，自然属性是企业通过生产经营特定产品（服务）以谋求利润的一般

---

① 杨志. 论资本的二重性兼论公有资本的本质 [M]. 北京：中国人民大学出版社，2014：32.

② 刘召峰. 资本论中的"二重性学说"探论 [J]. 教学与研究，2012（1）：19-25.

③ 付雪成. 论企业的二重性质 [J]. 河南大学学报（社会科学版），2003（7）：81-85.

④ 杜振华，胡春. 政治经济学原理 [M]. 北京：北京邮电大学出版社，2004：325.

⑤ 李石泉，王炜. 马克思的企业理论 [J]. 财政研究，1998（7）：3-10.

⑥ 周又红，等. 政治经济学 [M]. 杭州：浙江大学出版社，2004：196.

⑦ 高红贵. 马克思的人的二重性学说与企业的环境责任 [J]. 中南财经政法大学学报，2008（1）：106.

⑧ 陈红心. 企业环境责任论 [D]. 苏州：苏州大学，2010：87.

属性，而社会属性则是企业与利益相关各方之间基于契约形成的特定社会生产关系属性①。

还有些文献在进行公司二重性分析时，措辞略有不同，但其本质与上述观点一致，即从生产力与生产关系二重统一的思想内核来展开。杨瑞龙和刘刚认为，公司具有生产和契约的双重属性，在本质上是这双重规定性的统一②。从生产力与生产关系之间的辩证统一规律来看，这里强调的"生产性"属性实质上相通于与公司生产力相联系的自然属性，而公司的自然属性也主要是通过"生产"为代表的特质而实现；这里强调的契约性属性实质上是相通于与公司生产关系相联系的社会属性，而公司的社会属性也主要是经由各种"契约"的缔结、执行而体现。类似于此的二重性分析还有：企业既为生产性组织也是契约性组织，企业既是劳动的技术组织又是劳动的社会组织，等等。

3. 以马克思辩证二重分析法为指导的企业（公司）财务本质问题研究

马克思辩证二重分析法是我国财务本质理论发展过程中的主要方法论工具，同时，它也为学界深化对财务职能的认识提供了科学的认知思维。早在1964 年邢宗江等开始提出的资金运动论即从二重分析的视角来进行探讨和界定财务的本质，这一理论探索深刻影响了财务本质理论的后续相关研究。此后，我国几乎所有的财务管理教材在一定程度上都是基于资金运动论来编著的。事实上，《辞海》中关于"财务"一词的界定也是以资金运动论为基础和依据的："企业、事业或其他经济组织中，有关资金的筹集、分配和使用等活动，以及资金活动中同有关方面发生的经济关系，因大量发生于企业，故通常主要指企业财务"③。由此可见，马克思辩证二重分析法在指导财务本质问题的认识和研究上具有深刻的科学性与普遍的适用性。

（1）从辩证二重分析的角度来认识和解读企业（公司）财务本质。

从辩证二重分析的视角来认识和解读企业财务本质的代表性理论（观点）主要有资金运动论、本金论、价值关系论及生产关系论等。

关于财务本质的资金运动论④，可谓是迄今为止最具有影响力的财务本质理论，其后出现的其他财务本质理论在一定程度上都借鉴了其运用辩证二重分析的方法来进行理论界定的基本思想。这一理论的优点在于它不仅准确地描述

---

① 王永年. 企业社会责任与企业二重性理论 [J]. 当代经济研究，2008（1）：49-52.
② 杨瑞龙，刘刚. 双重成本约束下的最优企业所有权安排 [J]. 经济学（季刊），2002（2）：39.
③ 夏征农，陈至立. 辞海（缩印本）[M]. 6 版. 上海：上海辞书出版社，2010：167.
④ 曹侠和张惠忠等部分学者也称这一理论为资金关系论。

了财务活动的内容，而且从财务关系的层面凸显了财务的本质问题。邢宗江等在1964年首先提出，社会主义工业企业财务即工业企业再生产过程中客观存在的资金运动，体现了工业企业在这一过程中的各种经济关系①。王庆成也表达了一致的观点：工业企业的资金运动即工业企业的财务活动，它体现着企业各方面的经济关系。杨雄胜与慕连义从资金配置的角度来解读资金运动论：公司财务表现为公司资金配置活动，其实质是各种经济利益关系的结合。郭复初和王庆成认为，企业财务是指企业再生产过程中资金运动及企业的财务关系，企业财务管理即对企业财务活动（包括财务关系）的管理②。王化成认为，财务的本质是企业资金的收支活动及其体现的经济利益关系③。朱元午的观点是：财务是企业和单位的资金运动及其所体现出来的经济关系，其本质是资金价值运动和财务关系④。

关于财务本质的生产关系论。黄菊波提出，企业资金运动及其管理，既包括合理组织生产力的内容，又包含根据生产力的发展调整生产关系的问题⑤。向德伟依据生产力和生产关系的辩证二重统一视角来进行分析，进而提出财务本质的生产关系论：财务的外在表现为与生产力发展要求相适应的资金运动或财务活动，财务的内在实质则取决于特定生产关系的要求⑥。他认为，无论是财务之范畴边界、资金运行之特征方式，还是财务分配之实质，都概不例外地由特定生产关系决定。

关于财务本质的本金论。郭复初在其著作《财务通论》中最先明确提出应以公司财务的二重属性为公司财务本质认知路径的重要观点。他指出，财务的本质应当从财务的二重属性进行考察⑦。在此基础上，以财务的二重矛盾关系分析为依据，郭复初还提出了关于财务本质的本金论：财务的经济属性是社会再生产过程中本金的投入与收益活动，财务的社会属性是由本金活动形成的特定经济关系⑧。对此，伍中信也表达了一致的观点：财务是企业生产经营过程中资金的投入与收益活动及其所形成的特定经济利益关系，这一概念特征决

---

① 邢宗江，刘凤钦，顾志晟，等. 工业企业财务 [M]. 北京：中国财政经济出版社，1964：8.
② 郭复初，王庆成. 财务管理学 [M]. 北京：高等教育出版社，2005：2-7.
③ 王化成. 财务管理理论结构 [M]. 北京：中国人民大学出版社，2006：68.
④ 朱元午，马德林，强韶华，等. 财务控制 [M]. 上海：复旦大学出版社，2007：1.
⑤ 黄菊波. 关于企业财务管理学的一些问题 [J]. 财政研究资料，1983 (71)：16-18.
⑥ 向德伟. 论财务范畴 [J]. 财政研究，1994 (8)：26-30.
⑦ 郭复初. 财务通论 [M]. 上海：上海立信会计出版社，1997：58.
⑧ 郭复初. 财务通论 [M]. 上海：上海立信会计出版社，1997：62.

定了财务的研究应从财务的二重属性进行考察①。

从二重分析视角来界定公司财务本质的其他文献也表达了与上述财务本质论相近的观点。王广民和刘贵生认为，从企业财务主体的视角出发，我们应该同时从两个层面来认识企业财务：其一是企业层面各种具体的财务性活动；其二是财务关系，即企业开展财务活动过程中所形成的经济关系②。张惠忠也认为，财务活动与财务关系是财务本质不可分割的两部分。耿汉斌则提出，企业财务的本质是企业再生产过程中的价值运动及形成的经济关系。

（2）从辩证二重分析的角度来解读财务的职能（范畴）。

李心合认为，公司财务的基本职能实质上可归结为两方面，其一是有效培育和配置公司的财务资源，其二是恰当、公平地处理和维护公司的财务关系。宋献中提出，财务具有合约性。据此他进一步提出，通过优化和治理财务的合约性，一方面有助于有效组织和开展企业财务活动，另一方面则有利于协调企业的财务关系。荆新和王化成、王化成、孙建强和罗福凯从财务工作范畴的角度表达了类似的观点：公司财务包括开展财务活动与处理财务关系这两方面的相关工作。

（三）文献述评

1. 多层次的已有研究成果颇具借鉴意义，公司财务责任的系统化研究亟待展开

公司财务责任的有关研究在四个主题方面已获得了一定的成就：第一，着眼于公司财务制衡和治理视角，能够较好地揭示公司财务责任的性质与作用：财务责任是公司财务治理结构中一个必不可少的构成维度，财务权利、财务责任与财务利益之间的相互矛盾关系是设计和优化公司财务治理的基本依据，公司财务的责权利相制衡是良好财务治理制度的必要性条件。第二，国有企业改革中财务责任配置与特定的中国历史背景相联系，这清晰地揭示了不同程度公司财权与财务责任的分割、配置问题对提升国有企业治理效率和国有资源配置效率的重要意义与影响路径，从而为今后国有企业的全面深化改革和民企的更好发展提供了财务责任视角的理论指导和重要历史经验。第三，围绕公司外部性责任（影响）不断内部化的制度背景与理论要求，研究者们从公司财务目标的社会化因素嵌入、公司财务责任在社会化因素下的发展革新、财务责任在

---

① 伍中信. 现代公司财务治理理论的形成与发展 [J]. 会计研究，2005（10）：13.
② 王广明，刘贵生. 企业财务理论研究 [M]. 长沙：湖南大学出版社，1989：35.

公司中的运行方式与作用效果，以及财务责任的伦理化提升等不同方面的多个视角展开，并提出了一系列具有创新价值的观点，从而为公司财务责任的系统化研究提供了丰富的思想土壤。第四，一些基于财务视角研究利益相关者问题的文献提出探讨了一些与公司财务责任有一定相近之处的其他相关概念如"利益相关者增值分享"和"利益相关者满足"等，这些相关概念的提出，实质上是从利益相关者的立场来"换位探讨"公司对利益相关者的财务责任履行（情况）及其带来的经济后果问题，为公司财务责任在实证检验方面的探索和深入提供了有益参考。因此，已有相关研究从不同的侧面为进一步展开关于公司财务责任的系统化研究打下了良好的基础：财务责任问题在公司财务治理中的重要地位在相关研究中得到了充分的肯定，也形成了不少令人耳目一新的观点和见解，一些文献还通过经验性数据从某些侧面部分验证了公司财务责任的价值相关性。这些已有的研究成果具有很好的借鉴意义。

但总体而言，关于公司财务责任的已有研究多是从某一种理论或从某一相对视角来展开的，理论界尚未对公司财务责任问题进行专门的、深入的系统性研究，公司财务责任的内涵、边界、构成体系、价值机理和运行机制等一系列重要的基本性质都还没有得到清晰完整、深入明确、逻辑严密的揭示与论证。相比当前以财权配置为中心内容的财务治理理论研究的繁多和深入，作为公司财务治理中与财权相对应的财务责任问题明显处于系统性研究不足的滞后状况，这已经导致了财务治理理论中财权维度与财务责任维度研究不平衡、不协调的现状，公司财务责任问题亟待学者们进一步深入、系统研究。因此，本书研究立足于开拓创新，旨在通过对公司财务责任的探索性系统研究，致力于改进公司财务责任问题在系统化研究方面的匮乏现状。

2. 马克思辩证二重分析法可以为公司财务责任问题的系统化研究提供科学指导与系统化的分析工具

由上述文献综述可知，马克思主义方法论的基本特征是：一切都是变化的、发展的、辩证的、矛盾的、二重的，这是客观事物内在本质特性及其运动发展规律的客观呈现。因此，马克思辩证二重分析法的意义是对客观事物本质性的二重展现，其是矛盾分析法的二重具体化，也是马克思辩证法的精髓所在。参考《资本论》中所揭示的经济活动中所普遍存在的二重性特质，可以合理预见（公司财务责任问题显然属于经济活动的范畴之内），马克思辩证二重分析法可以为本书研究此提供整体化、系统化的理论指导与科学化的研究方法。

事实上，运用马克思辩证二重分析法来分析和探讨企业（公司）本质问题和企业（公司）财务本质等相关问题的相关文献已经有力地证明了这一方法在公司财务领域研究中的科学性与有效性。其一，已有文献主要是以生产力与生产关系的二重辩证统一关系为研究线索来展开对企业（公司）本质问题的探讨，形成的结论总体上是一致的，即企业（公司）具有本质性的二重属性：自然属性（生产力属性）与社会属性（生产关系属性）。这一结论不但体现在政治经济学的教材中，更是为我国推动社会主义企业（公司）的蓬勃发展提供了理论依据与指导：社会主义公司与资本主义公司具有同样的自然属性（生产力属性），因而前者可以大力学习、借鉴后者的先进技术和管理方法，两者的社会属性（生产关系属性）有本质区别，因而我国的国有经济总体上需要占据主导地位。其二，我国财务学理论界广泛应用了马克思辩证二重分析法来指导公司财务本质以及财务职能等基本问题的研究，并形成了一系列具有中国特色的财务理论成果，这为本书研究提供了非常有益的借鉴和启示。这其中，郭复初、伍中信等学者将财务的二重属性与财务的本质相联系的观点对本书的研究尤其具有启示意义。同时，他们提倡的本金论凸显了财务活动固有的理财性特征，这一点不同于以往观点（局限于资金运动而不强调资金运动的目的与成效），而具有启发意义。

本书研究立足于开拓创新，拟以马克思辩证二重分析法为基本分析方法，在已有相关研究的基础上对公司财务责任问题进行探索性的系统化研究，具体从以下几方面依次展开：第一，以马克思辩证二重分析法为指导，将公司财务责任问题追溯到公司财务乃至公司的内在本质与固有性质层面，从而以坚实的理论基础和严谨的逻辑关系梳理出公司财务责任的理论体系，并厘清公司财务责任与公司财务目标、公司财务责任与公司社会责任等重要概念之间的差异与联系；第二，厘清公司财务责任与公司价值创造的内在联系，归纳和揭示出公司财务责任的价值创造机理，并通过典型案例进行初步的逻辑验证；第三，从不同的角度对公司财务责任的价值创造效应进行实证检验，以进一步验证公司财务责任之价值机理的客观适用性与具体实现机制，从而为充分发挥财务责任的价值创造功能提供直接的实践证据与经验性指导；第四，探讨公司财务责任持续创造公司价值的保障体系的构建问题。

三、研究思路与方法

（一）研究思路

本书针对公司财务责任这一个具有重要现实意义而又缺乏系统性研究的问题展开探讨和论证。因此，下面这一系列关于公司财务责任从实践到理论、从一般到特色逐层深入的关键性问题也就构成了本书研究的主线：

第一，我国制度背景对公司财务责任提出了什么样的现实要求，财务责任的当前研究现状是否与现实要求相适应，是否亟待进一步深入研究。

第二，公司财务责任的理论依据是什么，它与财务目标之间是什么关系、与公司社会责任之间有什么样的差异，以及公司财务责任的性质与边界如何界定。

第三，公司财务责任在公司价值创造中是否发挥了积极的正向促进作用，这其中的作用机理如何。

第四，如何保障公司财务责任有效运行并持续推进公司价值创造，财务责任在公司治理（公司财务治理）中应当扮演一个什么样的角色。

围绕这一系列的关键问题，本书设计了如下研究思路：

一是全面梳理和归纳当前我国制度背景对公司财务责任的客观规制，从而从制度层面把握这一问题的现实要求。在此基础上，以马克思主义政治经济学理论等相关经典理论为分析工具，将公司财务责任问题追溯到公司财务乃至公司的内在本质与固有性质层面，从而为公司财务责任奠定较为坚实的理论依据和理论基础。

二是公司是以价值创造为使命的团体组织，公司财务责任作为与公司财务权利相对等的、公司治理体系中的一部分，亦必然会从公司财务层面对公司的价值创造活动形成持续性影响。因此，需要从理论层面厘清公司财务责任与公司价值创造的内在联系，凝练出公司财务责任的内在价值机理，并通过典型案例的深入探讨和逻辑论证来对财务责任的价值机理进行初步的验证。

三是对于公司财务责任的价值创造机理，在理论归纳与逻辑论证的基础上，我们还应该通过设计计量模型，从多个角度进行实证检验，以较为充分地验证这一价值机理在实践中的实现路径与应用效应。实证检验的结果和启示将为优化和充分发挥公司财务责任的价值创造功能提供实践证据与有益参考。

四是总结公司财务责任的运行规律，并设计一个外部监管与内部治理相耦合的保障体系，以保障公司财务责任的有效运行并持续有效发挥其价值创造功能。

（二）研究方法

本书集中研究了公司财务责任的本质内涵、理论体系、价值机理及其运行保障机制。在研究方法上，本书研究以规范研究方法为主，并相应使用了实证研究方法。具体而言，在理论探讨部分，以马克思辩证二重分析法为基本分析方法，并结合不同部分研究内容的特征，分别使用了文献研究法、比较分析法、制度分析法、系统分析法、理论归纳法、案例分析法等方法。在实证检验部分，本书主要采用的是基于计量经济学的经验研究方法，并在上市公司公开数据与手工整理数据相结合的基础上进行研究。

1. 文献研究法和比较分析法

对相关研究现状的梳理与述评，以及公司财务责任与公司社会责任的理论关系辨析方面，本书主要采用了文献研究法和比较分析法。

2. 制度分析法

对于我国制度背景演进对公司财务责任的现实要求分析，本书主要采用制度分析法。

3. 马克思辩证二重分析法、理论归纳法和系统分析法

对于公司财务责任的理论依据、公司财务责任的性质与内涵、公司财务责任的价值机理以及公司财务责任的保障机制等内容的研究，本书主要综合运行马克思辩证二重分析法、理论归纳法、系统分析法等方法相结合的方式展开研究。

4. 演绎分析法和案例分析法

在对观点的论述过程中，选取典型相关案例进行演绎分析、归纳佐证。

5. 基于计量经济学的经验研究方法

以上市公司的公开财务数据为分析对象，根据公司财务责任价值创造机理的特征与呈现方式，设计恰当的多元回归模型，并进而综合运用单变量分析、多变量回归分析、参数检验等计量方法进行相应的实证检验。在此基础上，本书还尽量通过各个角度的稳健性检验以进一步提升研究结果的可靠性。

四、研究框架

在具体研究架构上，本书首先在导论分别对公司财务责任问题和马克思辩证二重分析法在企业财务研究中运用的研究现状进行了较为全面的文献综述，以充分借鉴先前研究者的既有观点并明确研究的起点，在此基础上，本书正文部分分为七章。本书研究的基本框架如图导论-1所示：

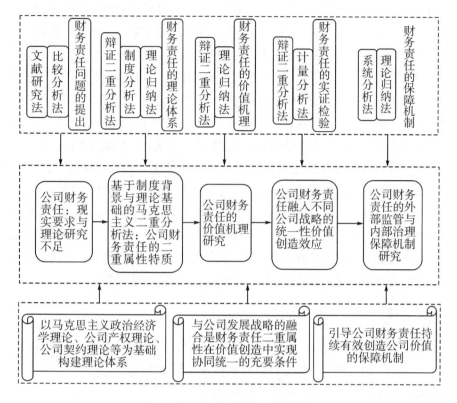

图导论-1　本书研究的基本框架

五、研究创新

本书可能的研究创新主要体现在：

第一，探索了马克思辩证二重分析法与西方实证研究方法相结合的研究方式在公司财务领域的具体实现。本书关于财务责任的理论构建部分以马克思辩证二重分析法为指导方法和基本理论依据展开，财务责任的实证分析部分则运用西方实证研究方法进行了较为全面的实证检验，从而在公司财务领域创新探索了两类不同研究方法的有机结合与综合运用。这同时也从公司财务的层面上体现了马克思主义二重性理论及其分析方法对中国经济改革与创新发展的重要指导作用，这将为公司财务领域研究方法和研究方式的探索创新提供有益启示。

第二，构建了公司财务责任理论体系。本书尝试通过系统构建的方式提出公司财务责任的理论体系，并通过历史与逻辑相统一的研究思维、制度演进与案例佐证相配合的论证方式来全面展开论述。书中所构建的财务责任理论体系探索了公司财务领域关于责任维度的系统研究，丰富了财务治理理论关于财务责任维度的研究文献，为公司完善财务治理提供了新的考察视角与实践路径。

第三，提出并实证检验了关于公司财务责任统一性价值创造机理的独立性见解。目前，关于公司责任履行机制与公司价值创造关系的国内外相关研究总体上还处于研究碎片化、观点差异化的阶段，这一研究困境亟待破解。对此，本书从财务责任具有二重维度的整体视角出发，系统辩证地提出了公司财务责任的统一性价值创造机理，同时，本书通过多角度的实证研究验证了公司财务责任统一性价值创造机理的客观存在性与普遍适用性。本书的这一研究突破了以往研究中的单一思维，为公司责任履行机制与公司价值创造相关关系的研究领域注入了新的研究思维、提供了新的有益启示。此外，从新时期中国社会主义市场经济全面深化改革的视角来看，本书的这一独立性见解对于公司财务责任的确立与完善、对于现代企业制度的探索深化具有一定的指导意义。

六、研究约定

（一）公司

本书研究的公司，指的是以具有现代企业制度特征、以《公司法》为基本依据设立的有限责任公司和股份有限公司。

（二）公司财务责任中的利益相关者

财务责任的履行最终往往是通过实际现金流的转移来实现的，具有明确计量、直接给付和显性利益的基本特征，对于与公司之间没有缔结显性或隐喻契约关系的群体，由于不存在权责利关系，当然也就不存在财务责任之说。所以本书所界定的公司财务责任所涉及的利益相关者是指与公司有直接交易关系因而存在各种显性或隐喻契约从而带来直接财务责任的各利益相关群体。因此，对公司没有投入任何资源也没有直接交易关系的其他群体，由于与公司之间不存在财务上的权利义务关系，故并不在财务责任的谈论范围之内。例如，在其他文献中作为其他利益相关者或间接利益相关者的大众媒体、无直接联系的社会性团体如动物保护协会等并不在本书探讨的范围之内。

（三）公司发展战略

由于本书研究并非旨在专门探讨公司发展战略的相关理论问题，而是重在分析和论证以公司发展战略为背景下的财务责任价值机理问题，因此，本书并不过多地展开关于发展战略相关理论的辨析与探讨。为使研究主线更简明扼要，同时保障研究的严谨性与可靠性，本书在研究中直接采用了我国《企业内部控制应用指引第 2 号——发展战略》（2010）中关于发展战略概念的内涵界定："发展战略是指企业在对现实状况和未来趋势进行综合分析和科学预测的基础上，制定并实施的长远发展目标与战略规划。"书中所提及的公司发展战略一词皆以此内涵界定为前提展开论述。

第一章 公司财务责任的
制度背景与理论基础

第一节 公司财务责任的制度背景

党的十四大之前，我国企业财务实践的重点主要停留在成本管理、分配管理、财务控制、财务考核等内部财务管理的日常运行层面。随着党的十四大确立了社会主义市场经济体制的发展方向，我国企业财务实践开始步入了现代企业制度框架下运行的新时期，1993 年 7 月 1 日实行的《企业财务通则》和随后颁布的《公司法》等一系列有关规范企业财务行为的法律法规为企业财务实践提供了规范和指引。

此后，随着现代企业制度在我国社会主义市场经济的普遍运用，公司财务的内涵和外延有了质的变化，这相应地催生了新一轮的制度革新。2002 年 1 月 7 日，证监会和国家经贸委联合发布了《上市公司治理准则》，这是我国推进公司治理、规范上市公司行为的第一个规范性文件，同时也是第一个对上市公司财务行为进行特别规范的文件。2006 年 1 月 1 日，修订后的《公司法》正式实施，2006 年 12 月 4 日，财政部颁布了全面修订的《企业财务通则》，这两大制度层面的革新赋予了公司和公司财务新的行为规范性与责任性要求。2015 年 12 月，国资委、财政部、发展改革委联合下发了《关于国有企业功能界定与分类的指导意见》（2015），这意味着不同定位的国有企业在财务行为上也必然有所不同，而"分类定责考核"的改革要求则意味着国有企业即将进入"财务责任分类界定与分类考核"的新时期。

由于公司财务责任反映和体现在公司财务行为之中，所以，不同层面的制度革新变迁都会在一定程度上对公司财务责任形成一定的规制效应和引导性影响。因此，本书分别按照《公司法》《企业财务通则》和证监会、国资委等部委规章这三个层次的制度规范对公司财务责任的现实制度要求进行分析。

一、《公司法》下公司财务责任的基本法律原则

（一）《公司法》（1993）蕴含的财务责任之精神

《公司法》（1993）关于公司利益相关方的规定主要涉及第一条和第六条两个条款。其中，第一条明确了法律对公司法人、股东和债权人合法利益的维护："适应建立现代企业制度的需要……，保护公司、股东和债权人的合法权益，维护社会经济秩序……"第六条是关于员工权益的原则性保护规定："公司必须保护职工合法权益"并注重"安全生产"。这意味着，公司法人与股东以及债权人的利益是相互独立、相互分离且同时为法律所保障和维护的。由于利益的维护需要通过相关责任的有序履行而得以实现和保障，并且利益的维护和实现在公司契约框架下最终往往表现为财务利益的维护和实现；因此，公司财务责任在我国《公司法》（1993）颁布的那一天起就已经体现为法律之精神而蕴含于法律条文之中了。同时，这也意味着公司财务资本提供者和员工以外的其他利益群体并不在《公司法》（1993）立法保护的范围内。这无疑是对公司相关利益群体狭隘的理解，当然这主要是当时我国建设现代企业制度尚处于起步期的历史局限性所导致的。

（二）《公司法》（2006）中财务责任的基本法律原则

在经济环境变化与现代企业制度在我国已经得到广泛应用的现实背景下，面对实践中出现的问题与《公司法》（1993）中尚不完善的主要方面，《公司法》（2006）进行了针对性的修订，其与公司财务责任要求有关的变化主要体现在以下两个方面。

第一，公司治理方面。首先，《公司法》（2006）突出了公司治理的法律建设，并专门设立"上市公司组织结构的特别规定"（第四章第五节）的章节，对重大事项的决议进行了规范，对独立董事、董事会秘书及其职责做出了明确规定；其次，扩大了公司受托人的受托责任边界，也进一步明确了对其的具体责任要求：一方面明确了公司受托人是包括董事、监事和经理在内的整个公司高管层，另一方面新增了公司受托人负有"对公司利益忠实和勤勉"的直接责任性要求。这些新的立法规范让公司作为独立法人获得了更多的自治权利和自治能力，公司法人格利益独立于股东的立法思想得到进一步体现。

第二，公司对利益相关方的责任方面。第一章（总则）中规定公司必须恪守法律，接受各方监督，同时明确了公司对包括职工、中小股东、债权人在

内的利益相关群体的利益保护责任，并在第二十一条特别强调公司的控股股东（或实际控制人）、董事、监事、高级管理人员不得利用关联关系损害公司作为独立法人本身的利益。

可见，《公司法》的修订，一方面强调了公司有保护利益相关方利益的法律责任，另一方面进一步明确了公司法人格有其独立利益，公司控股股东和公司受托人（管理层）利用公司控制权牟取公司利益属于越界不当行为，将受到法律的严肃惩罚。这两个方面反映的正是《公司法》（2006）中对公司财务责任的基本法律原则：公司同时负有维护公司法人自身利益和各利益相关方利益的二重责任原则。同时，《公司法》的革新还表明，公司受托人对公司财务控制权的运用应当约束在公司财务责任的履行框架之内。

二、《企业财务通则》对公司财务责任的具体规制要求

与《公司法》的变革相一致，《企业财务通则》的变革也充分而深刻地反映了时代对企业财务活动主旨定位的深化和对"责任"精神的鲜明要求。事实上，正是《企业财务通则》（2006）在修订中确立的"二重利益维护"主旨定位和责任精神要求，初步形成了公司财务责任基本框架，为公司财务责任理论体系的建构提供了直接的制度依据与现实要求。

（一）主旨定位上，确立为面向公司法人与利益相关方的"二重利益维护"

《企业财务通则》（1993）第一条对制度设计出发点和总体原则的表述宽泛而笼统，其实质上只强调了"规范企业财务行为"① 这一个基本方向，并没有非常明确的主旨定位。而《企业财务通则》（2006）第一条则对其主旨定位开宗明义："……规范企业财务行为，保护企业及其相关方的合法权益，推进现代企业制度建设……"而且，在《企业财务通则》（2006）在第一章总则的余下条款中并未专门提及"投资者权益"的保护问题，亦未专门提出其他企业相关方的权益保护问题。由此可见，在《企业财务通则》（2006）明确了两个层面的问题：其一，投资者利益与债权人、供应商、客户、员工等其他相关方的利益在制度层面上都被视为同一个层次的利益问题，即都属于"相关方利益"，在财务上并不加以特别对待。其二，公司利益与公司相关方利益都是公司财务应维护的对象和应履行的责任，但两者之间有着明确的相互独立性；并且，两类利益应该在公司财务的有序维护下并行不悖。据此，本书概称之为

---

① 《企业财务通则》（1993）第一条：为适应社会主义市场经济的发展要求，规范企业财务行为，利于企业公平竞争，制定本通则。

财务通则的"二重利益维护"定位。

（二）二重利益维护主旨的确立与责任精神的重视引致了公司财务责任基本规范框架的初步形成

《企业财务通则》（1993）第二章第七条是唯一一处直接提及"责任"要求的条款："……投资者未按照投资合同、协议履行出资义务的，企业或者其他投资者可以依法追究其违约责任"。相比之下，《企业财务通则》（2006）中有十四处直接列示了明确具体的"责任"要求的条款，并第一次明确要求通过制度设计清晰划分投资者和经营者在公司财务方面的权限与职责，从而初步形成了企业财务责任的基本架构和主要方面的一些具体要求。

关于财务权利和财务责任的基本归属和内部配置方面，《企业财务通则》（2006）第十二和第十三条将财务管理的职责和权限在投资者和经营者之间进行了明确规定和配置划分，经营者必须以《企业财务通则》（2006）和公司章程为依据，组织公司财务行为以有序地维护公司及相关方财务利益，而投资者作为相关方之一，必须依据《企业财务通则》（2006）和公司章程中所约定的权利、责任与既定程序，间接地参与和影响公司财务管理。这标志着同时保护公司法人利益与公司各相关方利益之二重利益维护导向的公司财务责任的基本框架已初步确立：股权与法人权在财务上相互独立且责任分离（各担）构成了框架的核心要件和首要原则。对此，《企业财务通则》（2006）第四十七条还专门就公司法人格独立性财务收益的刚性原则进行了界定性的补充规定，即无论是投资者、经营者还是员工，在履行职务工作中或以公司名义开展业务所得的各种形式的收入，皆为公司所有①。

《企业财务通则》（2006）中构成公司财务责任基本规范框架的具体内容，主要涉及财务决策责任、财务风险管理责任和财务追究责任三个方面。其一，涉及强调财务决策责任的有三处。其中第九条从总体原则上提出企业应建立"明确权限、责任与程序的财务决策制度"，具体包括第二十六、第二十七条对企业内部固定资产投资、企业外部投资的决策责任要求和执行责任要求。其二，涉及财务风险管理责任的条款有6处：其中第十条对财务风险管理责任提出了总体性的原则要求，第二十四、二十八、三十二、三十三和第五十五条提出了关于应收账款管理、无形资产管理、资产减值、资产损失、合并重组5个方面的财务风险管理责任要求。其三，涉及财务追究责任的条款有4处，集中

①《企业财务通则》（2006）第四十七条：投资者、经营者及其他职工履行本企业职务或者以企业名义开展业务所得的收入，包括销售收入以及对方给予的销售折扣、折让、佣金、回扣、手续费、劳务费、提成、返利、进场费、业务奖励等收入，全部属于企业。

列示在第九章财务监督的第七十、七十二、七十三和第七十四条，主要包括：成本列支（包括环保投资相关成本费用的列支等）、收入管理、利润分配、国有资源管理，以及建立健全各项内部财务管理制度和及时报送真实财务会计报告等各方面执行情况的财务责任，并明确了企业受托人经营者（管理层）作为执行《企业财务通则》（2006）制度的责任追究主体地位。

（三）财务责任体系开始成为企业追求财务目标的重要保障机制

《企业财务通则》（1993）尚未提及"财务目标"的概念及要求，《企业财务通则》（2006）第九、第十和第十一条则明确了企业的财务目标和应建立的基本财务制度体系：企业应当建立财务决策制度、财务风险管理制度和财务预算制度，以现金流为核心，以企业价值最大化等财务目标为导向和要求，对各项财务活动实施全面预算管理。

从公司财务目标的设定层面来看，财务目标实质上内含了财务责任为基本原则和基本要求的公司价值最大化等目标，因为从制度层次关系来看，公司财务责任基本框架构成了公司设定和追求财务目标整个过程中重要的原则性约束与责任性要求。从公司财务目标的执行层面来看，在公司财务管理职责和权限的配置为公共财务规则所规范的制度背景下，公司财务责任是与财权相制衡从而保障公司财务目标的执行方向不发生偏离或一旦偏离及时问责纠正的有效财务治理维度。可见，公司财务责任既作为基本原则和责任要求内嵌于财务目标，又在财务目标的追求过程中从始至终地发挥着指导、制衡和监督问责的重要保障作用。

因此，本书认为，相比于《企业财务通则》（1993），《企业财务通则》（2006）在财务责任问题方面有 3 个方面的重大变化，凸显了公司财务责任在二重利益维护中的重要地位，并初步建立起以二重利益维护为导向的公司财务责任的基本规范框架：第一，明确提出规范财务行为的目的是同时保护好公司法人利益与利益相关方的利益，因此公司财务有责任同时维护好这二重利益，这也意味着公司财务责任的二重性意义在制度层面上开始得到凸显。第二，14 处责任的专门规范意味着公司的财权运用和具体财务行为要通过相应的财务责任体系来约束和有效制衡，权责需要匹配才能有效带来公司价值创造、实现公司财务目标；第三，财务目标定位为"公司价值最大化等"而非仅仅是股东价值最大化，其中的"等"字表明了财务目标并非单一维度地追求价值最大化，这既标志着公司价值与股东价值间的独立性，同时也将除股东以外的其他利益相关者的价值保护问题作为公司价值最大化当中不可或缺的一部分纳入公司财务性责任的范畴。换言之，这进一步从公司财务目标的角度明确了公司财务负有同时维护好公司法人利益与利益相关方利益这二重利益的责任，而股东与其他利益相关方的利益同属于"利益相关方之利益"的层面。

三、部门规章对公司财务责任的特别要求

（一）证监会对上市公司财务责任的资本市场规制

1. 对上市公司财务责任的财务治理性规制

2002 年 1 月 7 日，证监会和原经贸委联合发布了《上市公司治理准则》（以下简称《准则》），这是我国推进公司治理、规范上市公司行为的第一部规范文件，同时也是第一个通过规范上市公司财务行为来对上市公司财务责任进行特别规制的文件。

（1）明确母公司对子公司负有财务责任的治理规制。

《准则》在第十九、二十二、二十五和二十七条集中强调了母公司对上市公司子公司财务控制权运用的责任边界限制：母、子公司之间要实行从人事安排、资产使用、机构设置、业务竞争到财务管理等各方面的分立、自治和风险责任自担，集团内应避免同业竞争，同时母公司不得利用其控制权干预上市公司的财务自治权。这些规定充分反映出母公司对上市公司应负有的财务责任：母公司从上市公司控制权中获取财务收益的正当性是以严格遵循《公司法》和上市公司的公司章程为前提，母公司在任何情况下都负有不得侵害上市公司独立法人资格及其利益相关方合法利益之财务责任。这是因为，上市公司拥有独立的法人资格，按照《公司法》和《企业财务通则》（2006），上市公司负有同时维护其法人资格利益及其利益相关各方利益的不可推卸的财务责任。因此，此时作为上市公司主要控股股东的母公司当然也必须依法尊重并维护子公司法人资格其他利益相关者的合法利益（当然也就包括相关财务利益）。

（2）明确上市公司应对利益相关各方履行财务责任的治理规制。

《准则》将第六章设为"利益相关者"管理的专门章节，第八十一和八十八条集中体现了上市公司对其利益相关各方的主要责任："公司应尊重和维护债权人、员工、客户、供应商及社区等利益相关各方的合法权益，有责任主动、及时地披露所有可能对股东和其他利益相关者决策产生实质性影响的信息"。财务利益作为利益相关各方最直接和最主要的利益构成，这些规定显然要求公司的财务行为应对利益相关方的财务利益进行合理、必要的尊重和维护，这一尊重和维护利益相关方财务利益的过程，实质就是公司履行对利益相关各方的财务责任的过程。

2. 对上市公司财务责任的准入性规制

2003 年《国家环境保护总局关于对申请上市的企业和申请再融资的上市公司进行环境保护核查的通知》（环发〔2003〕101 号）发布，该通知将连续 36 个月的环保核查设置为上市首发和申请再融资的强制性前置条件，并且环保核查的具体范围非常严密，严格地涵盖了拟公开融资上市公司在融资后所有可能的资金投资主体："从范围上包括申请上市首发和再融资公司下属的分公司、全资子公司、归属于控股子公司的从事重污染业务经营的公司及拟用募集资金经营重污染业务的公司"。

这是我国第一次从资本市场准入的制度规制层面将环境要求全面嵌入拟上市公司的公众融资行为，意在引导上市公司注重防范和管控投融资中的环境风险、规范上市公司公开融资中的投资方向和投资责任。这对于规制引导拟上市公司的投融资责任具有制度创新性探索意义。此后，2008 年 1 月 9 日，证监会出台了与之相配合的《关于重污染行业生产经营公司 IPO 申请申报文件的通知》："从事重污染行业的 IPO 申请公司，必须获得环保核查的通过，否则不予受理。"

2008 年 2 月 25 日，我国首个"绿色证券制度"——《关于加强上市公司环保监管工作的指导意见》（环发〔2008〕24 号）正式登上资本市场的历史舞台：以引导产业绿色转型升级和防范社会融资风险为目标，推动我国资本市场建立以上市公司环保核查准入和环境信息披露为核心的责任规范体系，旨在从环境角度为全面规范（拟）上市公司的公开融资责任和投资责任提供制度支持与保障。

（二）国资委对国有企业财务责任的专门要求

1.《企业国有资产法》（2008）：国有企业以国有资产保值增值为首要财务责任

2008 年 10 月 28 日，全国人大常委会审议通过的《中华人民共和国企业国有资产法》（以下简称为《企业国有资产法》）确立了对国有企业以国有资产保值增值为首要财务责任的基本要求，并围绕这一要求提出了一系列具体化的制度。

《企业国有资产法》第一章（总则）第六条明确了中央和地方政府都应该坚持以"政企分开"为前提来依法监管国有企业。同时，《企业国有资产法》在第一章（总则）第八条对国有企业经营的财务责任进行了明确的特别性强调："建立健全适应于我国经济发展要求的国有资产监管体制，建立健全国有资产保值增值考核与责任追究制度，落实国有资产保值增值责任。"① 与之相对应，《公司法》（2006）在第一章（总则）中主要是明确了公司在维护公司自身合法权益和清偿债务两个方面的财务责任：其在第一条中列明《公司法》立法的基本宗旨之一是"保护公司的合法权益"；其在第三条强调了"公司享有法人财产权、公司以其全部财产对公司的债务承担责任"。因此，在价值管理的意义上，《企业国有资产法》的第八条可以视为依据《公司法》的基本规定，对国有企业保值增值之财务责任的特别强调和具体应用，即"保护公司的合法权益"的财务责任的具体应用和强调国有企业对"国有资产保值增值"的首要财务责任。

为保障国有企业中国有资产保值增值的财务责任得以持续有效落实和履行，《企业国有资产法》相应提出了建立健全监督体系、经济责任审计制度及追责处罚制度的等具体制度规范要求（保障性制度）。其中，第十二、十三和第十五条规定了"履行出资人职责的机构"对国有企业监管的职责与方式，并明确了其"对国有资产的保值增值负责"的不可推卸的监管责任。第十七条则从监管相对方的角度提出了国有企业应该积极接受国资监管并努力提高自身经济效益的基本要求。第二十八条明确了任期经济责任审计制度对于实质性国有控制公司主要责任人的普遍强制性和适用性。在第七十一至七十四条，围绕国有企业中不按照现代企业制度的科学管理方式经营国有企业，以及导致国有资产出现损失等违法违规或过失责任问题，以分类列示的方式明确规定了国有企业经营相关责任人的过失赔偿责任与依法处分的问责制度。

2.《国企分类指导意见》（2015）：国有企业财务责任的分类界定与分类监管

2015 年 8 月 24 日，中共中央、国务院印发了《关于深化国有企业改革的指导意见》（中发〔2015〕22 号）〔以下简称《中央深化国企改革意见》（2015）〕。这是经济新常态时期我国国有企业全面深化改革的纲领性指引文件，它为国资监管体制的革新、为国有企业全面深化改革的推进提供了指导思想，确立了总体要求和基本原则。在此背景下，2015 年 12 月 29 日，国资委、财政部、发改委三部委依据《中央深化国企改革意见》（2015）的精神，联合制定了国有企业全面深化改革的第 1 号具体实施文件——《国有企业功能界定与分类的指导意见》（2015）〔以下简称为《国企分类指导意见》（2015）〕。

依照《中央深化国企改革意见》（2015）所提出的将国有企业分类界定为

---

① 《中华人民共和国企业国有资产法》第八条：国家建立健全与社会主义市场经济发展要求相适应的国有资产管理与监督体制，建立健全国有资产保值增值考核和责任追究制度，落实国有资产保值增值责任。

商业类和公益类的基本改革方略，《国企分类指导意见》（2015）在两个方面的具体改革要求对于国有企业财务责任的影响意义深远。第一个方面，《国企分类指导意见》（2015）进一步指出，要以"管资本"为主加强和完善对商业类国有企业的监管。对商业类国有企业以管国有资本而非管国有企业（或国有资产）为主，意味着国有企业保值增值的财务责任将从价值管理的角度得到更多的重视，同时商业类国有企业与公益类国有企业在财务责任上的异质性也得以首次明确和区分。第二个方面，国有企业全面深化改革将以"分类"为基本方式全面有序推进。《国企分类指导意见》（2015）中共出现关键词"分类"达到十四处①，提出了"分类推进改革、分类促进发展、分类实施监管、分类定责考核"的明确分类改革要求与具体实施路径。同时，它还依据不同国有企业主业与国家经济安全紧密程度提出了进一步细化商业性分类并合理区别对待的具体改革要求。这为国有企业财务责任的分类界定确立了明确的改革基础。

从财务的视角来看，以分类改革的方式推进国有企业深化发展，尤其具有必要性和合理性：因为不同类型的国有企业，具有不同的使命和目的，从事于不同管制属性的行业，从而就具有不同的财务性特征。特别是在"分类定责、分类考核"的环节，"财责"（财务责任）作为"分类定责"的核心内容之一必须得到合理的分类界定以充分发挥其价值管理的功能和作用。换言之，在财务意义上说，国有企业的分类定责考核问题，就是国有企业财务责任的分类界定与分类考核监管的问题。在此基础上，国有企业分类改革还可以进一步理解为国有企业财权与财务责任制衡关系的分类确定问题。

综上可知，《公司法》《企业财务通则》和证监会、国资委等部门规章这三个层次的法规构成了我国从宏观层面对公司财务责任进行规范的主要公共财务规则体系。从现实需求的意义上来说，这些公共财务规则的变迁革新反映了公司财务在责任层面最低程度上的应有之义。因此，我国法规对公司财务责任现实要求的层次关系如图 1-1 所示：

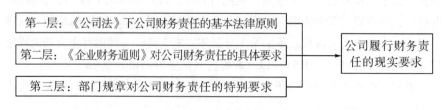

图 1-1　我国法规对公司财务责任要求的层次关系

---

① 《中央深化国企改革意见》（2015）的全文中共出现"分类"这一关键词达 12 处。

四、启示

本节的制度背景分析表明，相比于《企业财务通则》（1993），《企业财务通则》（2006）在三个方面进行了开创性革新：其一是主旨定位上由先前的模糊笼统确立为面向公司法人与利益相关方的"二重利益维护"；其二是全面展开对公司财务责任的具体要求；其三是公司财务目标由先前的缺失状态明确为公司价值最大化等目标。

《企业财务通则》（2006）在革新中确立的"二重利益维护"主旨定位和对责任精神的强调初步形成了以二重利益维护为导向的公司财务责任的基本框架体系，财务责任开始成为公司追求财务目标的基本原则与具体化责任性要求。制度的革新凸显了财务责任在维护公司法人利益与利益相关方利益这二重利益中的重要地位，这也意味着《企业财务通则》制度规范体系中已经蕴含（默许）了公司财务责任的二重性意义，这为下一节依据马克思辩证二重分析法对公司财务责任问题进行全面深入的理论解读提供了直接的制度依据与现实要求。

此外，《公司法》的革新为公司财务责任基本框架体系的建立奠定了基本法律原则与基本法理指导，而证监会、国资委等部门规章中有关财务责任的特别规定又进一步探索和完善了公司财务责任在特定领域的具体应用方式与应用价值。总言之，本节的制度背景分析揭示了公司财务责任在制度层面的生长路径与重要意义，反映了实践领域对公司财务责任不同角度、不同层次的大量现实需求，这既体现出了系统研究公司财务责任问题的现实迫切性，也为下文的理论研究提供了较为丰富的制度线索。

第二节　公司财务责任研究的理论基础

导论中的文献综述表明：其一，马克思唯物辩证法反映和揭示了客观事物（包括经济活动）无不具有二重性，二重性态是整个世界的基本特征；其二，从方法论上来看，二重性的描述即辩证法所揭示的客观事物本身所固有的本质性的相互对立而又相互依存、相互转化的二重特性。因此，马克思辩证二重分析法通过对客观事物本质性的二重展现成为认识事物（世界）的科学方法[1]。换言

---

[1] 根据杨志教授的研究，马克思认为，客观世界的二重性决定了人类社会的二重性，因此二重性态是整个世界的基本特征。

之，认识到了客观事物的二重性，就能领会辩证法的本质，从而把握住客观事物的本质。而且，文献综述中的已有相关研究也充分表明，马克思辩证二重分析法通过揭示公司客观具有的二重性与公司财务客观具有的二重性为公司及公司财务的本质性问题研究提供了科学的方法论与整体化的研究思维①。

本章第一节的制度背景分析表明，《企业财务通则》（2006）以面向公司法人与利益相关方的"二重利益维护"导向和对"责任"精神的强调初步形成了公司财务责任的基本规范框架，这意味着我国制度规范体系中已经蕴含（默许）了公司财务责任的二重性意义，这为本节依据马克思辩证二重分析法对公司财务责任问题进行理论解读提供了直接的制度依据与现实要求。

因此，本节将以马克思辩证二重分析法为指导，通过对马克思主义政治经济学理论、公司产权理论、公司契约理论、利益相关者财务理论、公司财务目标理论等相关理论基础的辩证解读，揭示出基于马克思主义辩证法视角的公司、公司财务以及公司财务责任的二重属性特质。

一、公司二重属性的理论基础

马克思曾经形象地比喻：分析经济形式，既不能用显微镜，也不能用化学试剂，而必须用抽象力来进行②。因此，对公司这样一种经济存在形式的本质属性分析，不能局限于公司的经营管理活动及其数量化的外在层面，而需要以抽象的辩证分析方法为指导，透过公司的外化表现来考察其内在的本质属性。贯彻始终的具体与抽象、历史与逻辑相统一的辩证方法确立了马克思主义政治经济学在方法论上的科学性与理论的客观性，因此，这也就成了本节解读公司二重属性特质的首要理论基础。事实上，马克思主义政治经济学教材如《政治经济学（原理）》等都在其内容中以《资本论》为理论基础详细解读了公司（企业）的二重属性特征——公司的自然属性（生产力属性）与公司的社会属性（生产关系属性）。

（一）马克思主义政治经济学理论

马克思主义政治经济学是揭示以社会化大生产为基础的社会生产关系及其客观运行规律的科学理论，它紧密结合生产力的发展变化来研究生产关系的本质、矛盾及其表现形式和发展趋势③。

---

① 根据杨志教授的观点，二重分析法最通俗易懂的表述即毛泽东所阐述的"矛盾论"与"两点论"。

② 马克思. 资本论：第一卷 [M]. 中央编译局，编译. 北京：人民出版社，2008：3.

③ 卫兴华. 卫兴华经济文选 [M]. 北京：中国时代经济出版社，2011：8.

马克思主义政治经济学理论不但深刻揭示了生产力与生产关系的辩证关系及对立统一的客观规律，而且广泛应用了辩证二重分析法来展开对各种经济范畴的深入考察分析。在原德文版的《资本论》正文第 1 章第 8 页中，马克思即明确提出："Diese zwieschlachtige Natur der in Ware enthaltenen Arbeit ist zuerst von mir kritisch nachgewiesen worden（商品中所包含的劳动的这种二重性，是首先由我批判地证明的）"①。zwie 表示中文中"二"的意思，"zwieschlachtige"在德文中指"二重的"。同时，马克思随即指出，这是理解政治经济学的枢纽。对此，杨志归纳提出，二重分析法是《资本论》用以描述事物客观本质的主要方法。这体现在三个方面：第一，《资本论》中几乎所有的独立范畴都具有二重性；第二，《资本论》所阐述的经济现象和经济过程都具有二重性或二重形态，如资本的再生产是价值增值生产与资本主义生产关系生产的二重统一；第三，《资本论》所揭示的规律也都具有二重表现，如资本生产的规律既是剩余价值规律又是资本占有规律②。

马克思主义政治经济学理论正是通过辩证二重分析法、从生产力与生产关系二重统一的研究视角，深入地考察分析了资本组织方式从工场手工业转向机器化大工厂再转向股份公司的客观演进现象，进而揭示了这三种资本组织方式所客观具有的分别与生产力和生产关系相联系的二重属性。这是因为，唯物史观作为历史辩证法，从根本上揭示了生产力与生产关系的二重矛盾及其运动形态，而马克思始终强调经济统一于社会的生产力与生产关系相互耦合的生产方式之中。换言之，对资本组织方式的演进分析，也是马克思考察和剖析资本主义生产方式的起源、发展与自我扬弃的演进分析。

马克思主义政治经济学对工场手工业（集中的手工工场）的二重属性的理论考察。马克思考察资本组织方式的对象是最早将资本与协作相结合的典型营利性组织方式——工场手工业。马克思指出，较多的工人受同一资本指挥，既是一般协作的起点，也是工场手工业的自然起点③。事实上，工场手工业也是马克思考察资本主义生产的起点：协作直接创造了一种集体性生产力。例如，共同搬动巨大的重物，这是劳动的社会生产力，是只有在资本统一指挥的条件下通过协作才能形成的，因而是资本内在的生产力④。马克思所揭示的

---

① KARL MARX, FRIEDRICH ENGELS. Werke Band 23 ［M］. Berlin：Dietz Verlag, 1962：6.
② 杨志. 论资本的二重性兼论公有资本的本质 ［M］. 北京：中国人民大学出版社，2014：15-16.
③ 马克思. 资本论：第一卷 ［M］. 中央编译局，编译. 北京：人民出版社，2008：416.
④ 马克思. 资本论：第一卷 ［M］. 中央编译局，编译. 北京：人民出版社，2008：371.

是，由于这一社会化的生产力存在且只存在于资本统一指挥下之中，则其既不必花费资本任何额外的支出却又总是毫无条件地、隐蔽地为资本所完整占有，因此，其应当理解为"资本天然内在的生产力"①。显然，在工场手工业的组织方式下所形成的这一天然内在的资本生产力具有普遍规律意义，无论工场手工业相对规模的大或小，也无论工场手工业资本家的能力强或弱，这都是"协作劳动在资本主义生产方式下的一般规律性表现"②。这反映出工场手工业具有与生产力发展相联系的内在属性——自然属性（生产力属性）。同时，马克思进一步指出，工场手工业分工作为资本主义生产过程的特殊资本主义形式，它是在资本主义的形式中发展而来以促进资本自行增值的一种特殊方法③。可见，工场手工业正是代表了资本主义特定生产关系的客观要求而出现形成的，因此工场手工业实质上还具有与生产关系相联系的内在属性——社会属性（生产力属性）。

马克思主义政治经济学对资本主义工厂的二重属性的理论考察。相比于工场手工业，机器化生产对生产效率的显著提升为资本以更高的效率占有更多的剩余劳动成果创造了技术条件。因此，毫不意外，大量私人资本积极而迅速地推动了以机器化大工业为主导的资本主义工厂制度的发展。相应地，由于生产技术基础的改变，机器化客观上又对新的分工协作方式提出了要求。为促使工人适应新的与机器相结合的系统化协作方式，"工厂法典制"创新出现了。马克思对此形象地比喻道："资本在工厂法典中通过私人立法独断地确立了对工人的专制，这种法典对劳动过程进行的社会调节是大规模协作和使用机器所必需的，只是监督者的鞭子被监工的罚金簿代替了"④。而无论是工厂中生产资料的大工业化，还是工厂法典对于新的系统化协作方式的强制执行，都是以生产力客观发展的条件为基础、以推进资本在更大程度创造出社会生产力（资本内在的生产力）为目的的。因此，与工场手工业相比，工厂同样也具有与生产力相联系的自然属性（生产力属性），而且这一属性的性质表现得更为明显、更为强烈。在分析相对剩余价值的生产和形成时，马克思更为直接地揭露了工厂生产过程的实质："生产工人和劳动产品之间的关系，还包含着一种特殊社会的、历史地产生的生产关系，这种生产关系把工人变成资本增殖的直接

---

① 马克思. 资本论：第一卷［M］. 中央编译局，编译. 北京：人民出版社，2008：371.
② 同①387.
③ 同①422.
④ 同①488.

手段"①。可见，与工场手工业一致，工厂同样也具有与生产关系相联系的社会属性（生产关系属性），并且这一属性借助于机器化大工业带来的劳动生产率提高实现了对相对剩余价值占有程度的加强从而表现得更为明显、更为强烈。

马克思主义政治经济学对股份公司的二重属性的理论考察。根据《资本论（第一卷）》中记载的 19 世纪二三十年代英国行业经济统计数据，这期间同一产业（如纺织业等）总是呈现繁荣与大萧条持续交替出现的特征，以单个资本为主导的工厂制度在前所未有的社会化大生产发展要求面前显得风雨飘摇②。对此，马克思指出，股份公司制度作为比较平滑的资本集中办法，形成了一种新的更好适应和促进生产力发展的资本社会化组织方式③，从而显示出过去料想不到的联合生产能力，创造了单个资本家力所不及的规模④。在这样的背景下，释放了更多资本生产力的股份公司制度蓬勃兴起。从工厂制度发展至较为成熟的股份公司制度，一方面是社会生产力发展的必然要求，另一方面，这也是资本主义生产方式本身的自我扬弃："股份公司的成立，是作为私人财产的资本在资本主义生产方式本身范围内的扬弃"⑤。因此，前一方面体现了公司与生产力相联系的自然属性（生产力属性），后一方面反映了公司的出现实质上是特定生产关系的"扬弃选择"，因而公司还具有与生产关系相联系的社会属性（生产关系属性）。

透过马克思主义政治经济学理论，我们可以从历史与逻辑相统一的视角进行归纳。无论是最初的工场手工业、与机器化大生产相联系的工厂还是标志着公司组织制度走向成熟的股份制公司，这三类不同层次的资本组织方式都内在一致地具有本质性的二重属性特质：这三者都是生产力与生产关系的统一体，因而它们既具有与生产力相联系的属性（自然属性）——反映客观生产力发展的要求，又具有与生产关系相联系的属性（社会属性）——反映其所处特定社会历史时期下的特定生产关系的要求。在这里，本书引用马克思政治经济学研究者的观点，用公司的自然属性来表示公司的生产力属性，用公司的社会属性来表示公司的生产关系属性。对此下面做进一步的详细阐述。

---

① 马克思. 资本论：第一卷 [M]. 中央编译局，编译. 北京：人民出版社，2008：582.

② 应该说，《合股公司法》（*Joint Stock Companies Act*）（1844）作为全世界第一部规范的公司法律规范在英国率先出现，在一定程度上与经济发展对资本社会化的客观要求是密不可分的。

③ 马克思，恩格斯. 马克思恩格斯全集：第 23 卷 [M]. 中央编译局，编译. 北京：人民出版社，2006：688.

④ 同③38.

⑤ 马克思. 资本论：第三卷 [M]. 中央编译局，编译. 北京：人民出版社，2008：495-497.

公司的自然属性（生产力属性）的本质反映的是生产力发展要求在公司的客观体现。具体而言，这一属性就是公司在运行过程中一定要实现价值增值或者一定要创造出新的价值的这一天然内在性规定。这一属性在客观上是公司从无到有的创设初衷，是公司自发自治的根本主线，同时亦为大陆法系的《公司法》规范定义公司的两方面基本内涵之一——营利性①。因而，公司与生产力客观发展要求相联系的这一属性实质上可以称为公司的自然属性，以更好地体现这一属性作为公司起源的属性特质、作为任何行业任何公司的共同属性特质、作为资本主义股份公司和社会主义股份公司的共同属性特质的客观事实②。

公司的社会属性（生产关系属性），其本质上是特定生产关系在公司的客观体现。具体而言，这一属性即以特定公司生产关系为核心的公司社会关系之集合的体现。因为公司围绕其自然属性开展的一切生产经营活动的实质是公司特定生产关系的外化与表现，因此在马克思辩证二重分析法的视角下，这一属性的核心问题是剩余价值的占有关系问题。

公司的自然属性与其社会属性之间是并行相依、相辅相成的关系。公司的自然属性是公司存在的基本目的，也是公司社会属性取得意义的基本前提。而公司的社会属性体现的是公司得以设立和发展的社会关系基础，并据此推动和影响着公司的自然属性持续、更好地实现问题。

（二）公司产权理论

公司产权理论代表了西方制度经济学对于公司制度的本质起源与发展演进在产权维度上的理论阐释。相比马克思主义政治经济学从"价值"（剩余价值）为切入点，公司产权理论则以"公司产权"为核心概念和研究主线。在揭示公司二重属性特质的贡献上，两大理论学说之间的关系表现为异曲同工、互为补充而相得益彰。

公司产权理论缘起于奈特（Knight）与康芒斯（Commons）将公司产权纳入经济分析视角的研究探索。Knight 的博士学位论文 "Risk, Uncertaintyand-Profits" 从公司预期利润不可保险的视角揭示了公司财产权利与责任的对称性界定在不确定性市场竞争中的重要意义，从而将公司产权与经济分析首次相联系起来。康芒斯在 "Institutional Economics：its Placein Political Economy" 中以"所有权"为核心概念对债务、物资（资产）、一般交易乃至公司行为进行了贯彻始终的分析，深刻反映出法定性制度对利益冲突的规制效果及其意义，从

---

① 这里所指的大陆法系涉及法国商业公司法、德国商法典、日本民法典和瑞士民法典等。

② 郭元晞. 论资本的二重属性 [J]. 经济体制改革, 1998 (3): 10.

而成了"或许是第一部将财产权全面引入经济学分析范畴的著作"①。在此基础上，科斯（Coase）在其著名论文"The Nature of the Firm"一文中，以"交易"这一最小的分析单元为主线，从交易关系涉及的所有权关系改变及其经济后果为分析依据，开创性地提出了"交易费用"的重要概念，开启了以交易费用为主要分析工具与分析方法的现代公司产权理论体系的研究。

1. 公司产权理论的初步确立：股权投资之外部性内部化的联合产权理论

公司产权理论的初步确立应归功于德姆塞茨（Demsetz）在阐释公司法人格产权关系时首次提出的联合产权理论。科斯对于产权边界的观点、诺森（North）和尼科尔森（Nicholson）的产权法律观清楚阐释了公司法人产权具有自身独立性和边界的经济特质与法律要求。然而，由于公司法人格是虚拟创制的产权主体，这导致公司法人格产权的团体拟制性特征与传统产权界定的明确归属前提之间产生难以解释的逻辑矛盾。德姆塞茨指出："产权的主要功能就在于引导人们在更大程度上将外部性内部化，而公众股份公司制度就是为内部化投资者之外部性效应而创设的一种产权形式的组合与演变，其实质是一种有效的联合产权形式"②。对此，德姆塞茨通过三个不同层面的投资者外部效应在公众股份公司制度设计下的成功内部化转变，深刻而令人信服地论证了他的观点。

第一个层面，合伙经营方式下的法定连带责任制形成了对非经营性股东极大的潜在外部性效应，从而极大地影响和限制了合伙经营制对于物质产权投入的积极性与规模性。于是，股份公司制度中"有限责任的法定性规定"正是有效控制股东投资责任之外部性效应的革新设计，将超出净资产额度的股权投资责任风险（大量的连带责任成本）内部化为公司经营风险，而这对股权投资的激励效应无疑是巨大的。第二个层面，股权的不断扩散与持续外延是团体营利组织的发展要求，然而无数股份拥有者对公司参与的权利伸张却可能让公司谈判与决策过程伴随着难以估量的外部性效应（大量的交易成本），由此，股份公司制度在强调公司独立产权前提下的两权分离方式高效地将这一外部性效应内化为公司治理问题，从而大大节省了公司决策成本与运行成本。第三个层面，公司独立产权的诞生导致了投资者投入产权的不可撤回性质，并由此形成了新的投资者外部性效应（大量的投资风险成本）。于是，股份公司制度的股份可自由转让的制度设计很好地将这一问题内部化，而公众股份公司这一点

---

① 贾中河. 西方产权学派的理论流变及其评价 [J]. 经济评论, 1997（3）：59-62.

② 哈罗德·德姆塞茨. 关于产权的理论 [J]. 银温泉, 译. 美国经济评论, 1990（6）：49-53.

上发挥的内部化成效就尤为卓著。

归结起来，第一个层面的外部性内部化，其实质是公司独立产权权利的确立，由此界定了公司独立产权对公司经营风险的独立承担责任及其边界；第二个层面的外部性内部化，其实质是公司独立产权关系下公司自治方式的确立，由此与其独立承担的责任相对等；第三个层面的外部性内部化，其实质是强化了公司独立产权与公司股权之间的独立性与可分离性，从而确立了公司独立产权对于公司股票价值及其流转的有效保障性。

因此，在公司产权理论的视角下，股份公司制度的伟大创新就在于公司法人格具备独立产权的制度创新，从而极为有效地将大量的投资者外部性内部化于公司法人独立产权关系之中，由此卓越地推动了公司制度的繁荣和广泛应用。

2. 公司产权理论的发展：专用性投资之外部性内部化的公司共同所有权理论

公司产权制度及有关产权归属的理论总是不断发展变化的。如上所述，公司联合产权理论揭示了公司独立法人产权与股东利益之间存在着天然的相对独立性，而两权分离的治理特征和股权的可交易性又进一步展现和强化了公司制度的这一本质性特征，这为利益相关者理论的融入发展预留了理论土壤。随着实践中其他利益相关群体对公司发展的重要性不断凸显、理论研究中利益相关者理论的蓬勃兴起，为有效内部化利益相关者专用性投资的外部性效应，布莱尔（Blair，1996）提出了公司共同所有权理论。

法律上股东处于公司的最高地位，然而在今天的公司制度现实形态中却常常并非如此①。随着其他生产要素在公司制生产经营中相对重要性的不断上升，财务性资本已经开始失去最初在公司生产要素集合中的统治性主导地位，尽管代表单边"股东至上主义"逻辑的公司联合产权理论仍然具有深刻的解释力，但其本身已无法为股东之外的公司其他利益相关者②对公司所有权（剩余索取权和剩余控制权）③的有效分割提供理论依据。

这一变化最先由人本生产要素的重要性上升而引发的人力资本产权问题的思考而展开。斯蒂格勒和弗里德兰（Stigler & Friedland）率先从"人力资本及其产权嵌入"的视角来阐释公司运行的外在特征，他们提出，现代公司制度的运行特征，与其说如伯勒和米恩斯（Berle & Means）所言是由于所有权与经

---

① 杨瑞龙，周业安. 论利益相关者合作逻辑下的企业共同治理机制［J］. 中国工业经济，1998（1）：38.

② 这里所说的利益相关者是指向公司进行了专用性投资的直接利益相关者，下同。

③ 根据杨瑞龙和周业安观点，公司产权或者说公司所有权，等同于公司剩余索取权和剩余控制权。

营权之分离，不如理解为根源于财务性资本与人力性资本这两种不同性质资本的产权对公司的共同联结式投入更为恰当①。这一深邃见解的重要理论贡献在于"在理论上第一次把人力资本及其产权引入了对现代公司制度的理解"②。周其仁进一步提出，人力资本产权特性在企业合约的场合才得到突出的表现。在实践中，法律制度的演变发展有力地证实了人力资本所有者以人力资本对公司的投入换取了共享公司所有权的产权关系。例如，人力资本"作价入股"的产权制度设计探索在公司发展的历史上早有先例。而当下这一制度创新亦已作为试点开始探索和逐步推广：这首先出现在勇于创新的长三角经济区，例如，2006 年温州市印发的《温州市人力资本出资入股认定办法（试行）》、2008 年上海浦东出台的《浦东新区人力资本出资登记试行办法》，等等。

公司所有权关系向人力资本投入方的实质性外延，标志着不同生产要素在公司发展格局中相对关系的根本性变化。在这样的背景下，依托于资源基础理论和利益相关者理论强有力的实践解释力，布莱尔（Blair）以"引导专用性投资之外部性内部化"的合理逻辑拓展了公司产权理论的内涵与外延，从而形成了令人耳目一新却又切合于公司经营实践需求的公司共同所有权理论。

布莱尔提出，公司治理是一种制度安排，员工、债权人或供应商等往往都对公司进行了专用性投资，并因此与股东的投资一样承担着相同的剩余风险③。例如，公司预计到风险来临的时候，股东可以通过转让股票规避风险，但债权人借出的专用性借款却难以回收或变现、供应商为生成特定原料的专用性投资却难以解套，等等，即其他利益相关者并未必然比股东承担了更小的公司剩余风险。作为利益相关者理论著名学者，布莱尔所特别强调的是，在今天的公司制度运行模式下，股东实际上属于利益相关者群体中的一部分，股东之外的其他利益相关者与股东一样围绕公司进行了共同的专用性投资并共同承担了公司的剩余风险，而正由于利益相关者的专用性投资形成了公司的全部资源及公司对资源的收益权，因此利益相关者也理所应当就共同拥有着对"公司共同的所有权"④。这也正如哈特和霍姆什特（Hart & Holmstrom）所指出的那样：剩余控制权的分配正在从原先单一的物质资本所有者转向了专用性资本投

---

① STIGLER G J, FRIEDLAND C. The Literature of Economics: The Case of Berle and Means [J]. The Journal of Law & Economics, 1983, 26 (2): 237-259.

② 周其仁. 市场里的企业：一个人力资本与非人力资本的特别合约 [J]. 经济研究, 1996 (6): 78.

③ 玛格丽·M. 布莱尔. 共同的所有权 [J]. 经济与体制比较, 1996 (3): 39.

④ 玛格丽·M. 布莱尔. 共同的所有权 [J]. 经济与体制比较, 1996 (3): 37.

资者。它在法律制度演化中得到了进一步的应用和认可。例如，1980 年以来，美国 29 个州出于对债权人和员工利益维护而反对恶意收购并为此先后修改公司法的事实，表明基于利益相关者的公司共同产权论①已开始得到法律的明确支持②。我国学者杨瑞龙和周业安（1998）表达了与公司共同所有权理论相一致的观点：凡是向投入了构成公司剩余生产基础之专用性资产（投资）的利益相关者，按照谁贡献谁受益之原则，都应该作为公司的产权主体参与剩余分配③。秦宛顺也认为，利益相关者在公司中享有产权的原因在于两者之间客观存在的持续交换和相互依存关系④。

沿寻着产权经济学家德姆塞茨关于公司产权"旨在于引导外部性内部化"的分析思想来看，其实公司共同所有权理论的发展过程保持了与公司产权理论相一致的理论建构逻辑。事实上它的实质恰好反映了公司产权思想的发展演进：由"股东投资的外部性内部化"问题全面拓展为"利益相关者专用性投资的外部性内部化"问题，而这也正是公司与进行专用性投资的利益相关者之间的动态博弈在公司产权关系上的必然反映。因为一个利益相关者有权获得反映其专用性投资风险的资本回报⑤，否则专用性投资便不会发生。显然，如果不能从公司所有权中获得对与专用性投资风险相对等的利益回报，任何供应商都不会专门进行特定原材料生产的专用性投资以协同公司的生产经营，任何雇员都不愿意在工作的最低完成标准上进行任何额外的专用性知识资本投资并将其贡献给公司，等等。那么，这样就会形成来自利益相关各方大量的外部性效应。在非财务性资源异常重要的今天，公司的长远发展是无法承受这样大的外部性损失的。因此，为了将利益相关各方的外部性内部化，以有效获取对公司发展必要且重要的各种专用性投资，就应当默许进行了专用性投资并因而承担了剩余风险的利益相关各方拥有对公司共同的所有权，并在"利益相关者合作逻辑下的公司共同治理机制"中追求利益制衡与协同发展。

3. 公司产权理论对公司二重属性的解读

依据公司产权理论思想的形成和发展演进，在马克思主义辩证二重分析法

---

① 根据李心合教授相关研究的表述，"公司共同所有权理论"与"利益相关者合作产权理论"作为同义语使用。

② 李心合. 利益相关者产权与利益相关者财务 [J]. 财会通讯, 1999（12）：14.

③ 杨瑞龙, 周业安. 论利益相关者合作逻辑下的企业共同治理机制 [J]. 中国工业经济, 1998（1）：40.

④ 秦宛顺, 江若玫. 企业与利益相关者的交换、依存与合作 [J]. 社会科学研究, 2007（2）：21.

⑤ 加文·凯利. 利害相关者资本主义 [M]. 欧阳英, 译. 重庆：重庆出版社, 2001：189.

的视角下，公司也同样具有生产力属性（自然属性）和生产关系属性（社会属性）这两重属性特质。

现代公司制度下独立法人格独立拥有联合产权的实质，决定了公司目的和公司利益独立于股东而存在：作为营利组织的团体产权选择，公司追求自身的价值成长的根本特征是公司在自发自治历史发展历程中的客观选择，是所有公司的共性要求，是任何一位公司受托管理者的当然之职，并不因股东或债权人的变更等而变化。因此，在公司产权理论视角下，公司首先具有自我追求可持续价值增值的生产力属性。

同时，由于资源的相对稀缺性与相对重要性的改变，公司在利益分配层面的产权职能发生了扩散性变化：各利益相关者凭借其对公司不同专用性资源的投入获得了对"公司共同的所有权"，由此在相互制衡中形成了利益相关各方对公司的共同收益权关系。这样一种共同收益权关系具体取决于不同公司在生产经营中与利益相关各方形成的特定契约化合作生产或交易关系，因而，这实质上是公司客观存在的生产关系属性在不同公司间的异质性体现，其核心是公司价值创造过程中价值增值分享权的分割与归属问题。

（三）公司二重属性的理论解读小结

马克思主义政治经济学理论和公司产权理论，分别从不同的研究角度切入，采用不同的研究方法论展开研究，但都异曲同工地揭示了公司这一经济存在形式的二重属性特质：揭示了公司在客观上同时具有自然属性与社会属性的基本性质，并一定意义上相互补充、相互印证了公司二重属性关系与客观实践规律的内在一致性。

从公司的自然属性（生产力属性）方面来看：在马克思主义政治经济学理论中，是资本自行增值的自然属性①在生产力客观发展的背景下自行扬弃选择了公司组织形式并进而决定了公司具有追求价值增值的自然属性；在公司产权理论中，公司法人格独立拥有联合产权性质的形成，确立了公司具有自主追求可持续价值增值的自然属性。这揭示出两大理论在这一认识上的一致性，即公司天然具有促进生产要素有机整合以创造价值、追求价值增长的自然属性特质，这也是它从内容实质与法律界定上与非营利组织的根本性差异所在。因此，之所以将公司与生产力客观发展要求相联系的属性称为公司的自然属性，是因为这一属性不会因为历史时期的变化、经济制度的差异或法律制度的变迁而有任何改变，其是公司的共性属性，并且这一称谓能够更清晰地体现这一属

---

① 郭元晞. 论资本的二重属性 [J]. 经济体制改革，1998（3）：10.

性作为公司起源的属性特质、作为公司自发自治的根本主线、作为所有行业所有公司的共同属性特质的客观事实。

从公司的社会属性（生产关系属性）方面来看，在马克思主义政治经济学理论中，公司的社会属性是以特定公司生产关系为核心的公司社会关系之集合的体现，其核心是剩余价值的占有关系问题；在公司产权理论的发展中，将利益相关者专用性投资的外部性内部化的产权改进要求，反映出公司的社会属性是由公司资源的多元产权投入结构[①]所决定的，其实质是公司与进行了专用性投资的各利益相关方基于契约化的特定合作性生产或交易关系，其核心是对公司剩余（价值增值）[②]的控制和分配问题。因此，这进一步揭示出，两大理论在公司社会属性方面的认识在本质上也是一致的：公司的社会属性是公司与利益相关各方间基于契约化（或者说产权关系化）的合作性生产或交易关系，这体现的是公司的生产关系属性，是公司的个性特征。而马克思笔下的"资本强权雇佣和剥削劳动的产权合作关系"不过是公司社会属性在资本主义初期这一特定历史发展阶段的特定表现方式。

由上可见，在马克思辩证二重分析法的视角下，两大理论在公司二重属性上具有高度一致的本质性认识，同时也更为清楚和凝练地体现公司的二重属性特质。对此，本书通过表1-1进行了汇总列示。

表1-1　公司二重属性的理论解读小结

研究视角	公司的自然属性	公司的社会属性
马克思主义政治经济学理论视角	公司具有追求价值增值的自然属性	公司的社会属性是以特定公司生产关系为核心的公司社会关系集合的体现，其核心是剩余价值的占有关系问题
公司产权理论视角	公司具有自主追求可持续价值增值的自然属性	公司的社会属性是公司与进行了专用性投资的各利益相关方之间基于契约化的特定合作性生产或交易关系，其核心在于对公司剩余（价值增值）的控制和分配问题

① 布莱尔指出，利益相关各方的专用性投资构成了公司的多元产权投入结构，包括政府实际上也因为对公司投入了公共资源的使用产权而承担了剩余风险。

② 由于剩余价值更适合于资本主义特定历史范畴下的概念指向，本书采用"价值增值（或价值创造，公司剩余）"一类的概念应该同样能够客观地表达出资本运动结果的本质，同时，以"增值"代替"增殖"的表达并不改变理论表意的实质，同时这符合21世纪的今天人们对于公司性质及其特征的理解方式。

表1-1(续)

研究视角	公司的自然属性	公司的社会属性
小结：价值管理是二重属性相通的核心概念	公司的自然属性是与生产力客观发展要求相联系的属性，是公司的共同特征	公司的社会属性是生产关系属性，是公司的个性特征，反映的是以公司索取权和控制权的分割和制衡为核心的产权契约关系

可以说，公司的二重属性是紧密联系、互为促进的：公司的自然属性推动了公司社会属性的丰富与均衡合理发展（从单一财务资本专制发展至多元资本制衡），而公司的社会属性通过对价值增值分享配置关系的动态调整和制衡来整合优化公司资源的使用方式，以更好地促成公司自然属性功能的发挥和持续实现。纵观公司二重属性的要义，价值管理是相通于两者的核心概念，无论是公司具体生产经营等运行层面的价值增值管理，还是公司产权契约关系层面的增值价值分割与制衡管理，都是价值管理在公司不同层面上的属性体现。

总而言之，公司制度发轫于资本主义萌芽时期，确立于资本主义工业革命时期，不断繁荣于资本主义从工业化走向信息化的整个时期，并且在社会主义市场经济制度中也得到了广泛的应用并取得了良好成效，作为客观内在规律总结的公司二重属性特质在这整个漫长的公司制度演进历程中都展现出强有力的说服力和普遍的适用性，只是在不同的历史发展阶段以不同的外在表现形式而存在。这为接下来进一步认识公司财务相关的二重性问题奠定了明确坚实的理论基础。

二、公司财务二重属性的理论基础

坚持以马克思主义辩证法为方法论来认识和研究公司财务的本质内涵与固有特征，是新中国财务学理论界一贯以来良好的学术研究传统。早在20世纪80年代西方现代财务学理论引入之前，我国学界就已经提出了一系列兼有开拓性与可行性的中国特色财务理论并用于指导财务实践。马克思主义辩证二重分析法在这当中发挥了重要的方法论指导与科学分析工具的作用。例如，财务本质理论[1]中最具代表性的资金运动论就是从资金运动及其背后代表的经济关系这两个层面来辩证解读企业财务的本质的。而财务本质理论中的本金论则更明确地提出应当从企业财务的二重属性特质来认识和界定企业财务的本质。

客观来看，具有中国特色的财务本质理论（如资金运动论、本金论等）

---

[1] 财务本质理论这一理论归类的称谓，参考的是郭复初（2015）进行归类的观点。

的相关研究中已经明确阐述了企业财务具有二重属性特质的重要观点，这为本书的研究提供了方向性指引与理论依据。在此基础上，融入了西方理论研究成果的现代公司财务学理论的发展演进则为进一步考察公司财务的二重属性问题提供了更为开阔的理论基础：利益相关者财务理论为这一问题的考察提供了一个理论演进层面的分析视角；公司财务学两大理论分支的分立则为这一问题的考察提供了一个公司财务学理论体系发展层面的理论启示；而公司财务目标理论由"单核导向"向"双核导向"的演进发展为这一问题的考察提供了一个财务目标导向层面的理论发展规律启示。

（一）利益相关者财务理论

在利益相关者理论与资产专用性理论、资源基础理论及公司契约理论等理论互动融合的理论背景下，我国财务理论界进一步提出并发展了利益相关者财务理论。利益相关者财务理论的核心观点是，不仅是股东与管理层，投入了专用性资源的其他利益相关者[①]对于公司发展也同样具有不可忽视的重要作用，而财务是公司各方面利益相关关系的焦点，因此，公司财务的意义即在于通过财务性权利与财务性责任的风险均衡配置以制衡与协调各契约主体之间潜在的财务性冲突，从而通过财务的共同治理和共同监督机制，为公司专用性资源的长期集聚、发展战略的可持续实现奠定财务基础。

根据利益相关者财务理论的观点，各利益相关方向公司投入的专用性资源由于具有"套牢效应"而实质上往往表现为各种相应的"专用性资本"，除了股东和债权人投入的财务性资本以外，人力资本、市场资本等其他承担了公司剩余风险的专用性资本同样具有对公司的财务利益索取权。因此，这一理论强调在财务上应当建立以利益相关者的共同利益为导向并由利益相关者共同参与运作的新型财务治理体系。在具体内容上，这一理论提出了有别于以往财务理论的几方面新观点：第一，公司本质是利益相关者为追求共同价值创造而形成的合作性价值网络契约体[②]；第二，公司财务目标设定为利益相关者价值最大化而非股东财富最大化更具有合理性与激励性，这是泛资本化趋势下的财务选择；第三，公司应实行利益相关者共同参与的财务治理模式与财务运行机制，由此建立与各利益相关者的专用性资本投入相对应的基于风险均衡配置的治理模式，这优于唯股东导向的单边治理模式；第四，公司财务具体应该按照分层治理和分层管理的方式展开，同时由于公司契约对不同利益相关方的财务收益

---

① 与布莱尔等的观点一致，这里的利益相关者指的是对公司进行了专用性资本、承担了相应剩余风险、由此能够影响公司目标的实现并在实现过程中受到影响的个体和群体。

② 罗凯福. 财务思想史的演进与价值创造 [J]. 财经理论与实践，2002（1）：71-75.

保障的优先权关系存在非齐次性，故在必要的时候还应当根据公司的效益情况和不同的契约约束关系来相应配置公司财务控制权。对于利益相关者财务理论的价值，著名财务学家郭复初给予的评价是，该理论对于明确公司财务目标、建立科学的财务责任制和进行经营者业绩评价均有重要意义①。

回顾利益相关者财务理论的发展历程，从最初对公司财务问题的整体性研究细分延伸至所有者财务、出资者财务、经营者财务和财务经理的财务，进而扩展到债权人财务、劳动者财务及人力资本财务等，再全面发展为涵盖公司不同利益相关方财务关系的利益相关者财务理论，这一财务理论的演进历程表明：公司财务在理论上不仅要考虑和解决好与公司生产力属性（自然属性）相联系的公司财务决策优化选择的问题，还需要关注和处理好与公司生产关系属性（社会属性）相联系的公司财务关系及其治理问题，这源自公司财务在实践活动中的二重要求——《企业财务通则》（2006）中所体现的二重利益维护导向，从而反映了公司财务客观存在的二重属性特质。

（二）公司财务学发展中两大理论体系的分立

经典财务理论主要是指自 20 世纪 50 年代发展而来的以新古典前提假设为研究起点、以静态性分析为主要研究方法的现代西方财务学理论。从理论的研究范式上来看，作为公司财务学的首要理论分支，经典财务理论主要研究的是给定制度约束、组织特征或完全契约条件下的财务资源最优化配置问题②。从具体涵盖的内容来看，其实质上对应的是以 MM 理论、资本资产定价模型、有效市场假说等具有严格假设前提的数理化经典理论为代表的主流财务理论。事实上，经典财务理论在今天已经成了公司财务学教材中的主要内容。从理论的呈现方式上来看，经典财务理论主要通过数量化、工具化的模型和公式来呈现其特征与价值。经典财务理论所取得的卓著成就及其实践价值毋庸置疑，但其毕竟局限于新古典主义的研究范式与研究视野，也有着明显的缺陷与不足。例如，不能反映财务的现实复杂性和动态性等客观特征，也没有将交易成本、制度性因素的变化特征、利益相关者互利性合作关系等客观存在的社会性因素纳入理论研究框架之中。正如朱元午教授指出，学者们是在一个理想的王国里驰骋，而在现实面前，这些理论的假定前提就不一定那么适用了③。在实践中，经典财务理论所固有的单一技术化倾向使其成为公司财务决策中必不可少的分析工具，但同时远离现实的假设前提也使得其本身并不足以独立胜任对公司财

① 郭复初. 中国财务理论形成与前沿［J］. 财务研究，2015（5）：3-13.

② 姜英兵通过不同财务理论范式的比较提出这一观点，本书认同并引用了这一观点。

③ 朱元午用此语来形容经典财务理论中只见"钱"不见"人"的单纯技术倾向的缺陷。

务的实践指导工作。

制度财务理论起源于 20 世纪 80 年代西方财务学提出的财务契约理论。这一时期的研究将融资契约由经典财务学中一贯定位的外生给定转变为内生考虑，从而开辟了公司外部财务治理效应的研究，同时，这也标志着制度性因素纳入财务理论分析范式的开启。尽管萌芽于西方财务学界，然而以公司财务治理相关研究为切入点的制度财务理论却兴起和发展于国内，这应当归因于制度经济学在我国财务学研究领域广泛的应用。从理论的研究范式上来看，制度财务理论的特质在于以社会人而非经济人作为财务主体的假设前提、将公司财务视为公司契约体与各利益相关者之间的网络化互动性行为、将制度性因素作为内生变量而非外生给定嵌入到公司财务行为的研究中①，因而可以称之为"财务的制度分析模式"。从具体研究的内容来看，制度财务理论涵盖了以公司财务治理理论、利益相关者财务理论、基于交易成本的股利政策理论②、广义分配理论③等为代表的具有"制度嵌入性"特征的、具有中国特色的公司财务学理论。从理论的呈现方式上来看，制度财务理论注重通过研究提炼出方向性、指导性的财务规律以指导进一步的理论研究与具体的财务实践活动。制度财务理论的研究范式与研究视野，有效地突破了经典财务理论中对于外生变量、预期风险过度简化以及对静态分析方法过度依赖等只见"钱"不见"人"的固有研究缺陷，从而能够在非技术化的层面上较为贴近现实地揭示出公司财务活动中的公司财务关系特质及其对财务活动成效的重要性影响。事实上，无论规范研究还是实证研究，制度财务理论已经成了当前在公司整体层面探索财务问题的主要方向与重要实现路径。郭复初教授对此的评价是："制度财务理论的提出和探索对我国财务管理体制改革与财务制度建设有重要现实意义"④。

公司财务学中经典财务理论与制度财务理论的分化发展，并不是相互矛盾、相互否定的，而是互为补充、相互促进地为财务理论研究和财务实践活动提供指导与参考。这一发展过程恰好与经济学分化为技术主义理论和制度主义理论两大阵营相类似⑤。换言之，经典财务理论更多地体现了与公司生产力属性（自然属性）相联系的公司理财的效益效率性理论发展要求，制度财务理论则更多地反映了与公司生产关系属性（社会属性）相联系的公司财务关系

① 李心合. 制度财务学研究导论 [J]. 会计之友，2008（6）：12-17.
② 王化成. 财务管理研究 [M]. 北京：中国金融出版社，2006：113.
③ 同②268.
④ 郭复初. 中国财务理论形成与前沿 [J]. 财务研究，2015（5）：3-13.
⑤ 李心合. 论制度财务学构建 [J]. 会计研究，2005（7）：44-48.

的治理性理论发展要求，这反映了公司财务理论体系发展中的二重导向特征。

（三）公司财务目标理论

公司财务目标理论①为公司科学合理地设定财务目标、有效驱动公司财务活动的有序运行以及客观评定公司财务活动的绩效提供了理论指导与基本评价准绳②。作为公司财务基础理论的一部分，公司财务目标理论在公司财务运行体系中发挥着提纲挈领的关键性指导作用，其发展演进中的内在规律为揭示公司财务的本质性特征提供了一个非常有益的理论观察窗口。

1. 公司财务目标理论的发展演进回顾

（1）利润最大化。

利润最大化目标理论发轫于西方古典经济学，它在很长时间里盛行，不仅因为其在实践中直观而实用，同时还在于其在理论上契合于古典和新古典经济学的假设前提与理论抽象要求。

然而，随着现代财务管理理论的兴起，这一财务目标理论的缺陷日益明显。首先就是，该理论遗漏了现代财务管理理论的两大基础性假设与考虑因素，即资金的时间价值因素与风险因素，无法涵盖公司所承担的风险成本和时间成本。其次，这一理论过于强调当期绝对量的增加，从而往往引致不利于公司稳定和长远发展的短期行为。因为这些严重的缺陷，公司理论的繁荣成长促成了新财务目标理论的提出与应用。

（2）股东财富最大化。

股东财富最大化是指通过公司财务的运营为股东谋求最多的财富。该理论认为，股东作为承担最终剩余风险的所有者，理所应当地享有剩余财富最大化的目标追求，而且剩余财富最大化的实现往往意味着分配顺序在前的债权人、员工、政府税收等其他利益相关者的财务目标已经得到实现。而且，这一定义将"风险影响因素"和"短期与长期利益间的权衡关系"自然而然地纳入目标管理的过程之中，从而较好地弥补了利润最大化目标中最明显的不足之处。因此，在这些意义上来讲，公司财务目标理论从利润最大化调整为股东财富最大化，是一个明显的进步。

然而，该理论的缺陷在于，对其他利益相关方只考虑最低限度财务给付的行为实质上是对其他利益相关方利益的选择性忽视，正如人力资本的价值和贡献无法仅用当前的薪酬来衡量一样。同时，由于过于强调股东至上理念，忽视

---

① 在2016年《注册会计师》资格考试教材中将财务管理目标与财务目标作为同义语使用，本书与此保持一致。

② 王化成. 财务管理研究［M］. 北京：中国金融出版社，2006：26.

了其他利益相关方提供的特殊资源的重要性与相应的利益索取权关系，既容易损害利益相关方的合理财务利益，从而不利于公司与各利益相关群体长期、深入的协同性合作。此外，从技术性上来考虑，一则非上市公司难以适用，二则股价中不可控性因素也可能干扰财务目标的有效性。

（3）公司价值最大化。

公司价值最大化是指借助于公司财务的合理运营，选择最优财务政策，充分权衡资金的时间价值和风险与报酬的关系，在保障公司长期稳定发展的基础上使公司总价值最大①。从历史的角度来考察，债权人和员工等其他利益相关群体承担了越来越大的公司剩余风险，他们也因而对公司财务提出了更具有保障性的利益诉求，公司价值最大化理论的提出反映了这一发展趋势的客观要求。从理论上来把握，相比股东财富最大化，公司价值最大化更能体现利益相关各方以公司为中心的契约合作实质及意义。首先，"价值"的内涵远比"财富"更为丰富和恰当，更能体现公司组织的价值创造使命。进一步来讲，以公司代替股东，以"价值"取代"财富"，股东不再被特别强调而是作为与其他相关各方具有同一价值立场的利益共同体，既有利于股东与其他利益相关方从对立走向合作，也更彰显出"价值"属于共同利益而并非某一方的重要内在含义。这一进步显然是巨大的，也因而使其在一定意义上被认为是比股东财富最大化更为合理的财务目标理论。

总体而言，公司价值最大化理论是公司目标理论与利益相关者理论、公司契约理论相互动融合中发展形成的，公司价值最大化在兼有股东财富最大化理论固有优点的基础上，还进一步突出强调了在应公司整体长期稳定发展的基础上来满足各方面的利益诉求。但从制度环境的演进来考察，如果将"公司价值最大化"作为单一的财务目标，仍然存在局限性。这在我国财务制度规范上得到了颇为鲜明地反映：早在2006年，《企业财务通则》（2006）第十一条便已明确提出："……应以现金流为核心，按照实现企业价值最大化等财务目标的要求，建设并实施全面预算管理"。显然，通则确认了公司价值最大化作为主要财务目标的合理定位，但"等财务目标"的表述又清楚地说明公司财务运行的目标不是唯一的，财务目标还有其他的重要构成要素。因而，将作为公司财务目标一部分的"公司价值最大化"等同于公司财务目标本身，至少是不能完整地反映出经济新常态下公司财务目标的应有之义。

---

① 陆庆平. 以企业价值最大化为导向的企业绩效评价体系：基于利益相关者理论 [J]. 会计研究，2006（3）：56-62.

（4）利益相关者利益最大化。

在利益相关者理论日益兴起的背景下，公司财务学理论界很自然地把两者联系在一起，进而提出利益相关者利益最大化的公司财务目标理论。这一理论认为，各个利益相关群体在公司价值创造过程中都发挥着不可或缺的作用，他们为此对公司进行了专用性投资并承担了相应的剩余风险，他们理应对公司具有当然的财务利益索取权，而股东只是利益相关群体当中的一部分。在这一理论看来，股东财富最大化未能反映出其他利益群体的当然财务索取权和应有的财务分配地位，公司价值最大化又未能充分体现出不同利益相关方的利益诉求，且在概念理解上容易出现模糊化倾向，因此这两者都不能最好地反映出公司的本质和应有的财务目标追求。

尽管利益相关者理论在财务领域的应用具有一定的合理性，为对公司财务的深入理解提供了一个全新的视角与分析框架，但直接将"利益相关者利益最大化"定位为公司财务目标却在客观上存在着难以克服的不足。其一，这一理论中目标设定具有多元化的特征与倾向，这就难以避免不同利益导向目标之间的异质性与冲突，从而使得"作为共同受托人的公司管理层难以掌控公司财务目标的重心、进而难以真正有效地追求和实现公司财务目标"①。其二，公司产权主体的多元化是否就必然应当引致财务目标的多元化，这并没有得到充分和严密的论证。其三，这一理论的可操作性难度过大，难以保障其可实现性。

2. 公司财务目标理论的演进发展：由"单一内核"向"二重内核"演进

第一，不同的公司财务目标理论的适用性与合理性取决于不同的历史环境背景，不宜脱离特定历史时期社会经济发展阶段之制约而孤立地评价孰优孰劣。例如，在财务性资本在公司生产要素中占据绝对统治地位的早期，利润最大化就足以简明扼要地把握住公司财务的主要矛盾。而当其他生产要素的重要性不断上升甚至表现出超出财务性资本的重要性时，公司财务目标无论从理论上还是实践上都势必会顺应改进和完善。例如，《企业财务通则》（2006）实质上就从制度规范层面宣告了在新时期"公司价值最大化"要更优于"股东财富最大化"。

第二，公司财务目标理论演进规律的二重趋势：从强调价值增值最大化的单一内核要求向注重兼顾效率性与公平性的二重内核要求方向发展②。

纵观这四种主要的公司财务目标理论，无一例外地都蕴含着"价值增值

---

① 付元略. 财务管理理论 [M]. 厦门：厦门大学出版社，2007：82.

② 这里参考了李心合教授将财务目标细分为效率性子目标和公平性子目标的观点。

最大化"的共同含义，这是公司财务目标中效率性子目标的一贯性要求与体现：利润最大化是从当期直接产出收益的角度来要求"价值增值最大化"，股东财富最大化是从股东剩余收益的角度来追求公司的"价值增值最大化"，公司价值最大化是基于公司长期稳定发展的前提，从公司整体价值增值成效的角度来要求"价值增值最大化"，而利益相关者利益最大化是从多元利益主体各自利益增长的最大化来理解"价值增值最大化"。

在公司财务目标不断发展的过程中，其理论内核在单一效率性内核的基础上开始融入公平性内核。《企业财务通则》（2006）的规范性要求正是这一发展趋势的直接体现：因为相比一味强调"股东财富"的单边财务目标，"公司价值"强调的是公司作为独立法人自身的总体价值最大化，那么所有承担了公司剩余风险的利益集团都会因而受惠于公司价值最大化的追求和实现，因此公平性的要义实质上已经内含于公司价值最大化的目标设定之中。而相比公司价值最大化，之后提出的利益相关者利益最大化理论则将财务目标中公平性内核的重要性提高到前所未有之高度：财务目标的效率性内核与公平性内核同等重要、缺一不可。

从马克思主义辩证二重分析法来考察，公司财务目标理论中同时注重效率性与公平性的二重内核发展方向反映的正是公司二重属性的内生性要求。其中，公司的生产力属性（自然属性）必然要求公司财务要以价值管理的效率性为目标和中心开展财务活动，从而形成了公司财务目标对于效率性的内核要求，而公司的生产关系属性（社会属性）则会要求公司财务从目标导向具有公平性的高度来指引财务活动合理有效地维护、巩固和深化公司的财务关系，从而形成了公司财务目标对于公平性的内核要求。由于两者相辅相成，因此，公司财务目标应该是内含"效率性子目标和公平性子目标的有机统一"。

（四）公司财务二重属性的理论解读小结

杨德才在《自然辩证法》中指出："技术的属性是两重的，可分为自然属性和社会属性，一方面，技术作为实现自然界物质、能量和信息变换的手段、方法和活动，具有自然属性，另一方面，技术作为变革自然、改变社会的手段，又必须满足社会的需求才能为社会所接受，因而它具有社会属性"[①]。由于公司财务事实上也是首先作为公司价值管理的技术性工具而存在，故公司财务符合《自然辩证法》中关于"技术"的一般性定义。相应地，由此可以类推出公司财务的内在属性在客观上同样可以分为自然属性与社会属性。

---

① 杨德才. 自然辩证法 [M]. 武汉：武汉大学出版社，2006：156.

1. 公司财务的二重属性的具体解读

如前所述，公司二重属性的核心要义是以价值管理为中心的。作为公司价值管理工具，公司财务正是公司运行机制中反映、管理和评价公司价值变化情况的最直接、最基本，往往也是最重要的技术工具与管理方式，故其必然要服务和服从于公司基本属性的内在要求。从马克思主义辩证二重分析法来看，公司所固有的二重属性，为公司财务的二重属性提出了客观的实践要求：公司的自然属性（生产力属性）要求公司财务从基于价值管理的财务资金运动层面配合、支持公司生产力的发展要求，从而形成公司财务与公司生产力相联系的自然属性；公司的社会属性（生产关系属性）要求公司财务从基于公司治理的公司财务关系层面反映公司生产关系的客观要求，从而形成公司财务与公司生产关系相联系的社会属性。

因此，根据公司的自然属性（生产力属性）的客观要求，公司财务的自然属性在于财务资金运动的理财性，即公司财务资金运动天然的具有追求投入产出最优化、价值增值效率化的理财导向性特性。这是因为公司财务的自然属性就是要通过以价值管理为导向（通过理财性来体现）的财务资金运动方式来配合、推进公司追求价值增值自然属性的有序实现。并由此外化衍生出一系列反映生产力发展要求的共性化的、技术化的理财思想与理财方法。

公司财务的社会属性是基于价值导向与财务资金运动相联系的特定公司财务关系，其往往通过公司契约的方式得以体现，故其外在表现形式具有典型的契约联结性。这是因为公司财务的社会属性是公司的社会属性（生产关系属性）在公司财务维度上的体现，它反映了公司生产关系（各种契约性合作化生产或交易关系）的财务影响、财务约束与财务要求。也因此，其往往外化衍生出一系列反映生产关系客观要求的动态博弈的、个性化的财务治理性思想与方法。

客观来看，公司财务的自然属性与社会属性，是互为前提、互为补充、相融并进的。公司财务的自然属性越是得到充分和良好的实现，往往公司财务的社会属性也随之越为丰富和深入；而公司财务的社会属性越是得到良好的维护与拓展，则公司财务的自然属性往往也得到更多的资源支持与更好的协作性配合。总而言之，公司财务的自然属性与公司财务的社会属性之间的二重统一关系与公司的自然属性与公司的社会属性之间的二重统一关系是协调的、一致的。

2. 公司财务的二重属性指引着公司财务学两大理论体系的分立发展

前文已论述，用马克思辩证二重分析法来分析，是公司财务客观存在的二重属性衍生出财务理论体系分立发展的客观要求。

公司财务的自然属性，指引着新古典经济学在公司理财方向上的应用性研究和深入拓展，从而推动了现代公司财务学的一大分支理论——经典财务理论的形成与蓬勃发展。无论是资本资产定价模型理论、MM资本结构理论还是有效市场假说等，无一不是严格地承袭了新古典主义的基本研究范式，而又无一不是旨在以最优的数量化、工具化等技术性理论方式服务于公司财务的自然属性的客观要求。

公司财务的社会属性推动了制度经济学在公司治理方向上围绕公司财务关系问题的应用性研究和深入拓展，从而催生了"制度财务学"作为现代公司财务学另一大分支理论的出现与发展。这是因为，公司财务关系作为公司财务的社会属性的实质，其与公司的契约性、公司的相关交易费用等制度性因素有着密切的系统性联系，这就决定了其需要能够将这些制度性因素纳入理论分析框架的财务性理论的支持和指导。因而，"制度财务学"的兴起和发展正是在于适应和服务于公司财务的社会属性的客观要求。

因此，"经典财务理论"和"制度财务理论"分别依据不同的经济学研究范式、聚焦于不同的研究方向而分立发展，其实质在于服务于公司财务的自然属性和公司财务的社会属性的不同客观要求。同时，与公司财务的二重属性具有二重统一关系一致，两大理论体系相互补充、相互配合，从而打破了财务理论探索单一、僵化的研究误区，协同为公司财务活动的开展提供了更为充分合理、切实可行的财务理论指导。

3. 公司财务的二重属性与二重财务子目标的内生确立

财务目标是公司作为一个系统希望实现的财务结果（王化成，2006）。因此，财务目标实质上是服从和服务于公司这一有机体系的根本特质与运行要求的。基于马克思辩证二重分析法的视角，既然公司本质特点可以从公司的二重属性来获得表达，那么公司财务正是通过将其二重属性内嵌于公司财务目标之中来服从和服务于公司二重属性的内生要求。

公司财务的自然属性在于财务资金运动的理财性，其具有天然追求最优化、效率化的理财目的导向性。因此，正如《企业财务通则》（2006）所规范要求的，公司财务的效率性子目标必然应当以公司价值最大化为基本定位。同时，公司财务所追求的价值最大化还必须是"可持续的价值最大化"，即这应该是公司财务基于公司发展战略的前沿、基于风险与收益相对等、基于长期与短期相平衡等基础上而确定的"价值最大化"。诺基亚和柯达在"价值最大化"的辉煌顶峰迅速陨落的案例①对此给予了最深刻的提醒。因此，本书认为，公司财务的效率性子目标定位为基于可持续发展的公司价值最大化是恰当

---

① 从2011年1月11日到2012年1月5日，柯达的股价跌去了93.7%。

合理的。

公司财务的社会属性之实质是基于价值导向的与财务资金运动相联系的公司特定财务关系，其具有典型的契约联结性。公司的可持续长远发展有赖于利益相关各方的专用性投资与协同性合作，因为"战略性要素资源占有的差异是带来公司相对竞争优势的主要原因"①。而要获得利益相关各方持续的专用性投资与协同性合作，就必须以具有良好激励性的财务关系为合作纽带和置信条件，而财务关系的激励性就集中体现在与专用性投资风险相对等的公平性财务回报上。因此，公司财务的社会属性就必然要求在财务目标中涵盖公平性子目标，以激发财务活动的合理激励效应，从而有效维护、巩固和深化公司与利益相关各方的财务关系，事实上，这也正是公司社会属性在公司财务目标上的直接体现。从公司契约的视角来理解也是完全一样的：既然公司是合作各方契约的联合，那么显然，合作各方的目的不仅仅在于最大化合作剩余（最大化价值增值），还在于公平、合理的分享合作剩余（价值增值）②。所以，公司财务目标还应该在包含效率性子目标的基础上同时包含公平性子目标。同时，由于"公平"一词内涵丰富深刻但偏于抽象而不易于具体化操作，从财务的实践性出发，"公允"所代表的"公平、允当（恰当）"之意更适合指导决策和判断。我国公允价值准则的专门制定很好地说明了这一点，而这也为财务上合理运用"公允"提供了重要参考。因此，本书认为，公司财务的公平性子目标定位为公司增值分享的公允化是恰当合理的。

综合起来，基于马克思主义辩证二重分析法的视角，本书认为，在公司财务的自然属性的指引下，公司财务的效率性子目标可以具体化为基于可持续发展的公司价值最大化，在公司财务的社会属性的指引下，公司财务的公平性子目标可以具体化为公司增值分享的公允化，而公司财务目标的总体定位应该是基于可持续发展的公司价值最大化与增值分享的公允化③。这反映了公司财务理论在做蛋糕和分蛋糕上的有机统一④。通过这一界定，公司既从财务目标层

---

① 巴尼. 资源基础理论［M］. 张书军，苏晓华，译. 上海：上海三联书店，2011：19.

② 李心合提出：在广义分配理论中，公司价值不是单个的而是在供应链或价值链中创造的，供应商和客户通过以市场为基础的转移价值必然影响并分享公司创造的价值或收益，这种影响和分享从广义上说也属于分配的范畴，有所不同的是客户和供应商是以市场价格机制来参与收益分享的。

③ 张兆国等表达了一致的观点，他提出：公司财务目标应该是公司价值最大化与分配公平化。

④ 李心合. 论公司财务的性质与职能［C］. 中国会计学会财务管理专业委员会学术年会论文集，2012：12.

面强调了可持续发展性公司价值最大化的公司生产力属性（自然属性）的客观要求，又从财务目标层面反映了公司生产关系属性（社会属性）的内在要求。这一界定实质上也正是公司财务的自然属性与公司财务的社会属性的直接体现。从发展的视角来看，在我国强调公平正义而社会主义制度设计理念和社会主义核心价值观的正确指引下，财务目标中效率性内核与公平性内核之间的对立统一性矛盾关系将成为推动公司财务目标理论与实践发展的主导力量，因此，这一财务目标界定还进一步体现了公司财务自然属性与社会属性的二重统一。

总结起来，公司的二重属性决定了公司财务的二重属性。在公司财务具有二重属性的视角下：公司财务的自然属性要求公司财务体现"理财性"，公司财务的社会属性则要求公司财务体现"契约性"，在公司财务二重属性引致公司财务学两大理论分支的发展形成与公司财务目标二重内核内生确立的基础上，公司财务二重属性、财务目标与财务学理论之间的基本逻辑关系如图1-2所示。

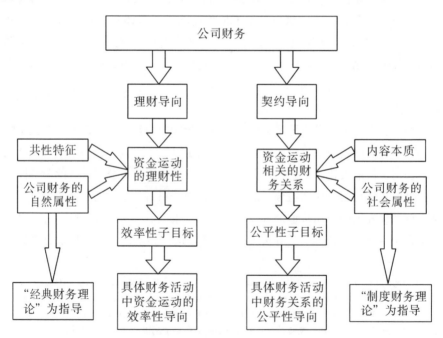

图1-2　公司财务二重属性的基本逻辑关系图

三、公司财务责任的存在性及其二重属性的理论基础

公司契约理论与公司产权理论揭示了在公司契约运行与产权维护当中公司财务性责任的客观存在性及重要意义，并提供了进一步解读公司财务责任二重属性的理论基础与依据。

（一）公司契约理论

公司契约理论的开启于 1937 年科斯（Coase）在 *Economica* 上发表的著名论文 "The Nature of the Firm"。1976 年，詹森和梅克林（Jensen & Meckling）沿承了 Coase 关于公司契约性本质的开创性观点，并首次从代理成本的视角对公司契约理论进行了系统研究，从而推动公司契约理论思想进入了一个系统化深入的新时期：公司是一系列契约的联结体，所有的公司契约都存在代理成本和监督问题。

公司契约理论所揭示的是：公司从设立到运行的每一个环节都以契约为实现载体和联合实质，这是公司之契约本质性的外化体现。契约精神是现代公司法律制度的内嵌原则，因此，公司依法申请设立即为公司与国家间以《公司法》等法律制度为依据所缔结的第一个契约。而在公司所缔结的这第一个契约之中，作为契约缔结依据要件的公司章程，其在本质上是公司设立各方联合性契约的格式化表现。对此，最为典型的莫过于法律规范上的直接界定，如英国《公司法》（1985）在第 14 条中便明确阐明 "公司章程即为公司内部投资者与公司之间签订的契约"①。而在公司的生产和交易活动中，与公司利益相关的每一个事项，无一不通过契约之方式来进行约定和执行，而公司也都以法人身份作为独立、平等的契约方参与了契约的谈判、拟定、执行、监督以及再谈判等每一个环节。总之，公司契约理论令人信服的阐释和论证了公司的契约性本质。

公司的契约本质性决定了与公司相关的契约在缔结的同时也必然内生出相应的责任。因为契约总是同时与权利和责任联系在一起：契约关系是商品经济交往的最基本形式，参与主体以契约形式达成的合意通常由权利和责任表现出来②。契约与责任之间的内生关系在历史上源远流长，早在罗马法中就已经有所体现："罗马法契约责任在优士丁尼时期开始走向完备，其涵盖了契约责任与准契约责任两部分"③。因此，从公司契约中达成的财务性合意来看，在公

---

① 庞春祥. 公司本质论 [M]. 长春：吉林大学，2012：42.
② 马新福. 社会主义法治必须弘扬契约精神 [J]. 中国法学，1995（1）：42.
③ 丁玫. 罗马法契约责任 [M]. 北京：中国政法大学出版社，1998：1.

司不完全契约引致的利益博弈和再谈判过程中，既约定了公司的财务权利条款，实质上也达成了相应契约中的公司财务责任条款。这些财务责任条款可能是显性的，也可能是隐含的，但它们也都是对财务权利合意边界的界定、约束和制衡。而从交易性活动的开展来看，财务责任条款往往作为契约得以有序执行的关键性约束条件而存在，在这一意义上来讲，财务责任对公司契约的重要性并不亚于财务权利所带来的影响。这正如巴泽尔（Barzel）所言：契约是对责任的特定分配①。因此，公司财务责任是公司契约本质的内在责任性要求与外化财务性约束，也是"公平、平等、尚法守信"之契约精神在公司财务上的直接体现。

利益相关者理论、资产专用性理论与资源基础理论的兴起与互动融合拓展了公司契约理论的内涵与意义。如公司契约理论体系在扩展了希尔和琼斯（Hill & Jones）所提出的利益相关者—公司代理理论后获得了更具有普遍意义上的解释力：公司管理层不仅是公司的契约谈判代理人，还是所有利益相关方的契约执行代理人。

在公司契约理论框架的扩展视角下，由于各利益相关方为公司投入了各种关键资源并承担了相应的剩余风险，因此，公司作为独立法人便负有对所有利益相关方的共同受托代理责任。那么，当公司的这一受托代理责任具体通过公司财务这一价值管理工具来衡量、体现和履行时，则可以主要表达为两个不同层面上的具体化责任要求：第一个层面，公司负有整合经营好利益相关各方所投入的各种关键资源并最大化其整体产出价值的财务性责任；第二个层面，公司负有给予各利益相关方与其资源投入（或承担的剩余风险度）相对等的利益回报的财务性责任。从马克思辩证二重分析法来看，第一个层面的财务性责任体现的是公司生产力发展的客观要求，从而反映的是与公司生产力属性（自然属性）相联系的公司财务责任问题。第二个层面的财务性责任体现的是公司契约关系的客观要求，从而反映的是与公司生产关系属性（社会属性）相联系的公司财务责任问题。

（二）公司产权理论

公司产权理论的确立源自德姆塞特在阐释公司法人产权关系时首次提出的联合产权理论。联合产权理论从引导公司股权投资之外部性内部化从而节省巨大交易费用的视角深刻地揭示了现代公司制度的产权意义与价值：对于以营利性为共同目的而形成的团体化产权，通过限定性设计（如将股东投资风险严

---

① 巴泽尔. 产权的经济分析 [M]. 费方域，段毅才，译. 上海：上海三联书店，1997：75.

格限定在其投入的原始产权额度之内等），可以有效地将外部性效应转变为规模经济效应，也正因此而成就了公司制度广泛而强大的生命力。从此，专门阐释营利性的团体化产权关系的公司产权理论开始成为现代产权理论体系中的一个独立的理论分支。

公司产权理论非常关注公司产权关系中的"责任性"问题，这是公司产权关系中的特定风险性所决定的。公司产权理论指出，两权分离减少了公司大量的决策与运行成本。这意味着，公司产权的联合性特征越强，则两权分离越是彻底，则作为公司产权人格化代表的公司管理层就越是真正地掌控着公司产权的实际使用方式和获益方式，那么巨大的协商成本风险与执行成本风险转变为了潜在的关于公司团体化产权使用的代理成本风险。公司产权理论还指出，公司联合产权制度锁定和内化了股东投资的外部性风险，从而引致了股权投资的繁荣与热情。沿着这一逻辑来进一步解读，股权投资外部性风险减少的部分并没有无故消失，而是转化到了公司产权关系之中，并在一定程度上转嫁到了与公司产权合作的其他利益相关方身上。例如，相比与同等规模与经营状况的合伙企业合作，与公司合作的债权人（为公司提供了长短期债权资金）和供应商（为公司提供了大量的商业信用）的外部性风险[①]却增加了：不论如何，公司仅在法人财产权额度范围内承担经营责任，而这一问题往往会在公司陷入财务危机时集中凸显出来，如无锡尚德破产给银行和供应商所带来的严重外部性效应。

在公司产权理论的解读下，我们可以看到，现代公司产权关系中的风险性问题集中体现在两个方面：其一，公司管理层实际掌控着并非其产权投入而形成的公司产权（即便管理层有投入也往往只占其中一小部分），那么管理层是否会以最有利于公司价值最大化而非自身价值最大化的方式来管理和使用公司法人产权？其二，管理层作为公司产权的人格化代表，管理层的决策是否反映了原始产权投入方股东们的合理利益诉求？管理层的决策是否包容了与公司产权合作的其他利益相关方的合理利益诉求？例如，管理层在代表公司对外交易时是否会增加了公司法人以及公司利益相关方的外部性风险——如凭借信息不对称性借入了超过公司偿还能力的负债等等，从而不利于公司团体化产权关系的可持续发展、并伤害了公司与利益相关各方间的长期产权合作基础？

---

① 事实上，相比合伙制企业，公司制度下的员工、客户、政府等其他利益相关方的外部性风险也往往会增加，只不过以债权人和供应商的情况最为典型和常见。

因此，公司产权理论的启示是，公司制度的外部性内部化产权设计，并不是消灭风险，而是将难以接受的过多的股权投资风险转化为公司产权关系中上述两个方面的内生性特定风险。而控制这两个方面的产权关系风险，实质上即是追究公司产权价值实现中的责任性问题。换言之，公司产权关系在上述两个方面的内生性风险，实质上也集中地体现在作为公司产权人格化代表的公司管理层在公司产权关系中两个层面的信托责任问题：第一个层面体现的是公司法人产权是否得到了正确（合理）使用的责任性问题，而第二个层面体现的是公司法人产权的运行是否反映了与公司法人产权存在合作关系的股东及其他各利益相关方的利益诉求的责任性问题。

　　那么，这就需要一种便于精确测度和及时反馈公司产权管理情况的专门系统化管理装置来监督、评价和指引管理层的信托责任，从而有效抑制公司潜在的道德风险问题，而具有价值数量化特征的公司财务无疑这一专门系统化管理装置的最佳选择。这是因为公司财务是公司价值管理的主要方式，而公司的价值及其变化的实质是公司产权关系运行的价值化，所以公司财务正是围绕公司产权关系运行与维护的根本性要求而存在，那么监管和引导事关公司产权风险的信托责任自然是公司财务责无旁贷之义务。因此，在一定意义上来说，"公司财务的客观必要性就是服务于这种信托责任关系"①。

　　既然公司财务应该作为反映和治理公司产权关系中的信托责任问题的核心管理装置而存在，则公司产权对公司财务的责任性要求也就自然而然地衍生形成：公司财务有责任、有义务客观反映和指引督促管理层积极履行其信托责任，从而帮助公司朝着道德风险最小化、产权价值最大化的方向发展。因此，公司产权的联合性和虚拟性决定了公司信托责任关系建立和运行的必要性，而公司信托责任关系又决定了公司财务责任的不可或缺性。换言之，公司财务责任是公司产权关系下的信托责任要求在公司财务维度上的体现与要求。那么，上述公司产权关系的两个层面的信托责任问题反映在公司财务维度上，即表现为两个不同层面的公司财务责任：第一，公司管理层负有代表公司法人以最恰当有效的方式实现公司产权价值的财务性责任；第二，公司管理层负有代表公司法人从财务上合理反映和回应股东及其他各利益相关方的利益诉求的财务性责任。而从马克思辩证二重分析法来看，第一个层面的公司财务责任体现的是与公司联合产权相联系的生产力属性（自然属性）相联系的客观要求，第二

---

　　① 汤谷良. 现代企业财务的产权思考 [J]. 会计研究，1994（5）：7.

个层面的公司财务责任体现的是与公司产权关系中的生产关系属性（社会属性）相联系的客观要求，两者构成了公司财务责任的相互联系、辩证统一的两个层次。

（三）公司财务责任二重属性的理论解读小结

如前所述，在马克思主义政治经济学等理论基础和马克思辩证二重分析法的指导下，公司和公司财务的本质特性都在二重属性视角下获得了清晰的界定和严密的理论逻辑，对应作为下位概念的公司财务责任，其客观具有的本质特性同样适合于通过二重属性分析获得界定：本书将与公司的自然属性（生产力属性）相联系的公司财务性责任称为公司财务责任的自然属性，将与公司的社会属性（生产关系属性）相联系的公司财务性责任称为公司财务责任的社会属性。在本书后面的论述中，凡提及公司财务责任的自然属性即表示公司的自然属性在公司财务层面的原则性体现与责任性要求，凡提及公司财务责任的社会属性即表示公司的社会属性在公司财务层面的原则性体现与责任性要求。

关于公司财务责任自然属性的首要性和基础性方面，管理学大师德鲁克就曾明确提出："企业——无论其所处的社会具有什么样的经济、政治结构或什么样的意识形态——都必须有责任去创造利润，创造利润虽然不构成企业的全部责任，但却是企业的第一项责任"[1]。这就是公司最基本的责任所在，也是公司财务的首要责任所在。关于公司财务责任社会属性的内生性和重要性方面，李心合指出："公司理财必须在谋求利润与履行其他责任上保持同步性，换言之，面向可持续的利益相关者财务控制是指公司在理财的同时履行对各利益相关者的各种财务责任，这也是利益相关者财务控制的基本宗旨"[2]。

1. 公司固有的二重属性决定了公司财务责任的二重属性特质

大陆法系的《公司法》规范中，独立法人格与营利性构成了定义公司的两个基本内涵[3]。我国《公司法》（2014）中也将公司定义为"享有独立法人财产权的企业法人"。事实上，公司组织这两方面本质性内涵的形成与确立，从历史来考察，并非源自法律之赋予而是源自商人们以营利为目的的自发行动与自治创新。例如，在公司设立程序正式被纳入国家立法领域内之前，尽管

---

① 彼得·F.德鲁克.组织的管理［M］.王伯言，沈国华，译.上海：上海财经大学出版社，2006：29.

② 李心合.利益相关者财务控制论（上）［J］.财会通讯，2001（6）：3-7.

③ 这里所指的大陆法系涉及法国商业公司法、德国商法典、日本民法典和瑞士民法典等。

《泡沫法案》（*Bubble Act*）极大阻碍公司法人化设置，然而联合经营的营利动机却促使商人和律师们借助合伙信托之架构创设出可以股份转让、责任有限而期限无限等特点的公司①。所以，从历史发展的逻辑关系来看，公司法律制度不过是对这样一种来自商业营利性自发创新而形成的"公司"组织所具有的两大基本内涵通过立法之形式加以承认和规范，这是一种因势利导的法律规制而并非源自理论创新之法律创造。

因此，营利性与独立法人产权是公司制度天然的特质，也是研究公司性质的起点。从马克思辩证二重分析的视角来看，营利性实质上对应的是公司追求可持续价值增值的自然属性，而公司独立法人产权则是公司具有社会属性的产权根源：这是其联合产权性质与拟制法律人格特质所决定的，公司社会属性的实质——公司的生产关系——正是在公司独立法人产权关系的基础上形成和发展的。那么，当以公司这两点基本内涵来展开对公司财务责任问题的考察时，实质上也就是从公司的自然属性和社会属性来考察公司财务的责任问题。

公司法人是一定权利和责任的抽象②。因此，对于作为公司下位概念的公司财务，应该从权利和责任并行的二重视角来进行辩证分析。前已述及，公司财务是公司价值管理中最为核心的技术性工具与管理方式，故公司信托责任关系决定了公司财务责任的不可或缺性。于是，公司作为营利性团体的本质内涵就直接衍生出公司财务以营利追求为使命的根本性责任，这是公司财务第一个层面的责任。同时，公司作为独立法人的产权契约关系是公司形成特定财务关系的基础，而公司财务关系的确立与变化又往往会反过来影响到公司产权关系的维护问题。因此，公司这一本质内涵就必然要将有序维护公司财务关系之要求责任化于公司财务体系之中，由此形成公司财务第二个方面的责任。

公司财务第一个方面的责任与公司的自然属性相联系，体现的是公司财务以公司价值增值（营利）为中心开展财务资金运动的责任要求，因此反映了公司财务责任的自然属性；公司财务第二个方面的责任与公司的社会属性相联系，体现的是公司财务在处理和维护公司特定财务关系过程中的责任问题，因此反映了公司财务责任的社会属性。概言之，公司财务责任是公司固有的二重属性在公司财务层面的原则化体现与责任性要求。因此，公司的本质内涵与公司财务责任二重属性的衍生逻辑关系如图1-3所示：

---

① 蔡立东. 公司制度生长的历史逻辑 [J]. 当代法学，2004（11）：153.

② MAX R. The Legislation of the Greeks and Romans on Corporations [M]. Columbia：Columbia University Press，1909：33.

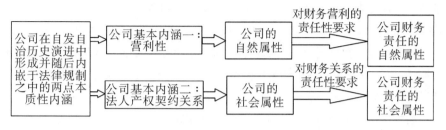

图 1-3　公司的本质内涵与公司财务责任二重属性的衍生逻辑关系图

换言之，公司本质内涵中的联合营利动机是公司财务有营利责任的自然性基础，而以公司本质内涵中的独立法人产权关系为基础发展形成的公司生产关系的集合是公司财务对公司——各利益相关方财务关系负有责任的社会性基础。所以，公司的两大基本内涵决定了公司财务责任的二重属性，或者更直接地说，公司固有的二重属性决定了公司财务责任的二重属性。

2. 公司财务的二重属性为公司财务责任的二重属性提供了依据和具体指导

如上所述，公司财务责任反映了公司固有的二重属性在公司财务层面的责任性要求，而公司财务的二重属性则为财务责任的二重属性提供了对象化依据和具体化指导。

（1）公司财务责任的二重属性是公司财务目标二重性的具体责任化。

公司财务目标决定了公司财务运行的基本特质与发展方向，从而对公司财务活动提出了导向性的基本要求。但也因为财务目标为公司财务活动提供的是最终期望总成效，故财务目标本身难以直接作为财务活动的具体指导依据和完成情况的具体评价尺度。于是，在公司财务活动与财务目标之间，就还需要一个专门致力于约束和督促财务活动始终朝向财务目标之指引前进而不发生偏离（背离）的运行约束机制。显然，这一运行约束机制是公司财务目标的约束性具体化，其一旦缺失将大大弱化财务目标对财务活动的导向性作用。

由此，以公司财务的责任性为研究对象，以公司财务的责任履行为使命的公司财务责任，无疑最适合于担当公司财务目标具体化的约束机制角色。对此，李心合明确指出："在公司财务运作层面，国内外行之有效的经验模式是责任管理制度……责任管理能够做到财务责任的全员化和全过程化，从而推进和落实公司理财总目标的有效实现"①。

第一，从理论渊源上来说，公司财务责任与公司财务目标有着共同的生长

---

① 李心合. 利益相关者财务控制论（下）[J]. 财会通讯，2001（7）：7-11.

基础、一致的服务对象和同一的理论建构逻辑。两者都是围绕公司本质属性为依据而确立形成的，也都以公司本质属性之要求为根本服务对象。在此基础上，如前所述，在公司固有的二重属性对公司财务的要求和指引下，公司财务目标可以进一步细分为效率性子目标和公平性子目标，而公司财务责任则具有自然属性和社会属性两大基本性质，因此两者又具有理论建构逻辑上的同一性。

第二，从财务内生性约束机制的构建和实现机理上来说，"责任"所蕴含的理念和内涵最适合于公司财务目标的具体化落实。因为责任是一种分内之事，是一种当然义务，而且责任是一个行动中的活动①。因此，公司财务责任作为公司财务的分内之事（责）而存在，可以规制公司财务活动应有之边界与方向，评价具体财务活动完成之绩效，从而将高度凝练的财务目标具体责任化为公司财务活动的具体原则与具体依据，由此在公司财务活动和公司财务目标之间构筑起联结两者的责任性约束机制。

因此，作为制约公司财务自主自治权的公司财务责任，无疑最适合于作为公司财务目标的具体化运行约束机制。事实上，从一定意义上来讲，公司财务责任的二重属性就是公司财务目标二重性的具体责任化。这是因为，公司财务目标是公司目标的核心部分之一，故公司财务目标应理解为公司本质二重属性对公司财务的总体目标性要求。同时，前已述及，公司财务责任是公司固有的二重属性在公司财务层面的原则性体现与责任性要求。可见，两者是公司本质二重属性对公司财务的内在要求在不同层面上的不同存在方式：相比较而言，财务目标是公司本质属性对公司财务高度概括的总体要求，而财务责任是公司本质属性在公司财务层面相对较为具体的原则化体现与责任性要求，两者本质同一只是层次有别。所以，财务责任的自然属性是对公司财务效率性子目标的具体责任化，它代表的是将财务效率性作为每一项具体财务活动中财务资金运动的价值管理原则和责任考核标准；财务责任的社会属性是对公司财务公平性子目标的具体责任化，它代表的是将财务公平性作为每一项具体财务活动中财务关系的治理原则和责任考核标准。经由这一具体责任化，公司财务目标转化为公司财务责任，并通过责任约束机制的方式将财务目标的要求贯彻于全部的公司财务活动之中。显然，公司财务责任体系中涵盖了一系列具体的责任维度，这将在下一节中进行详细阐述。

---

① 谢军. 责任论 [M]. 上海：上海世纪出版集团，2007：28.

（2）公司财务责任的二重属性契合公司财务学两大理论分支的理论。

在以"财务效率"为中心的共同语境中，公司财务责任的自然属性与经典财务理论有着一致的契合基础与运行前提。如上所述，公司财务责任的自然属性是对公司财务效率性子目标的具体责任化，它代表的是将财务效率性作为每一项具体财务活动的价值管理原则和责任考核标准。而经典财务理论是承袭新古典经济学研究范式而发展形成，其标志性的财务活动模型化、财务数量最优化等基本理论特质同样秉承的是以公司财务效率为中心之实质。同时，公司财务责任的自然属性由公司营利性的基本内涵衍生而来，与公司的产权契约关系（生产关系）并无关系，主要体现的是公司这一基本内涵对公司财务的"技术性"责任要求。一致的是，经典财务理论将企业视为"黑匣子"而同样忽视公司的产权契约关系及其影响，完全专注于静态分析方法以充分凸显出财务理论的技术性。

在以"财务公平"为中心的共同语境中，公司财务责任的社会属性与制度财务理论有着一致的契合基础与本质内涵。如上所述，财务责任的社会属性是对公司财务公平性子目标的具体责任化，它代表的是将财务公平性作为每一项具体财务活动中财务关系的治理原则和责任考核标准。制度财务理论以新制度经济学研究范式为基础发展而成，以公司财务活动背后的特定财务关系及其财务后果作为主要研究对象。由于公司财务关系的制衡发展必须以公司与其他利益相关主体间的平等互利为根本性基础，因此，制度财务理论的实质是以"财务公平性"为中心来展开对财务关系治理的探索和优化。同时，公司财务责任的社会属性由公司法人产权关系的基本内涵衍生发展形成，主要体现的是公司这一基本内涵中的"契约性"对公司财务的内在要求。一致的是，制度财务理论也正是通过公司财务关系背后的契约性载体为研究主线来展开深入研究的，因此，"契约性"构成了制度财务理论的标志性理论特征。

因此，在各有侧重的财务语境中，公司财务责任的二重属性与公司财务学两大理论分支之间存在着紧密契合的系统性联系，两者的对接结合既是公司财务目标的客观要求，也为进一步深入对公司财务体系的认识拓展了新视角。综上，公司财务、财务目标与财务责任的基本逻辑关系如图1-4所示：即图1-2在纳入公司财务责任的二重性分析后扩展为图1-4。

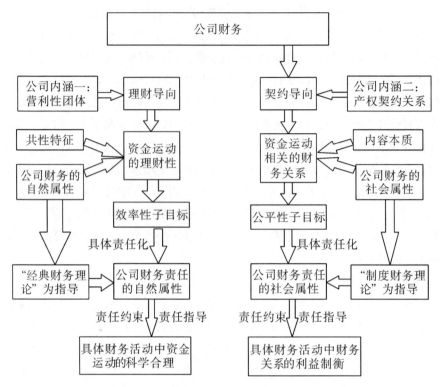

图 1-4　公司财务、财务目标与财务责任的基本逻辑关系图

如图 1-4 所示，公司财务责任在以公司财务目标实践为具体财务活动的过程中发挥了贯穿始终的中心性规范与约束作用，其最适合于作为公司财务目标的具体化运行约束机制。这正如郭复初教授（1997）所指出的：“公司财务责任反映了公司财务目标的要求，同时也是评价财务工作绩效的尺度，而财务权力是财务活动运行前提，它为财务责任的履行提供条件”。

第三节　公司财务责任的理论体系

独立的法人财产权衍生出公司独立的财权（伍中信，2009），公司由此获得了独立平等的民事主体身份与自主自治的财务权利，自然也就必须在独立自主的公司财务行为中承担和履行与之相应的财务责任。

一、公司财务责任的内涵界定

（一）关于责任概念的内涵

据丁玫教授考证，法律术语中最早普遍用于表意"责任"的拉丁单词"Responsabilitas"源自拉丁古文中的"respondere"[1]。具体而言，spondere 指一种做出允诺或保证的庄严行为，加上了前缀 re 的 respondere 则指针对一方先前的允诺所做的答复。可见，责任一词在最初的法律中就内含着一种"回应""履约"的契约精神和基本含义。

康德在《义务论》中提出：责任就是由于尊重法则（规律）而产生的行为必要性。康德之意在于强调责任源自客观法则之要求。

在今天的英文表意用法中，duty、obligation 以及 blame、trust 等单词都在不同语境中常用于"责任"之意的表达，不过最具有普遍性和代表性的是由拉丁词根 spon 发展而来的单词 responsibility。根据 *Webster's New International Dictionary*（韦氏新国际词典），responsibility 主要用于表达三种不同的含义[2]：其一，出于引致责任的原因而需要对结果负责；其二，一项被要求或被期望要去完成的义务或任务；其三，应当完成的事情，源自法律、道德等方面的原因。responsibility 的词根 spon 与 spondere 是拉丁古文中的同源词根，故 spon 主要用于表达"承诺、许诺、保证"等之意。所以，responsibility 的词义中就有很强的"必须完成、应当作为"的基本内涵。

根据《汉语大词典》的注释，"责任"一词主要用以表意三类不同的含义："第一，分内应做之事；第二，没做好分内之事而应承担的过失；第三，使人担当某种职责等"[3]。同时，在我国古文中对"责"的理解和注释与今天《汉语大词典》的"责任"大体一致（谢军，2007）。

从古今中外中关于"责任"概念的经典注释来看，最为突出和普遍的是强调其中的"必须作为、应当作为"之含义，原因可能源自主观的"许诺、保证"，也可能源自客观的法律规制等因素，但都是可以明确划定责任主体的"分内之事"。同时，这一"必须作为、应当作为"的过程中往往体现出的是一种源远流长的"履约性"契约精神，这也意味着倘若"应当作为"而不为，则需要承担相应的过失。

---

[1] 丁玫. 罗马法契约责任 [M]. 北京：中国政法大学出版社，1998：2.

[2] 出处见韦氏词典官网：http://www.merriam-webster.com/dictionary/responsibility.

[3] 出处见汉语大词典，中国知网：http://hd.cnki.net/kxhd/Search/Result.

（二）关于公司财务责任的含义

在关于财务责任的具体内涵界定上，张兆国（1998）最先提出：财务责任是指财务主体在筹资、投资、收益增长、资本保值增值等各方面财务活动中负有的责任①。张灵（2013）认为，公司责任主要包含经营责任和财务责任两部分，公司创新发展中的财务行为往往不可避免地涉及公司内外部的财务责任履行问题②。莫磊（2014）则提出：财务责任是指公司在使用各种资源过程中所负有的、对公司拟制法人格和各利益相关方在财务方面的责任③。

关于财务责任在公司财务中的定位上，郭复初和张兆国都认为：在财务的责权利三者关系中，财务责任是核心，因为财务责任是授予财务权力的根据，而其履行情况又成为衡量财务利益的尺度依据。之后，郭复初和傅磊提出：公司内部财务管理体制是开展公司财务活动的前提，其设计应当以财务责任为中心，以财责定财权、以财责定财利，从而实现权责利三个方面的有机结合④。此外，林钟高和叶德刚认为，财务责任、财务权利、财务利益及财务效率四个维度的结合是公司财务治理良好有效的必要条件。刘群和龙时华认为⑤：财务权利的分割和财务责任体系的建立，是公司制下财务运行的根本前提。衣龙新则认为，而财务权利与责任相对应之原则在于降低财权配置的代理成本⑥。

基于以上对"责任"一词的经典注释，参考学者们有关财务责任的观点，本书认为，公司财务责任的含义可以概括为：公司财务分内应为之事，是贯穿于公司财务活动之中的履约性客观责任要求。公司财务责任指的是公司财务分内应当（必须）做好的事情，这一责任具有履约的性质，并在具体财务活动中得到体现和履行。

上一节中已经分析，公司固有的二重属性决定了公司财务责任的二重属性：即公司财务责任的自然属性和公司财务责任的社会属性。而公司财务责任的二重属性也同样可以在公司财务责任的含义界定中得到恰当、合理的阐述。公司财务责任的自然属性，作为公司财务之效率性子目标的具体责任化，反映的是在效率性子目标下公司财务分内应当做好的事情，也从财务上反映了公司营利性契约责任要求。同样的，公司财务责任的社会属性，作为公司财务之公

---

① 张兆国. 论国有企业财务宏观管理中的几个问题 [J]. 财政研究, 1998 (4)：54-56.

② 张灵. 试论企业财务的社会责任 [J]. 会计之友, 2013 (9)：73-75.

③ 莫磊. 论公司财务责任：基于财务治理体系制衡的视角 [J]. 财经理论与实践, 2014 (5)：61.

④ 郭复初教授在文中进行了说明，所谓公司内部财务管理体制亦即公司财务治理结构问题。

⑤ 刘群, 龙时华. 企业财务运行机制的动态协调 [J]. 当代经济, 2008 (5)：128.

⑥ 衣龙新. 财权的经济学思考 [J]. 深圳大学学报 (人文社会科学版), 2011 (3)：88.

平性子目标的具体责任化，反映的是在公平性子目标下公司财务分内应当做好的事情，从而反映了公司与利益相关各方间缔结的多重契约关系对平等互利性财务关系的契约性责任要求。

可见，此处对公司财务责任的定义与在前文对公司财务责任二重属性分析中得到的结论是一致的：公司财务责任即公司固有的二重属性在公司财务层面的原则化体现与责任性要求。两种界定的切入视角不同，但内含之实质并无二致。

（三）关于公司财务责任不同属性的内在联系

因利益相关方资源投入形成的公司制衡体经法律注册形成法律人格以体现公司对各方投入资源的所有权和自治权，同时作为只是法律人格化的公司所创造的价值和组织租金最终会在公司财务的各个不同环节通过各种形式的再次分配逐步转移至利益相关各方；因此，公司的本质可以更简洁地解读为公司价值创造和公司增值分享的组织化体系。而在一定意义上说，公司财务的使命就是通过责任化的财务方式促成公司本质性目的的实现。因此，公司财务责任自然属性的积极履行一致于"公司价值创造"，而公司财务责任社会属性的积极履行一致于"公司增值分享"。

进一步分析，公司价值创造是利益相关方能够达成公司化合作的出发点和一致期望，亦是实现公司增值分享的基础和保证，而公司增值分享的执行情况决定了利益相关各方的下一阶段合作意愿从而成为公司价值创造能否在更大程度上实现的根本约束条件。换言之，公司财务责任自然属性的积极履行体现了公司组织运行的共益性，而公司财务责任社会属性的积极履行体现了公司组织运行的公平性，两者在"公司价值创造与增值分享"的循环中互为基础、互为条件、相辅相成。公司价值的共同创造责任与共同分享责任，体现了公司财务责任两个不同属性的内在统一。

同时，客观地看，在有的情况下，公司财务责任的自然属性与社会属性之间也可能存在潜在的矛盾性关系，这往往是由公司资源总存在稀缺性以及财务责任缺乏发展战略的有序管理和有序协调而引致的。总的说来，公司财务责任的自然属性与社会属性之间，既有统一性又有矛盾性，而占据主导地位的往往是统一性。关于两者间在公司价值创造过程中的具体联系，本书将在第二章进行深入的分析探讨。

二、公司财务责任的自然属性及其具体维度分析

(一) 公司财务责任自然属性的内涵与形成路径解析

1. 公司财务责任自然属性的内涵

公司的财务责任的自然属性，是现代公司制度下公司追求价值增值之自然属性在公司财务层面的原则性体现与责任性要求。这就是，公司作为具有独立法人格之自主自治的商事营利组织，其追求价值增值之自然属性必然会将这样一种责任要求内置于作为价值管理方式的公司财务之中：在公司法律制度的约束框架下，公司财务当有以提升公司价值的财务效率性为中心设计和开展具体财务活动之责任。

公司财务责任的自然属性是不同公司在财务活动中的既定共性责任，并不会因为公司在生产关系特征、产权契约关系等任何方面的差异而有所不同。例如，无论是处于公司组织制度初期的手工工场还是当今管理制度高度发达的跨国公司，无论是国有全资控股公司、混合所有制公司还是外资公司，也无论是制造业公司还是其他行业公司等等，都具有完全一致地追求财务活动之效益性与效率性的财务责任属性。

2. 公司财务责任自然属性的形成路径解析

现代公司制度是法律的规范化产物，因此，现代公司制度下公司财务责任确立和演变发展的路径，同样需要沿寻着公司法律制度的轨迹来追溯。

英国《合股公司法》(1844) 作为第一部规范股份制公司设立与运营的正式立法，在公司法律制度史上第一次明确了股份公司与合伙企业的区别，为公司法人格的确立奠定了法律基础和基本框架。1855 年英国议会颁布的《有限责任法》"*Limited Liability Act*"与 1856 年修订后的《合股公司法》进一步明确了公司独立法人的实体地位，并从法律上首次肯定了股份公司有限责任制度①。至此，代表现代公司制度核心要义的独立法人财产权便得以确立。这也构成了本书研究公司财务责任的逻辑起点。

公司制度源自商人们逐利驱动下的联合经营创新②，而后为法律制度所接纳。显然，营利性是公司组织的天性和它最本质性的目的，即营利性是公司的自然属性。按当前学界的习惯语境，用"追求价值增值"来表示"营利性"更为贴切，同时借鉴马克思主义政治经济学研究者的观点与表述方式③，追求

---

① 郭道扬. 会计史研究 (第二卷) [M]. 北京：中国财政经济出版社，2004.

② 蔡立东. 公司制度生长的历史逻辑 [J]. 当代法学，2004 (11)：150-153.

③ 前已述及，这一观点和表达是借鉴了朱伟奇等 (1992)、付雪成 (2003)、杜振华和胡春 (2004)、高红贵 (2008)、王永年 (2008)、和陈红心 (2010) 等马克思政治经济学研究者们的观点。

价值增值是公司的自然属性（生产力属性）。因而，很自然地，作为服从和服务于公司目标的价值管理方式，公司财务就应当负有始终追求设计和执行最有利于公司可持续价值增值之财务决策与具体财务活动的财务责任。当站在公司制度演进的历史立场上来考察，应该看到，追求价值增值的公司自然属性先于公司法之创立而客观存在，并且这一属性为公司立法所包容和认可——它在英国《合股公司法》（1844）得到创设的第一天开始就为法案的所有条款所承认和默许，否则这一立法根本不可能如此广泛地释放出商品经济的巨大生产力和创造力。相应的，公司财务责任在立法颁行的第一天起也便隐含在《合股公司法》（1844）的字里行间之中了。

商人自发自治的联合经营式公司组织方式的精要和特征为公司立法所归纳和吸收，同时公司立法也赋予了公司制度一些新的责任元素，并由此拓展了公司财务责任的自然属性特征。这极大地推动了公司制度的社会可接受性，从而大大拓展了公司经营活动的边界与社会化参与度。同时，为了规避公司法人制度在社会化推行中的潜在风险，资本维持原则作为必不可少的关键性责任约束在一开始就受到了广泛的关注和强调。事实上，两大法律体系都坚持的资本维持原则成型于19世纪，但它可以追溯到1620年特许设立时期对公司的责任要求①。如果换一个立场，从公司法人格产权价值的视角来考察这一责任约束，那么公司的资本维持原则从根本上来讲就是公司法人产权价值的客观要求。这里以我国《公司法》（2014）为例。本质上，公司法人格独立、自主自治的经济地位取决于其独立财产权的价值尺度状况：倘若公司在申请设立之时的独立财产价值不能达到法律规范的最低限额［如《公司法》（2014）中有特殊行业注册资本要求的房地产等27个行业的申请设立］，则公司不能依法设立，也不可能形成具有独立民事行为能力的法人格；倘若公司经营亏损以致出现超出其独立财产权价值尺度的严重债务问题（如资不抵债、无法清偿到期债务等），则依据《破产法》之规制就可能面临资产冻结、法人格权利终止等强制措施，此时法人格之法律意义也就不复存在；倘若公司在申请设立之时无最低注册资本之限制［如《公司法》（2014）中一般性行业公司的申请设立］，则公司法人格之独立自主的经济地位与其实际已缴注册资本数成正比，如申请注册设立公司并实缴1元注册资金，则其独立法人的民事行为就仅在0~1元的风险变动范围内有承担经济后果的效力，超出1元的债务风险就可能引致破产清算、

---

① 在1620年，英格兰国王詹姆斯一世在给新河公司颁布的特许状中就有"从利润而非资本中派发股息"的要求条款，转引自：刘燕. 公司法资本制度改革的逻辑与路径［J］. 法学研究，2014（5）：35.

公司法人格的终止。由此可见，公司法人格独立、自主自治的经济地位与其独立财产权的价值状况休戚与共，也就是说，资本维持原则实质上是公司法人维持独立民事行为权利的内生责任要求：公司要拥有多大程度上的独立行为权利，就负有必须保持其资本在相应价值尺度上的责任。此外，随着公司集团化的出现，母子公司关系的日趋纵深复杂化引致了母子公司之间的边界责任问题。实际上，对抗母公司侵占子公司合法权益的道德风险，是子公司独立法人格权利的本能伸张和当然抗辩。因此，当母公司不遵循边界责任的要求、严重越界侵犯子公司的利益之时，则适用于"刺穿公司面纱原则"来进行法律惩治。

由此，公司立法所内生的资本维持责任和母子公司边界责任，反映在公司财务上，便表现为公司资本保全的财务底线责任和不侵占子公司合法权益的财务边界责任。这两方面责任与公司财务追求责任一起，构成了现代公司制度下公司财务共有的、普遍的责任特征，因此它们联合反映了公司财务的自然属性。或者说，公司财务的自然属性主要表现为这三个方面的具体维度。

(二) 公司财务责任自然属性的具体维度分析

综上，公司财务责任的自然属性从涵盖内容来看又包括公司资本保全的财务底线责任、不侵占子公司合法权益的财务边界责任及对公司可持续价值增值最优方式的财务追求责任这三个方面。这三方面构成了利益相关各方对公司的共同期望性要求，从而具有鲜明的普遍性、基础性和共益性，这也是公司财务责任自然属性中所特有的性质：即公司的财务责任的自然属性并不着眼于某一特定利益主体之财务利益的维护，而在于对公司全体利益相关各方之共同财务利益基础的价值维护和持续价值创造（具体的价值作用机理将在第二章详细阐述）。

1. 公司资本保全的财务底线责任

作为公司法律制度的基本财务性责任要求之一，公司资本保全的财务底线责任是指公司财务活动的设计和运行必须以公司资本保全为前提和底线，这体现出一种对利益相关各方都带来基础保障性效应的共益性。这一财务性责任规制，最直接的权益保障客体无疑是公司债权人，包括银行等金融机构在内的提供长短期现金资本的债权人和供应商在内的商业信用债权人。但从两权分离的委托代理关系来看，这一责任本身就是对股东投入资本之价值的系统性确认与持续性维护，例如"资本公积不得用于补亏"[①] 的法律规定无疑正是这一责任

---

① 见于《公司法》第 169 条规定"资本公积不得用于弥补公司亏损"、中国证券监督委员会颁布的《上市公司监管指引第 1 号——上市公司实施重大资产重组后存在未弥补亏损情形的监管要求》（证监会公告［2012］6 号），以及《企业财务通则》相关的规定，资料来源：http://www.hxcjdb.com/portal.php? mod=view&aid=21485。

要求的直接体现。进一步来看，资本保全的财务底线责任的确立与执行可以为政府、所在社区以及客户提供了可持续合作的保障性财务基础，从而有利于减少它们与公司合作的交易成本及形成更好的价值创造效应。

2. 不侵占子公司合法权益的财务边界责任

同样作为公司法律制度的基本财务性责任要求之一，这一责任是指母公司对子公司财务权利的行使须以市场公平竞争秩序、不侵占子公司合法利益为前提和边界。由于母公司和子公司皆为独立法人，各自拥有独立法人财产权和自治权，但股权关系纽带以及密切的交易关系又使得双方在经济实质上"密不可分"，这就使得明确母公司对子公司的财务权利与财务责任边界显得尤其重要。特别是对子公司及子公司的利益相关各方而言，财务边界的责任刚性确立就意味着母子公司间共同价值创造的财务秩序得以建立和维护。

法律规范确立母公司对子公司财务控制权运用的内在财务责任约束，就是要以责任方式有效抑制母公司对子公司的道德风险，从而引导母公司在公平竞争秩序中真实地追求与子公司的共同创造价值，由此规制整个集团公司的财务治理秩序。因此，这一责任的共益性在于促成母子公司间实质性长远合作为双方及双方的利益相关方所带来的交易成本节省与协同溢出效应。

3. 对公司可持续价值增值最优方式的财务追求责任

法律框架关于公司与非营利组织之间的差异化制度设计与引导规范，显然蕴含着积极追求价值增值与否正是两者之本质性内在差异：作为公司组织还有什么比追求价值增值更正当、更应当积极去实现的事情呢？因此，这一基本性财务责任要求是隐含于公司追求营利的基本法律内涵之中的①，并鲜明地体现着公司财务责任的自然属性特征。

具体而言，就是公司负有为经营利益相关方投入的各种资源以有效地、可持续地促成公司价值不断增值的内在财务追求责任。这一责任具有从始至终的鲜明共益性。从追求价值增值的逻辑起点来看，在公司不同资本性生产要素均扮演着不可或缺性重要角色的市场竞争环境下，显然价值增值并不只是依赖于包括股东在内的利益相关方中的任何一方，而是要立足于公司整体的立场，通过联合利益相关各方才有可能以最优的方式整合公司资源、追求价值的持续增长。而从增值的后果和受益对象来看，各利益相关都同属于增值分享主体，公司价值增值将增进所有利益相关各方的财务收益与财务回报。

---

① 实际上，在《中华人民共和国企业国有资产法》当中，这一基本责任要求是较为直接而明确的，即对国有资产保值增值的核心责任。

三、公司财务责任的社会属性及其具体维度分析

（一）公司财务责任社会属性的形成路径解析

1. 公司财务责任社会属性的内涵

公司财务责任的社会属性，是现代公司制度下公司社会属性在公司财务层面的原则性体现与责任性要求，即作为价值持续创造制衡体的公司与利益相关各方在契约的联结、履行中确立的社会性合作与交易关系所引致的财务性责任。这是因为，"利益相关各方与公司间是一种双向影响和交换的契约关系，从而每一个利益相关方在与公司的影响和交换中形成和拥有了对公司的财务权利"①。

利益相关各方对公司的财务权利即公司对利益相关各方的财务责任，这就是公司财务责任社会属性的具体体现。因此，从具体内容上来说，公司财务责任的社会属性，是指公司财务有依据利益相关各方对公司的价值创造贡献大小给予公允化财务回报的责任，以及在财务决策中考虑对利益相关方经济后果影响的相关责任，前者如"双高"公司基于隐性环境成本的使用而对所在地区缴纳排污费用和环境治理费用的财务责任，后者如"双高"公司在进行财务决策时将环境保护作为重要因素纳入决策过程的财务责任。

2. 公司财务责任社会属性的形成路径解析

如前所述，公司的独立法人产权关系是公司社会属性的产权基础，在它的基础之上，公司的社会属性得以发展形成，并进而决定了公司财务责任的社会属性。因此，公司财务责任社会属性的发轫要追溯至公司独立法人产权关系的最初确立。因此本书以公司法律制度的演进为线索对公司财务责任社会属性的形成路径进行回溯和梳理。

随着公司独立法人产权关系的确立，股东利益与公司利益之间开始相互独立和分离，这导致财务必然从直接从事商品生产活动的范围延伸至维护产权权能的范畴（郭复初，1997）。因此，公司财务责任的社会属性正是伴随着公司独立产权关系的确立而衍生出现的，公司法人格与股东的实质性分离确立了公司负有对股东不可推卸的财务责任。在这一层面上来讲，英国的《合股公司法》（1844）不仅对于公司设立许可具有历史性的意义，其对于公司财务责任社会属性的正式确立和发轫同样具有里程碑式的重大意义。

在《合股公司法》（1844）的基础上，英国于1855年正式颁布并实行

---

① 李心合. 利益相关者产权与利益相关者财务 [J]. 财会通讯，1999（12）：14-16.

《有限责任法》，从而使得作为现代公司制度要义的独立法人格制度与有限责任制度同时齐备。于是，法律和判例开始将公司破产与个人破产正式区分对待，从而公司对债权人所应履行的财务责任边界也自始得到规范和明确。

1919 年，著名的《魏玛宪法》在强调保护公司财产权的同时，也明确了公司的财务权利也是一种义务，权利的行使应该保障雇员权益并兼顾公共利益。可以说，《魏玛宪法》对于公司义务的强调是公司对员工和公共利益负有财务责任之法律起源。

20 世纪 50 年代开始，资源、生态环境的持续恶化迫使西方国家历经了一场经济增长方式转变和生态文明重建的深刻立法变革，从而将外部性环境影响规制为公司追求财务表现的责任性约束变量，由此也进一步拓宽了公司财务责任的边界和范畴。环境立法变革带来的影响实质在于，公司使用的外部性环境成本由最初的隐性成本转变为了显性财务负担，因此占用了环境资源的公司在财务上就负有对环境进行修复和维护之不可推卸的当然责任。以这一时期颇具代表性的美国大气治理为例。美国的《清洁空气法》（1970）修正案吸取了《空气污染控制法》（1955）和《清洁空气法》（1963）在立法中顶层设计不充分的经验教训，改为以联邦环保总署的成立为全面革新起点，正式确立了对空气治理从"末端治理"向"生产源头约束"转变的新道路，并借严格的审批与监管制度有效规范和引导污染行业公司将更多财务资本配置于环保产品的研发及生产投资上，从而成功倒逼了整个价值链的全面创新转型。同时，美国联邦通过创新"以市场为基础的经济规制机制如开征环境税、补贴环保行业、创新推行排污许可及排污权交易制度等"[1] 以协调、配合法律规制机制的有效运行。在法律与经济的双重规制机制卓有成效的配合下，环境因素引致的责任性财务成本开始纳入公司财务报表核算与财务决策体系之中，而美国大气污染问题也得到了根本性的改变和逆转。

美国法学会在 1992 发布了影响深远的《公司治理原则：分析与建议》，并在第二节第一条中开创性地提出了一些具有全新理念的公司治理建议，例如决策和经营行为中考虑合理的商事伦理因素，从而以负责的方式开展商事活动等等[2]。显然，这些治理建议中占据主导地位的是公司的社会属性而非其自然属性。同时，"负责的进行商事活动"的治理建议也反映出公司对商业合作伙伴

---

① 石淑华. 美国环境规制体制创新及其对我国的启示 [J]. 经济社会体制比较，2008（1）：166.

② 美国法律研究院. 公司治理原则：分析与建议（上册）[M]. 楼建波，等译. 北京：法律出版社，2006：84.

如供应商和分销商（经销商）等负有财务责任的合理性与必要性。

此后，英国《公司法》在 2006 年完成了具有里程碑式意义的修订，其间历时 8 年，修订多达 1300 多个法条。直属于英工贸部的公司法审议指导委员会 Company Law Review Steering Group 阐述了修订宗旨：立法修订旨在为从事商事和其他公司活动的人提供依据和方法，以便他们依照他们认为最可能促进相互利益和有效生产的方式经营和处理事务①。根据前面的分析，"有效生产经营"和"相互利益"分别相应凸显了公司的"自然属性"和"社会属性"。同时，英国《公司法》2006 摒弃了 1985 年修订时"善意以公司最大利益行事"之公司目标，选择以"公司成功"作为公司目标，这标志着立法开始将公司与公司利益相关各方间的"共生性"和"社会性"上升到法律规范的普遍性层面。在这一法律革新背景下，可以预见，公司财务责任的社会属性将得到更为充分的发展和深化。

公司财务责任之社会属性的形成发展，从法律规制演进来看，揭示了立法中社会本位思想愈发占据主导地位的客观发展要求；从公司实践活动来看，其实质是利益相关各方专用性资源投入对公司财务的公允性回报要求；从理论渊源来看，体现了利益相关者理论、资产专用性理论、资源基础理论等理论与公司财务治理理论的融合发展；从发展趋势上来看，反映了生态文明、和谐共进的社会价值观和社会期望下公司财务责任之社会属性的边界和内涵不断深化的客观趋势。

（二）公司财务责任社会属性的具体维度分析

公司财务责任之社会属性反映的实质是公司利益相关各方的财务利益索取权及其实现问题。正如共同所有权理论指出的那样，现代公司利益相关各方的财务利益索取权正源自它们对公司各种不同资源（专用性资产）的投入而承担的公司剩余风险。因此，公司财务责任之社会属性的具体表现维度可以通过利益相关各方投入的不同性质之资源来取得界定。公司是财务资本、人力资本、市场资本和社会资本的特别合约体②，这个界定鲜明揭示了公司作为多元资源组合体四个基本维度的广义资本特性。因此，本书以这一观点为基础，对公司财务责任之社会属性的具体维度进行划分并展开论述。具体而言，本书认为，在公司财务责任自然属性的三个具体维度之外，公司财务责任的社会属性在公司财务活动中外化为以下四个基本维度的财务性责任，即对财务资本投入

---

① 葛伟军. 英国 2006 年公司法 [M]. 北京：法律出版社，2012：9.

② 李心合. 利益相关者财务论 [M]. 北京：中国财政经济出版社，2003：165.

者股东和债权人的财务责任，对人力资本投入者管理层和员工的财务责任，对市场资本投入者供应商和客户的财务责任，以及对社会资本提供者政府和公司所在社区的财务责任。

于是，当把公司财务责任二重属性的具体维度纳入公司财务责任的衍生逻辑关系图1-3时，将得到公司财务责任二重属性的具体维度逻辑关系图，即由本章中的图1-3拓展为图1-5。

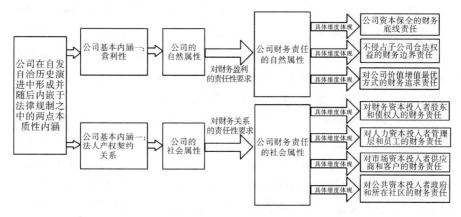

图1-5　公司财务责任二重属性的具体维度逻辑关系图

由于公司财务责任之社会属性的具体表现对于公司与利益相关各方间的协同合作关系至关重要；因此，在公司追求价值创造的过程中，公司财务责任之社会属性的具体履行是一个影响着公司价值创造产出效应的重要调节性变量。（具体的价值作用机理将在第二章详细阐述）。

同时需要说明的是，由于财务责任的履行最终往往是通过实际现金流的转移为实现的，具有明确计量、直接给付和显性利益的基本特征，所以本书所界定财务责任在其社会属性上所涉及的利益相关群体是指与公司有直接交易关系因而存在各种显性或隐性契约，从而带来直接财务责任的利益相关方。对公司没有投入任何资源，也没有直接交易关系的其他群体（如在其他文献中作为其他利益相关者的大众媒体、无直接联系的社会性团体如动物保护协会等），由于与公司之间不存在财务上直接的权利责任关系，故并不在财务责任的谈论范围之内。

1. 公司对财务资本投入者股东和债权人的财务责任

（1）公司对股东的财务责任。

在资本市场不断发展和股权流动性不断增加的经济背景下，把股东定义为首要利益相关者而不是公司拥有者更能反映公司制度发展的规律和经济环境的客观要求。在公司这样一个契约体系中，股东出让权益资本换取的只是股权及由此对公司剩余价值的索取权，公司真正的核心是负责给出重大决策议案并具有决策执行权的管理者，正是管理者将契约各方联结在一起共同创造和实现价值①。

因而公司无疑对股东股权负有保值增值的财务责任。正因为股东通过投资实质上真正拥有的是股权而非公司本身，公司对股东财务责任的履行可以通过公司的业绩增进或良好成长性推动股价上扬（履行让股东实现价值投资的财务责任）、以股利（实现分红收益）、送股等一种或多种方式进行，关键在于股权是否能够不断保值增值及实现收益。如果公司未能（足够）履行对股东的财务责任，股东可能会更换管理层（当股权足够集中），也可能出让股权（当股权较为分散时）交由市场机制来完成惩罚治理。

如在公司募集阶段，招股说明书中就充分体现了公司对股东的财务责任：明确的股利政策、公司明确发展战略规划和风险提示（判断公司价值投资的重要依据）、董事、监事和高管对诚信义务履行的承诺（代表忠诚于受托责任、忠诚于维护公司和股东财富的信托责任），等等。而我国股息率长期处于过低水平，公众股东获得的股利分配与其名义地位极不相符。证监会始于2012年3月的"半强制股利分红政策"，也正是为引导上市公司积极承担对股东财务责任的行政调控举措。

（2）公司对债权人的财务责任。

债权人为公司提供了高效率的融资，还承担了一定的公司债务融资后潜在的道德风险，公司理所应当的负有履行债务契约按期偿还本息的财务责任。《破产法》中关于债权人在公司重组阶段接管权的规定实质上是通过法律的方式惩罚不能履行对债权人财务责任行为的直接体现。诚如林诚二所指出的，债的本质是责任，责任最终表现为各种债务责任。财务责任亦是如此。在英国破产法演进过程中立法思想经历了从早期《破产法》单一的破产主义向兼顾债权人利益与给债务人出路的变革过程，历史的规律阐释了对债权人财务责任履行对于公司可持续经营的重要意义。

2. 公司对人力资本投入方的管理层和员工的财务责任

管理层作为公司法人财产经营和各方契约的一致受托人，对公司负有勤恳诚信地履行受托责任的义务，同时，公司也负有对管理层人力资本投入给予对等回报的财务责任。人力资本的可塑性使得一位员工在同一公司工作的时间越

---

① 施天涛. 公司法论［M］. 北京：法律出版社，2006：58.

长，对于公司的业务就越熟悉、边际贡献也越高，但同时人力资本的专用性也在被高度锁定。单向资本雇佣劳动的资本强权的时代早已过去，今天拥有竞争力的公司往往更表现为物质资本和人力资本的有效联结，除了工作保障和薪酬递增计划以激励专用性人力资本投资被证明是有效的制度设计以外，将人力资本的关键要素如管理、技术等因其往往能带来超额利润而纳入收益分配的时代已经到来。因而，人力资本对公司发展之贡献前所未有地重要，公司给予管理层和员工与他们的贡献相对等的回报性财务责任也前所未有地重要和明确。

《企业财务通则》（2006）第四十一、四十二、四十三和五十二条分别明确规定：可以对经营者和核心技术人员实行差异化薪酬制度；公司工资计划可专门设立对技术研发、治理"三废"和开拓市场等有特别贡献的激励政策；经营者和员工可按公司章程或有关合同约定以管理和技术等要素享受收益分配；公司重组时须优先清偿拖欠职工的相关费用。

《企业财务通则》（2006）的规定从各个不同方面充分体现了公司对管理层和员工为公司贡献的时间、不断成长的技能和人力资本承诺所应承担的财务责任。特别是规定提出，除了基本的薪酬计划以外，管理和技术可以根据契约参与收益分配，这充分体现出公司对于管理层和员工财务责任的履行原则、对人力资本差异的财务激励制度和对公司收益的公平分配精神。更进一步，从党的十八大以来我国改革的全局观来看，公司履行给予管理层和员工与他们的贡献相对等的薪酬收益的财务责任正是国家民生改革和收入分配改革精神在公司微观层面的体现和具体落实。

3. 公司对市场资本投入者供应商和客户的财务责任

（1）公司对供应商的财务责任。

商业信用有效促进了交易关系的建立，但同时，这也往往使得供应商同时扮演了特定原材料提供商和原材料融资提供方的双重角色：供应商为提供特定原材料而进行了相关专用性投资，从而承担了额外的经营风险，并且商业信用期的普遍和持续存在使得供应商长期为购买方承担了资金占用成本。供应商付出这些成本的目的在于建立长期稳定的交易关系，并进而获得公平交易价格的保证和由于信誉带来的交易成本节省。

因此，与供应商承担的双重风险相对应，公司对供应商负有公平交易和及时清偿应付款项的财务责任，即公司应摒弃利用大客户拥有优势谈判力来迫使原材料不合理降价的逆向选择行为，因为这种利用供应商被专用性投资套住而进行敲竹杠的零和博弈行为是短视和违背供应链价值管理规律的。公司无疑应积极履行清偿应付款项的财务责任以维护和建立持续良好的商业信用关系。

（2）公司对客户的财务责任。

客户为公司提供了市场资本和收益的来源，同样客户也期望通过与公司的持续交易获得收益或交易成本的降低。随着公司经营规模扩大和竞争环境变化带来的市场不确定风险的增加，公司与客户尤其是分销商客户之间呈现出越来越明显的共生关系。因此，无论是从渠道营销管理的重要性出发，还是从公司为获得更多消费者剩余而必须履行与客户间隐性契约的财务要求来看，公司对客户负有维护和培育好专有市场资本的财务责任。公司对客户的财务责任的积极履行，目的在于为维护和发展专有市场资本提供可置信的承诺。

对于售后退回、售后更换以及保修等售后承诺的制定和执行，其蕴含的实质是公司对终端客户带来的经济损失以财务价值的方式履行补偿责任：售后退回和更换是直接从财务（或等价物）上对客户的选择进行补偿，而保修则是从客户使用和维护费用的节省上来进行财务补偿。

4. 公司对公共资本投入者政府和社区的财务责任

（1）公司对政府的财务责任。

政府是一个非常重要的利益相关方。因为政府除了为公司提供的经营许可、公共秩序和法律保护以外，政府还从宏观财务管理层面制定的公共财务规则（如企业财务通则等）直接从原则和方向上界定了公司财权分层配置及财务责任承担的基本问题，为公司财务治理提供了制度环境和基本运行框架。

根据政府与公司的宏观财务管理关系，公司除了通过依法缴纳税费等收益分配的方式履行对政府的财务责任以外，还应遵循政府发展规划的财务责任要求，如《企业财务通则》（2006）第二十七条：对外投资应当遵守法律法规的规定，符合企业发展战略的要求……落实决策和执行的责任。这实际上强调了公司投资决策过程中要将投资的内在责任原则（符合公司发展战略）和投资的外在责任要求（遵守国家产业政策、行业规划）进行有机结合。

（2）公司对所在社区的财务责任。

公司发展所必需的地理空间、自然环境以及相关基础公共设施的服务是其所在社区提供的，某些公司如高新技术公司也许还获得了当地税收减免的好处。公司的发展前景与所在社区的支持与资源的提供密不可分。因此，公司负有在财务上承担直接的环境成本与在财务决策中以社区环境和生态保护为重要前提的财务责任。

2012年11月8日，胡锦涛同志在党的十八大报告中提出，建设生态文明，是关系人民福祉，关乎民族未来的长远大计，标志着我国经济和社会增长和发展方式的转折点已然到来。例如，2014年《中华人民共和国环境保护法》修订中关于"排污收费等制度"的革新充分体现了公司应对所在社区的环境保护承担财务责任的直接要求。事实上，随后实施的地方性新排污收费实施细则表明，与环境相关的公司财务责任进入了一个具体量化的新规范时期：公司排污的付费标准大幅提升（如天津等地的新标准是修订前的9倍以上），并通过差异化的支付方式（如天津、北京、浙江等地普遍执行阶梯式排污定价模式）对这一财务责任进行定价。由此，这一系列的环境法规革新将环境成本有序地纳入公司产品成本计算与利润表项目，通过财务责任的强制内化对公司形成长远的引导性影响。可以预见，在"双高"公司此后的投融资战略选择和产品研发定位中，革新的"排污收费等制度"将通过对公司财务责任履行而发挥出深远的杠杆效应。

公司在通过承担直接环境成本，如公司的污染排放费、缴纳地方性税费等财务责任的履行方式来回应社区的"隐性要求权"以外，公司的投资决策同样要考虑对社区的责任：公司的很多投资活动是要落实到具体的社区中去的，而生态文明建设的要求和国家产业政策及法律、行政法规和国家有关政策的规定决定了公司投资决策必须以社区环境和生态不受破坏为前提和外在约束条件。

四、公司财务责任与公司社会责任的理论关系辨析

公司财务责任与公司社会责任，这两个概念从表述上来看有一些相似之处。客观比较而言，前者的建构是以马克思主义辩证二重分析法的指导和应用为依据，后者则是源自西方社会本位主义的兴起对主流经济学的反思与碰撞，因此尽管两者在研究的具体范畴边界上具有交集（因为两者研究的都是与"公司责任"有关的问题），但研究立场、研究方法和研究对象上的根本性区别决定了两者之间更多的是鲜明的本质性差别。

由于公司财务支出具有可度量的直接给付性质，故不少学者在探讨公司社会责任问题时常常以公司对社会各方的财务性回报、财务性支出为代理变量甚至为中心展开。诚然，公司财务在公司与社会各方的交易活动中常常作为核心要素之一而存在，因而研究公司社会责任问题时当然不可遗漏公司财务维度上的相关因素或相关影响。但是，如果只盯着单一维度的公司财务性责任的履行情况，而忽视了其他方面（如公司产品责任、公司安全责任等）的社会责任履行情况，就往往会混淆（模糊）公司社会责任与公司财务责任之间的本质性差异，从而形成认知上的误区和判断上的错误。

要客观辩证地考察发源自西方理论界的公司社会责任理论与基于马克思辩

证法的公司财务责任理论之间的差异与联系，就需要对西方公司社会责任理论的发展状况有一个相对客观、清晰和完整的认识。自鲍文（Bowen）在1953年完成开创性划时代著作《商人的社会责任》（*Social Responsibility of Business-man*）以来，西方理论界正式开启关于公司社会责任问题的研究和探讨已超过半个世纪之久，然而至今未能在公司社会责任的概念内涵与范围边界等基本问题上形成一致的认识，甚至这一概念常常给人一种内涵模糊、范围边界不太确定的感觉。这是因为，从一开始，公司社会责任的概念内涵与范围边界的界定过程就一直是形象而主观的（依赖于研究者自身的主观认识与主观判断）；其是由西方社会本位主义的兴起而引起，但却缺少坚实和科学系统的理论基础，也没有一种较为客观的尺度或准确（明确）的现实依据来指导或评价。这就不可避免地形成了西方理论界颇具"发散多样性"色彩的社会责任理论思想体系：学者们对于公司社会责任概念含义的理解不尽相同，不但表述的角度或方式不太一样，在范围边界的界定上更是常常存在本质性的差别。例如，是否把公司经济责任归属于公司社会责任的范畴边界之内，就是不同学者激烈辩论的关键话题之一。

由于本书并不专门研究公司社会责任问题，故不专门就公司社会责任的理论问题展开详细的论述，在这里只就公司社会责任理论思想发展的主要脉络和主要代表性观点进行简要梳理，以客观反映公司社会责任理论发展中的不同观点派别，由此为随后的概念比较提供较为全面的对比视角与较为充分的理论依据。

（一）公司社会责任理论在发展中形成了不同的"边界界定观"

19世纪末到20世纪初，自由资本主义经济下形成了许多能量巨大的大型公司，由于当时制度约束的供给严重不足，大型公司不负责的经营方式导致了产品质量低劣、环境破坏等系列严重的社会问题。这是西方社会责任观念产生的社会历史背景。例如，早在1908年，美国钢铁公司（U. S. Steel）董事珀金斯（Perkins）就已经针对这一现象总结道：公司对社会的责任与其规模成正比。

在理论探索方面，关于"社会责任"的概念最初可以追溯到谢尔顿（Sheldon）在1923年的著作《管理哲学》（*The Philosophy of Management*）：他把管理者的社会责任定义为公司管理哲学的一部分，着重强调了当中的道德因素，并将其与公司应满足员工合理要求的责任相联系起来①。此后，1929—

---

① 李伟阳，肖红军. 企业社会责任概念探究 [J]. 经济管理，2008（11）：177.

1933 年美国经济危机迫使理论与实务界开始深入思考现代公司的作用及其责任问题。在此背景下，伯勒（Berle）与多德（Dodd）围绕公司管理层之信托责任的著名争论战被普遍视为社会责任思想的正式开端。在这场经典的论战中，Dodd 提出了一个发人深省的观点，即公司作为一个的经济组织，在创造利润的同时也有服务社会的功能①。这一观点最终成了这一经典论战达成的基本共识：在客观上，公司负有服务社会的合理责任。在这一长达 20 年的论战之后，鲍文（Bowen）1953 年的划时代著作《商人的社会责任》（*Social Responsibility of Businessman*）被公认为标志着现代公司社会责任概念建构的正式开始。鲍文认为商人（指大公司的经理和董事等管理层）积极承担社会责任是让公司利益与公共利益相联系并相互促进的重要机制与可行方式，因此，他将公司社会责任定义为："公司具有遵循社会的目标和价值观去确定政策、做出决策和采取行动以实现公司利益与社会利益相协调的义务"②。鲍文的开创性系统研究为后续相关研究奠定了方向性的理论指导与理论参考，由此确立了应当从公司的相对方——社会（公司外部人）的立场和视角来考察公司社会责任基本理论问题的研究思路。

在鲍文的开创性系统研究之后，有关公司社会责任相关研究进入了一个大思潮的新时期，学者们纷纷各抒己见，从而涌现出许多各有侧重、各具特色的公司社会责任观点。例如，戴维斯和布隆斯特伦（Davis & Blomstrom）基于社会学视角提出了"责任铁律说"③：社会责任源自社会权力，公司希望保持其作为一个重要社会成员的信誉和使用各种资源的社会权力，就必须履行与之相对等的社会责任。又例如，德鲁克（Drucker）提出了"行善赚钱说"④：在自身利益的驱使下，公司会去关心社会及所在社区并愿意在其主要目标之外承担责任。戴维斯和布隆斯特伦以及德鲁克的观点都令人印象深刻，进一步充分地论证了公司社会责任的必要性和合理性。但它们也与 Bowen 的经典观点存在着一样的明显缺陷：对于公司社会责任是什么以及到底包括哪一些具体的责任，始终未能给出一个明确的定义。

---

① DODD E M. For whom are corporate managers trustees? [J]. Harvard business review, 1932, 45 (7)：1145-1163.

② BOWEN, HOWARD R. Social responsibilities of the businessman [M]. New York：Harper & Row, 1953：10-15.

③ DAVIS, KEITH, BLOMSTROM, et al. Business and society：environment and responsibility [M]. 3rd. New York：McGraw-Hill Book Company, 1975.

④ DRUCKER, PETER. Management：Tasks, Responsibility, Practices [M]. Harper & Row Publishers, 1974：349.

为应对公司社会责任之含义模糊招致的众多批评和责难，学者们试图更为具体地去揭示清楚这一概念的题中之义，从而促成了公司社会责任的各种界说。参考卢代富①、周祖城②和刘笑霞等学者的研究，按照不同观点在公司社会责任范畴边界之具体界定方面的本质性差异，现代西方公司社会责任理论观点主要可以划分为"独立社会责任观"和"综合社会责任观"这两大类③。

1. 独立社会责任观

这一类观点认为公司社会责任乃是区别于公司经济责任的独立责任概念。之所以谓之为独立社会责任观，"独立"一词意在于表明其独立于公司经济责任（公司追求自身营利最大化的经济责任）之外，即这一派观点认为公司社会责任是指公司在其经济责任以外应承担的与社会合理期望相一致的责任性要求。这一派观点从公司的外部性影响出发来判断和考察公司具有相应社会责任的最初理念，如主要从产品质量、环境污染、商业道德、员工权益保障等方面来展开研究与内涵边界的界定。独立社会责任观不仅在理论界占有一席之地，并且在《公司法》的相关条款中也得到了体现。

贝克曼（Backman）在其著作《社会责任与责任承担》（*Social Responsibility and Accountability*）中指出，社会责任意指公司在谋求营利之外的责任或目标，包括保护环境、改善所在社区、维护种族平等、保障和改进工作的卫生条件与安全标准，等等④。海（Hay）、格雷和盖茨（Gray & Gates）则采用了列举的方式来对公司社会责任进行了描述性定义，他们认为，公司社会责任是指公司有责任在一些方面进行决策并投入必要的资源，这包括环境污染问题、贫困与种族歧视问题、消费者权益保护问题以及其他一些相关的社会问题⑤。而普拉特利（Pratley）在《商业伦理》（*The Essence of Business Ethics*）一书中提出，公司在最低程度上负有三方面的社会责任：其一，对客户的关心，包括公司产品使用中的便利性与安全性等；其二，对生产和运营过程中环境保

---

① 卢代富. 国外企业社会责任界说述评 [J]. 现代法学, 2001 (3)：137-144.

② 周祖城. 企业社会责任：视角、形式与内涵 [J]. 理论学刊, 2005 (2)：58-61.

③ 参考卢代富（2001）的观点，弗里德曼（Friedman）所提出的"尽可能地追求利润便是公司唯一的社会责任"的说法，只是形式上保留了"公司社会责任"的外壳，而其实质与拒绝公司社会责任理论并无二致。本书认同这一观点，因此将弗里德曼所表达的这一类"伪社会责任理论"观点 [还有莱维特（Levitt）和勒曼（Manne）也都先后表达了与 Friedman 相一致的观点] 排除在公司社会责任的不同"边界界定观"之外。

④ BACKMAN J. Social responsibility and accountability [M]. New York：New York University Press, 1975.

⑤ HAY R D, GRAY E R, GATES J E. Business and society [M]. Cincinnati：Southwestern Publishing, 1976.

护的关心；其三，对员工最基本工作条件的关心①。霍普金斯（Hopkins）则提出，公司社会责任的实质是公司应当遵从当代社会价值观的要求，以合乎道德的，或者以负责任的方式来善待公司的利益相关者。

《公司法》（2014）第一章（总则）第五条规定："公司从事经营活动，必须遵守法律法规，遵守社会公德、商业道德，诚实守信，接受政府和社会公众的监督，承担社会责任"。显然，《公司法》在界定"社会责任"时并不涉及对公司经济责任的要求，其立法精神在法理上应当归属于独立社会责任观的范畴。英国《公司法》（2006）通过修订革新，明确把社会责任纳入了公司董事的义务范畴："……董事应充分考虑包括供应商、客户、员工、社区等各利益相关方因素以避免利益冲突，在促进公司成功的同时履行公司社会责任"②。英国《公司法》（2006）中所提及的"公司社会责任"重在关注公司对不同利益相关方的利益协调问题，同时强调了应将公司成功与公司社会责任相独立、相并列，可见，英国公司法（2006）实质上也采用的是独立社会责任观。

2. 综合社会责任观

这一类观点将公司社会责任看作一个涵盖了公司各个方面（层面）的相关责任因而实质上与公司责任可以相等同的泛概念。其中，最具代表的当属佐治亚大学著名社会责任学家卡罗尔（Carroll）教授所提出的公司社会责任金字塔模型说。在一定意义上，综合社会责任观可以被视为独立社会责任观与反对社会责任的观点之间的一种调和性理论产物：通过将公司经济责任归属为公司社会责任的下位概念的方式来打消反对者对公司经济责任可能受到社会责任潜在不利影响的疑虑。这一派观点在理论界和实务界都产生了较大影响，同时责任范畴上的"无所不包"使其为美国经济发展委员会 CED、日本经济同友会等非官方经济发展推动组织所提倡。

梅圭尔（Meguire）在其著作《公司与社会》（*Business and Society*）中从综合社会责任观的视角对公司社会责任进行了界定。他认为，公司应承担的社会责任不仅包括经济责任和法律责任，还包括一些超越这两方面的特定责任如关注员工权益、社会福利及其他社会利益等③。1971 年，美国经济发展委员会（CED）④采纳了其下设的研究与政策委员会（Research and Policy Committee）

---

① PRATLEY J. The Essence of Business Ethics [M]. Upper Saddle River：Prentice Hall, 1995.

② 葛伟军. 英国 2006 年公司法（2012 年修订译本）[M]. 北京：法律出版社，2012：9.

③ MCGUIRE J W. Business and society [M]. New York：McGraw-Hill, 1963：50-72.

④ 美国经济发展委员会（CED）主要由公司管理者和学者组成，是一个独立的民间机构，致力于重要的社会和经济问题的政策性研究。

所提交的一份公司社会责任系统研究报告"Social Responsibilities of Business Corporations"，这一报告从建议性的角度用三层同心圆模型描述了公司社会责任的范畴：内圆代表公司产品责任和公司经济责任等；中间层代表公司经济责任与社会价值观（期望）相衔接的部分，如环境保护、员工权益等方面的社会责任；最外层表示公司应当更广泛参与到社会利益建设中去的那部分社会责任①。

作为代表综合社会责任观的最著名学者，卡罗尔（Carroll）分析指出，从公司发展史来看，最先为社会所强调和重视的是公司的经济责任和法律责任，而伦理责任和慈善责任是公司化商业经营演进到一定时期才引起公司的重视的。1991 年，Carroll 提出了经典的公司社会责任金字塔模型说②：公司社会责任不但由经济、法律、伦理与慈善四个不同层次的具体责任构成，而且这四个层次的责任权重由下往上地大致分布为 4 : 3 : 2 : 1，它们协同构成了一个类似金字塔模型的社会责任框架体系。此后，卡罗尔还运用公司社会责任金字塔模型说解读了公司作为"企业公民"的应有作为③：当将公司整体视为人格化的"社会公民"时，它也便具有了努力营利、遵法守法、尊重道德要求以及通过慈善公益反哺社会这四个维度的责任。

盖瓦（Geva）依据已有的公司社会责任研究把社会责任描述性模式划分为三类④：金字塔模式、交叉圆模式和同心圆模式。盖瓦指出，三类模型的共同之处是它们都涵盖了经济、法律、伦理和慈善四个层面的责任维度（都属于综合社会责任观），但是不同模型的层级关系和交集关系相互间具有显著差异。

（二）公司财务责任与公司社会责任的交集关系：取决于后者的"边界界定观"

依据上文对公司社会责任理论思想发展的简要回顾，对其特征与全貌可初步形成如下两方面认识：第一，公司社会责任思想由于是从公司相对方——社会（公司外部人）的立场和视角来审视和考察而提出的，因此，公司社会责

---

① Research and Policy Committee of the Committee for Economic Development ［R］. Social Responsibilities of Business Corporations，1971：36-40.

② CARROLL ARCHIE B. The pyramid of corporate social responsibility：Toward the moral management of organizational stakeholders ［J］. Business horizons，1991，34（4）：3.

③ CARROLL A B. The four faces of corporate citizenship ［J］. Business and society review，1998，100（1）：1-7.

④ GEVA A. Threemodels of corporate social responsibility：interrelationships between theory，research and practice ［J］. Business and society review，2008，113（1）：1-41.

任的概念天然地具有主观认知性和主观判断性，从而无可避免地导致了公司社会责任概念的模糊性，这正如谢赫（Sheikh）所说，或许公司社会责任的概念只可以描述却无法实现准确定义。第二，公司社会责任理论在发展中形成了两大类别的"边界界定观"。独立社会责任观认为，公司社会责任乃是发轫于公司经济责任之外的事物，而公司经济责任是企业制度的内生要求和本质属性，并不需要公司社会责任理论来规范之。综合社会责任观则认为，公司经济责任与公司其他责任都属于文明社会的价值观对公司合理期望的范畴，因此都可以视为公司社会责任的一部分。

由于社会责任理论在概念上具有相对模糊性，在边界观点上又具有不同派别的分歧，故我们不宜直接笼统地讨论公司财务责任与公司社会责任之间的交集关系，而应该在社会责任理论不同"边界界定观"的视角下分别进行对比考察。在独立社会责任观的视角下，公司财务责任的自然属性在本质上与公司的经济责任一致，因而与公司社会责任无关。同时，公司财务责任的社会属性代表了公司与利益相关各方在契约的联结、履行过程中确立的社会性合作与交易关系所引致的财务性责任，而这些财务性责任实质上也构成了公司为维护利益相关各方关系而履行社会责任时具体在财务维度上的表现。换言之，在独立社会责任观的视角下，公司财务责任的社会属性构成了公司社会责任的具体表现维度之一。当基于综合社会责任观的视角时，则公司社会责任的内涵在实质上可以与"公司责任"相等同，因此，公司财务责任可以被视为公司社会责任的具体责任维度之一，即公司财务责任此时可以理解为公司社会责任在公司财务维度上的具体表现。

整体而言，无论是与独立社会责任观还是综合社会责任观对比，公司财务责任与公司社会责任在范畴边界上的交集都只占到了公司社会责任的一部分。这是因为，在任何一种边界界定观下，公司社会责任的内涵范畴都远比公司财务责任要宽泛、深厚得多。客观来看，公司对社会的财务性责任构成了社会责任的重要方面，但公司还同时存在着许多其他方面的社会责任如公司产品方面的社会责任，等等。事实上，公司作为根据社会需求提供商品或服务、追求自身价值增长的商事组织，其最直接的、首要的社会责任就是公司产品方面的社会责任问题：例如，公司产品是否符合国家生产标准、是否安全、是否稳定耐用、是否与公司宣传的信息相符等，公司产品在这些方面是否履行了相应的社会责任往往会对公司形成最直接和最重大的影响。例如，倘若提及三鹿集团与双汇集团，人们自然会联想到这两个公司之前在产品生产中的违法行为，必然会谴责它们在产品方面社会责任的严重缺失。

因此，同理类推，无论是坚持独立社会责任观的立场还是基于综合社会责任观的视角，公司都不仅要履行产品方面的社会责任、财务方面的社会责任，而且还应当积极承担人本方面的社会责任以及文化建设方面的社会责任等。只不过是在不同的边界界定观下具体的责任履行边界或程度有所不同而已。这里以公司对人本的社会责任为例做进一步简要分析。如前所述，公司社会责任必须受法律约束，也应当充分尊重社会价值观的客观要求。因此，这就要求公司不仅应制定公平合理、与公司发展状况相适应的薪酬制度，还应当关注员工的健康、生产安全、工作条件与职业成长，等等。例如，部分支付较高薪酬却漠视基层员工工作过程中面临的健康威胁和安全隐患的矿业公司，无疑就缺失了人本责任方面的关怀而给公司的长远发展埋下隐患。因此，公平合理的薪酬支付只是从财务方面履行公司对员工的社会责任，而这也只是公司对员工的社会责任中最基本的一部分，公司还应当从员工健康、生产安全、工作条件甚至职业成长等方面（在西方还往往要求避免种族歧视等）来落实和履行公司对员工其他方面的社会责任（公司在人本方面的社会责任）。而且，如果放眼国际，基于人本方面的公司社会责任标准就更为全面和明确，以 SA8000 标准认证为例，这一认证对于"工作环境、员工健康、生产安全、员工培训、工会权利等一系列方面"都有着严格的最低标准。

（三）公司财务责任与公司社会责任的本质性差别

总体而言，以马克思辩证二重分析法为基础构建的公司财务责任理论与西方公司社会责任理论相比，二者具有本质性区别，这主要体现在三个方面：两种理论衍生的实践依据不同，两种理论建构的研究立场不同，两种理论研究的内涵范畴不同。

1. 两种理论衍生的实践依据不同

在理论衍生的实践依据上，公司财务责任衍生于客观存在的、基于价值管理的财务资金运动与基于契约的财务关系，而公司社会责任衍生于具有一定主观判断选择的社会期望与要求。共同创造并合理分配公司组织租金是公司是否具有财务责任以及确定责任履行尺度的基本依据。而公司社会责任是一个特定历史社会背景下的主观认知范畴，以社会公共的价值观和总体共识为公司社会责任的基本依据。

从这一意义上来说，公司财务责任是基于公司客观固有的二重属性在公司财务层面的具体责任性要求而形成的，而公司社会责任则是客观要求（公司占用了社会资源因而负有相应的社会责任）与主观判断（公司社会责任的边界）的结合体。因此，基于马克思辩证二重分析法的公司财务责任理论由于是以客观的公司本质属性及具体的公司财务活动为依据而展开的，较为客观且边界清晰；而西方公司社会责任理论则由于社会期望的异质性和不可完全观测性（不对称性）往往显得边界模糊不定，因而也导致其理念在实践中常常得不到准确的理解和应用。

2. 两种理论建构的研究立场不同

在理论建构的研究立场上，公司财务责任是以公司法人格为研究主体来展开研究，而公司社会责任则是以社会的要求（期望）为主体来确定研究立场，并从公司的相对方视角来进行考察的，两者建构的逻辑起点完全不同。事实上，两个理论是站在相对立的研究立场上来研究和探索与公司相关的责任问题的。

同时，公司财务责任的研究重点在于，从公司自身的发展要求出发，考察如何设计并执行恰当的公司财务责任履行机制以持续有效地推进公司价值创造。而公司社会责任的研究重点是，基于社会要求（期望）的视角来考察公司作为当代的"企业公民"应当履行哪些方面的社会责任，以及如何在各种社会责任的积极履行中追求公司利益与社会利益的协同共进（互益）。因此，两种理论的研究重点亦不相同。

3. 两种理论研究的内涵范畴不同

从理论的范畴边界来看，公司社会责任的内涵和范畴要比公司财务责任宽泛得多。公司财务责任由公司客观固有的二重属性决定，为公司财务目标的实现而服务，并集中体现在公司的财务活动之中。其内涵、范畴很明确，但同时也仅限于公司财务方面，而公司社会责任的基本思想要求其与社会价值观（社会期望）相一致、相协调。由于现代文明社会的价值观对公司的合理要求往往是多元而不可能是单一的，故公司社会责任也就不可避免地需要从多个方面（维度）来展开。如上所述，无论是坚持独立社会责任观的立场还是基于综合社会责任观的视角，公司除了通过财务方面履行社会责任以外，都还需要在产品方面履行社会责任，在人本关怀方面履行社会责任，等等。由此，公司社会责任涵盖了其他许多公司财务责任以外的内容和要素。例如，作为西方公司社会责任学术领域最广泛采用的测评工具之一，KLD 指数是依据目标公司在产品、社区、环境、多元化、雇员关系、人权等方面的社会责任表现来进行得分评定。显然，公司财务方面的表现只涉及 KLD 指数评定和计算过程中的一小部分。

本章小结

本章分析了公司财务责任的制度背景，梳理了公司财务责任的相关理论基础，基于马克思辩证二重分析法尝试构建了公司财务责任理论体系，并对公司财务责任和公司社会责任进行了理论关系辨析。通过研究，本章形成了如下研究结论小结：

（1）《公司法》《企业财务通则》和证监会、国资委等部门规章这三个层次的法规构成了我国从宏观层面对公司财务责任进行规范的主要公共财务规则体系，这揭示了公司财务责任在不同制度层面的生长路径，也充分反映了公司财务责任的重要现实意义。这其中，《企业财务通则》在修订中确立的"二重利益维护"主旨定位和对责任精神的强调初步形成了基于二重利益维护的公司财务责任的基本规范框架，这凸显了财务责任在维护公司法人利益与利益相关方利益这二重利益中的重要地位，也意味着《企业财务通则》制度规范体系中已经蕴含（默许）了公司财务责任的二重性意义，这为本书依据马克思辩证二重分析法对公司财务责任问题进行全面深入的理论解读提供了直接的制度依据与现实要求。

（2）本章以马克思辩证二重分析法为指导，通过对马克思主义政治经济学理论、公司产权理论、公司契约理论、利益相关者财务理论等理论的界定，梳理归纳了公司的二重属性、公司财务的二重属性以及公司财务责任的二重属性。具体而言，其一，公司客观上具有本质的二重属性特性：公司具有自主追求可持续价值增值的自然属性（生产力属性）；公司的社会属性（生产关系属性）是公司与进行了专用性投资的各利益相关方之间基于契约化的特定合作性生产或交易关系，其核心在于对公司剩余（价值增值）的控制和分配问题。其二，公司财务客观上具有本质的二重属性特性：公司财务的自然属性在于财务资金运动的理财性，即公司财务资金运动天然地具有追求投入产出最优化、价值增值效率化的理财导向性特性；公司财务的社会属性是基于价值导向的与财务资金运动相联系的特定公司财务关系。其三，公司财务责任客观上具有本质性的二重属性特性：公司的财务责任的自然属性，是现代公司制度下公司追求价值增值之自然属性在公司财务层面的原则性体现与责任性要求；公司财务责任的社会属性，是现代公司制度下公司社会属性在公司财务层面的原则性体现与责任性要求，即作为价值持续创造制衡体的公司与利益相关各方在契约的联结、履行中确立的社会性合作与交易关系所引致的财务性责任。

（3）本章基于马克思辩证二重分析法尝试构建了公司财务责任理论体系。本章认为，公司财务责任的含义可以概括为：公司财务分内应为之事，是贯穿于公司财务活动之中的履约性客观责任要求。也就是说，公司财务责任指的是公司财务分内应当（必须）做好的事情，这一责任具有履约的性质，并在具体公司财务活动之中得到体现和履行。基于马克思辩证二重分析法，公司财务责任具有自然属性与社会属性这二重属性，公司财务责任的二重属性是公司固有的二重属性在公司财务层面的原则性体现与责任性要求。如果将公司的本质更简洁地解读为公司价值创造和公司增值分享的契约组织化体系，那么公司财务责任自然属性的积极履行一致于"公司价值创造"，而公司财务责任社会属性的积极履行一致于"公司增值分享"。总的说来，公司财务责任的自然属性与社会属性之间，既有统一性又有矛盾性。

从涵盖的具体内容来看，公司财务责任的自然属性可概括为以下三个方面的具体维度：公司资本保全的财务底线责任，不侵占子公司合法权益的财务边界责任，以及对公司可持续价值增值最优方式的财务追求责任这三个方面。这三个方面的责任构成了利益相关各方对公司的共同期望性要求，从而具有鲜明的共益性：公司财务责任的自然属性并不着眼于某一特定利益主体财务利益的维护，而在于对公司全体利益相关各方共同财务利益基础的维护与持续创造。

公司财务责任的社会属性在公司财务活动中外化为以下四个基本维度的财务性责任：对财务资本投入者——股东和债权人的财务责任，对人力资本投入者——管理层和员工的财务责任，对市场资本投入者——供应商和客户的财务责任，以及对社会资本提供者——政府和公司所在社区的财务责任。

（4）基于马克思辩证二重分析法构建的公司财务责任理论与西方公司社会责任理论之间，在研究的具体范畴边界上具有交集关系（因为两者研究的都是与"公司责任"有关的问题），但二者研究立场、研究方法和研究对象上的根本性区别决定了两者之间有鲜明的本质性差别。两者的交集关系取决于公司社会责任理论的不同"边界界定观"（西方理论界对于社会责任的边界认识并不一致）。而两者间的本质性区别主要体现在三方面：两种理论衍生的实践依据不同，两种理论建构的研究立场不同，两种理论研究的内涵范畴不同。

总的说来，这一章为全书奠定了制度依据、理论基础和进一步展开研究的理论内核，在全书中具有重要意义。

第二章 公司财务责任的价值机理解析

公司的价值创造问题即公司的价值最大化问题。公司是以价值创造为使命的团体组织，公司财务责任作为与公司财权相对等的公司治理体系中的一部分亦必然从公司财务层面对公司的价值创造活动形成持续性影响。

第一节 财务责任自然属性之价值机理：公司价值创造的内在财务原则

从制度规制的角度来看，公司财务责任的自然属性，是《公司法》《企业财务通则》《企业国有资产法》等财务法律制度内嵌于公司财务运行中的原则性要求，代表了制度规范对公司财务底线、财务边界与财务追求方向三方面的基本原则性要求。

从公司价值创造的过程来看，如前所述，公司财务责任的自然属性是公司财务效率性子目标的具体责任化，因此它以具体化的效率性责任原则的方式在公司整个财务运行体系中发挥着基础性的指导和约束作用，为公司财务的价值创造活动提供了最质朴也最为重要的选择判断和评价依据。

因此，在制度规制和公司价值创造要求的二重合力下，公司财务责任的自然属性的三个具体维度就在公司价值创造中实际表现为公司财务的三大基本原则：财务底线原则、财务边界原则与财务追求原则。

一、公司价值创造的财务原则之一：资本保全的财务底线原则

（一）来自制度的保全性财务规制

公司资本保全的基本原则，是公司在自发自治的团体营利模式中逐步创新

形成而后为公司法律制度所认可才进而规范确立下来的①。具体而言，公司财务法律制度设置了三个层次的具体要求，这三个层次相互配合形成公司自有资本的保全性制度规制原则：第一，在注册资本方面，《公司法》（2014）第三十六条明确规定股东不得抽回出资，以此保障股东已实缴的注册性资本在公司存续期内的有效长期保全；第二，对于以公司投入本金中溢价部分为主的资本公积项目，《公司法》（2014）第一百六十九条专门做出了"公司资本公积不得用于补亏"的保障性规定；第三，《企业财务通则》（2006）中明确规范可以用于利润分配的项目中不包含资本公积金，这就进一步从公司财务角度夯实了公司资本保全的财务底线。

（二）财务底线原则：公司财务活动的起点

"资本保全的财务底线"这一财务原则在公司财务活动实践中的实质在于，每一项财务活动中都应以公司存量资本不受侵蚀为前提。

从公司融资活动来看，作为融资决策的前提之一，就是所融资金可以获取的资本回报率必须大于为融资所付出的资金成本率。从公司投资活动来看，投资备选方案的基本前提之一就是投资项目可以带来的相关现金流量的净现值必须大于零。从公司的分配活动来看，任何公司股利政策或税后分配方案的基本前提之一，就是分配金额严格地限制在当年净利润及以前年度累积盈余的可分配合计数之内，即分配与存量资本无关。

二、公司价值创造的财务原则之二：维护子公司合法权益的财务边界原则

在追求价值增值过程中，公司对子公司财务控制权的行使须以责任约束为前提，以不侵占子公司及其利益相关方的合法权益的财务边界为原则，以一体化治理秩序下的共同价值创造为导向。这一财务边界原则是随着公司向集团公司体制逐步演化过程中衍生而来的。这一原则的实质是公司财务法律制度从宏观财务秩序治理的角度对微观集团财务治理的原则性规制与秩序化要求，以引导公司真正地从整个集团价值成长的长远立场而不是基于机会主义的动机来正确运用对子公司的财务控制权与收益权。

（一）来自制度的边界性财务规制

随着集团公司体制的涌现，面对母公司的主导性财务控制权，子公司及其利益相关各方对其合法利益应当拥有当然维护权，两种权利之间的制衡关系成了制约整个集团共同发展的关键因素之一。于是，这引致了规范引导母公司恪

---

① 蔡立东. 公司制度生长的历史逻辑 [J]. 当代法学, 2004 (11): 150-153.

守财务责任边界之财务法规制度的出现。

《会计准则第 33 号——合并报表》第六条指出：控制是指拥有被控制公司财务和经营政策的决策权并凭以获得收益的权力，这是判断母子公司关系并编制合并报表的根本依据。这表明，母公司作为主要投资方享有一定对子公司财务和经营政策的控制权及由此带来的收益权。进一步来看，经营政策的控制权最终必然会转变为财务后果与财务收益（或损失）的。因此，从财务视角来看，作为母公司实质上合法拥有对子公司一定程度的财务控制权及相关收益权。

《企业财务通则》（2006）第二十三条对母公司调用集团资金的相应责任约束提出了明确要求，企业集团采用内部资金集中模式时不得损害成员企业的利益。《企业财务通则》（2006）第三十五条对母公司控制权的运用进行了明确的限制：集团公司内的交易应按独立的市场交易计价结算，禁止利润操纵或利益输送等关联交易行为。《企业会计准则第 36 号——关联方披露》第九、十条和第十二条指出，公司应充分披露所有母子公司控制关系的重要信息，明确给出母子公司间关联交易性质判定及其披露的明确标准，并特别强调了披露为公平关联交易的事项需要足够的客观证据。换言之，母公司凭借对子公司的股权控制关系而拥有子公司财务控制权，须以不传递误导性财务信息、不进行侵占子公司利益的利益输送和不损害子公司的公平交易利益为前提。

对于上市公司而言，法规制度设计的要求就更为严厉：2003 年 8 月 28 日《关于规范上市公司与关联方资金往来及上市公司对外担保若干问题的通知》，2005 年 6 月 6 日《关于集中解决上市公司资金被占用和违规担保问题的通知》和 2006 年 11 月 7 日《关于进一步做好清理大股东占用上市公司资金工作的通知》等文件的集中出台和严格的管控要求进一步强化了法律制度框架下对集团母公司财务责任要求的约束性制度条件：母公司不得以占用子上市公司资金资产、违规关联交易等滥用控制权的方式牟取不当收益，把必须严格遵循公平市场秩序的根本性责任原则放在前所未有的重要位置。

（二）财务边界原则：公司集团共同价值创造视角下的财务秩序要求

从公司集团化发展的价值驱动来看，母子公司之间应当以共生互益的协同发展战略为指引，从而在较低的不确定性风险水平上更恰当地配置专用性资产投入、更好地深入分工协作，从而在一体化治理体系中有效节省整个集团业务运营的管理费用和交易费用，由此获取双方作为外部契约合作关系时无法实现的额外财务收益（合作剩余）。

从产权理论来看，双边交易契约关系转变为股权控制关系的实质是对交易控制的产权关系发生了向母公司拥有控制权的变化，从而将双边契约关系下的外部性成本内化为集团中具有可获取性的额外财务收益。但另一个矛盾又应运而生：一方面，母公司与子公司各自为独立法人，各自拥有独立的法人财产权和自治权，母子公司间的产权关系完全不同于母公司与分公司的关系，子公司对其依据法律和契约所享用的利益拥有当然的维护权；另一方面，由于产权关系的变化，母公司拥有与子公司之间合作与交易的主导权和控制权，这就导致母公司在追求价值增值过程中往往只从自身立场出发而忽略或侵占了实质上作为内部合作方而存在的子公司的应有利益。也就是说，从双边契约关系到母子公司关系，产权的改变在成功地将外部性成本内化为集团潜在财务收益的同时，也把原来双边都潜在的道德风险主要内化在掌控主动权的母公司一方。那么，为了有效抑制这一道德风险对母子公司深入合作关系的影响和损害，需要有强制性的财务原则来规范集团共同价值创造过程中的财务秩序。

因此，母公司应该站在整个集团共同价值创造之必要财务秩序的立场来考察财务边界原则的价值意义：母公司对子公司的治理应当按照法律制度的规制、子公司章程之约定来进行，母公司应当充分尊重子公司在法律和契约关系之下的当然财务利益，这一以财务边界定财务秩序的规制是母子公司双方深入合作、持续创造额外财务收益的治理前提和激励机制保障。所以，财务边界原则最直接的功能在于界定了母公司追求价值创造的财务责任边界，最重要的功能在激励和引导母子公司间可持续价值共同创造的最优化。

三、公司价值创造的财务原则之三：对价值增值最优方式的财务追求原则

（一）财务追求原则：财务活动创造公司价值的追求方向与评价依据

从法律制度的规范来看，公司营利性内涵本质直接催生了公司的财务追求原则。具体而言，财务追求原则，是对可持续价值增值最优方式的财务追求。可持续，意味着应该是以公司的长期视角作为价值增值量的判断立场；最优方式，则意味着对公司财务性资源的最优配置或最好利用方式的追求。对财务追求原则而言，财务活动在这两方面的要素需同时具备，才能实现这一原则的价值指导意义。实质上，这一原则贯穿于公司财务参与公司价值创造的全过程之中，充分体现在公司的各项财务活动与财务管理教科书之中，它确立了财务活动创造公司价值的追求方向，也成了公司财务活动实践成效的评价依据。

体现在融资活动中，公司财务会权衡在同等资本量和既定投资方案的情况下如何追求更低的资金成本问题，亦即追求公司最优资本结构问题。例如，实证研究的结果表明，股市危机期间、宏观货币政策等融资环境因素发生显著变化时，公司财务往往做出显著的动态性资本结构调整以追求新约束条件下的更

优资本结构，这里面既有基于预期的影响也有实际融资环境发生变化的效应。

体现在投资活动中，公司财务会在资本预算范围内基于资金的时间价值与风险收益关系，追求增值效益最好的投资项目方案组合。于是，财务学理论当中，关于证券投资组合中的资本资产定价模型（CAPM）和 Black-Scholes 偏微分方程（期权、远期等衍生性证券定价理论），关于具体投资项目中基于净现值、内涵报酬率等指标最大化的投资决策问题，都充分体现了公司财务在价值增值最优方式的一致性追求。

体现在资金运营活动中，公司财务会权衡在同等运营效率前提下如何追求资金使用的最优效率问题，即追求贯穿于整个产品价值链的资金流转的最优财务配置问题。这包括运营资本量最优化的问题、商业信用利用与给予（包括可能的供应链金融）的最优化问题、存货管理中资金成本的优化问题，等等。

体现在分配活动中，公司财务会权衡在公司价值可持续增长前提下如何追求盈余在公司留存与股利政策间的最优配置问题。在没有既定制度化股利分配标准的前提下，最典型的就是剩余股利政策的设计与运用问题，而这对于公司所处的特定生命周期阶段有着尤为重要的财务影响意义。考虑到延续股利政策的必要性和保持公司财务弹性的重要性，实施介乎于低股利加额外股利政策与剩余股利政策之间的"准剩余股利政策"，则是公司财务追求原则在分配活动中更常见的现实表现方式。

再从财务活动评价的视角来看，公司财务分析理论中处于核心地位的偿债、盈利、营运和发展四方面能力的基本分析与指标要求，正是从公司财务活动结果的角度来分析评价先前公司可持续增值最优方式的财务追求原则的实践成效。因此，公司财务追求原则贯穿财务活动参与公司价值创造的全过程并发挥了至为重要的指导与约束评价作用。

（二）财务追求原则的应用：对武钢过度多元化失败案例的解析

财务追求原则简洁明了，在实践中堪当公司财务责任自然属性的核心原则。然而，当公司财务被置身于具体复杂而又难以预测的公司经营环境当中时，由于假设条件的不完美、风险收益关系的不确定等因素，以财务追求原则为指导进行财务决策以追求最优化资源配置的难度就大大增加了。但这并不意味着这一原则的基础性和重要性会有所改变。因为一旦背离了财务追求原则（不论出于何种因素考虑）的基本指导与要求，公司发展往往会难以避免地陷入一种尴尬而困惑的境地。这里可以通过武汉钢铁股份公司（以下简称"武钢"）在 2012 年的过度多元化案例进行探讨。

2012 年两会期间"武钢宣布了未来四年包括矿产资料加工与利用、养猪与有机蔬菜种植等绿色农业等多个领域高达约 390 亿元的非钢铁业投资计划"①，这标志着武钢大规模快速多元化战略的开启。这一举措在中国制造面临艰难转型的背景下一时引起轩然大波，"另辟蹊径"或"不务正业"的各种意见此起彼伏。为解析症结，我们先抽象去除其他因素，专门从优化财务资源配置的视角出发，以公司年报数据为依据进行考察：财务追求原则在武钢这一战略性财务配置中是否得到了遵循与执行？是否遵循公司财务原则最终会对公司持续价值创造带来了什么样的影响？

1. 财务报表分析：多元化战略的实施并未提升武钢的总体价值增长能力

每股盈余在一定程度上代表了公司价值增长程度，以宝钢股份（以下简称"宝钢"）为行业标杆，表 2-1 列示了 2011—2014 年度武钢与宝钢的年度每股盈余。为进一步揭示公司经营性业务的盈利能力，表 2-2 又列示了 2011—2014 年度武钢与宝钢的剔除非经常性损益后的年度每股盈余。

表 2-1　武钢与宝钢的年度每股盈余表　　　　　单位：元

公司名称	2011 年度	2012 年度	2013 年度	2014 年度
武钢股份	0.109	0.021	0.056	0.125
宝钢股份	0.4	0.58	0.35	0.35

注：武钢和宝钢的数据摘自巨潮资讯网公布的年度报告。

表 2-2　武钢与宝钢在剔除非经常性损益后的基本每股盈余表

单位：元

公司名称	2011 年	2012 年	2013 年	2014 年
武钢股份	0.11	−0.011	0.019	0.039
宝钢股份	0.38	0.25	0.38	0.35

注：武钢和宝钢的数据摘自巨潮资讯网公布的年度报告。

根据表 2-1 和表 2-2，考虑到武钢是在 2012 年 3 月起开始实施新的多元化战略的，我们可以归纳出以下两点：

第一，2012 年实施多元化战略后，武钢的总体价值增长能力并没有上升，反而有明显下降的持续表现。无论是主业也好，还是多元化的辅业也好，它们在利润表中都表现为经营性损益项目。可见，应当以剔除非经常性损益后的每

---

① 邓崎林. 钢铁业已进寒冬，武钢开始养猪种菜 [EB/OL]. (2012-03-07) [2021-09-23]. http://finance.qq.com/a/20120307/004024.htm.

股盈余来考察武钢价值增长能力的变化。然而，就在武钢开启实施多元化战略的 2012 年，这一指标甚至是 -0.011 元。这已经不是价值创造而是价值摧毁，不要说财务追求原则，就算是资本保全的财务底线原则其也未能坚持。而在 2013 年和 2014 年段，武钢仅仅为 0.019 元和 0.039 元每股的微弱价值增长表现，较之实施多元化战略之前的 2011 年仍有较大差距。

第二，武钢总体的价值增长能力对比宝钢有很大的差距，并且这一差距在剔除了非经常性损益之后进一步显著放大。武钢的每股盈余在 2014 年取得最好的表现为 0.125 元每股，但也仅相当于 2014 年宝钢的 35.71%，而武钢每股盈余表现最差的 2012 年仅为 0.021 元每股，只相当于 2012 年宝钢的 3.62%。而如果比较的是剔除了非经常性损益的每股盈余，则两家公司价值增长能力间的差异就增大到令人难以置信的程度：武钢剔除非经常性损益后的每股盈余表现最好的年度仍然是 2014 年，但也只有 0.039 元每股，仅仅相当于同一年度宝钢的 11.14%。2013 年这一指标上武钢只相当于宝钢的 5%，而 2012 年武钢的这一指标为负值，已经失去比较的意义。

为了进一步分析武钢实施多元化战略后公司价值增长变化的原因，本书依据相关年报资料对武钢实施多元化战略后的收入与成本项目的相对变化情况进行了整理，如表 2-3 所示。

表 2-3　武钢实施多元化战略后的收入成本变动情况表

项目名称	2012 年	2013 年	2014 年
剔除非经常性损益后的基本每股盈余/元	-0.011	0.019	0.039
营业收入增长率/%	-9.38	-2.18	-2.09
营业成本增长率/%	-8.71	-2.86	-3.46
主营业务收入增长率/%	-9.75	-6.22	-7.39
主营业务成本增长率/%	-8.91	-6.85	-8.91

注：武钢的数据摘自巨潮资讯网公布的年度报告。

由表 2-3 可以看出，武钢非常有限的价值增长更多源自对产品成本的控制和节省而非产品收入的提升。从 2012 年来看，多元化战略基本上没有发挥成效，倒是公司主营业务占有市场、创造价值的能力明显下降，负的每股盈余导致当年实际侵蚀了公司存量资本。在 2013 年和 2014 年，武钢主营业务的下滑趋势没有得到扭转，仍然持续下滑，与 2012 年不同的是由于成本的有效控制，其成本的下滑速度超过了收入的下滑速度，因而实现了微弱的增值。

虽然武钢年报中没有专门披露多元化战略引致的非主营业务的具体收入、成本与发展前景，但依据表 2-3 我们可以推断出大致情形：对比公司 2012—2014 年营业收入增长率与营业成本增长率的关系，再比较公司 2012—2014 年主营业务收入增长率与主营业务成本增长率的关系，两个关系较为一致且非常接近，都是成本控制更有效而非市场占有率的提升从而略微提升了公司价值增长能力。事实上，武钢的成本控制也确实对此有一定的贡献：一方面，实践中武钢在 2013 年开发并应用了 8 个方面共 46 项低成本制造技术，工序成本同比下降低 5%；另一方面，作为在成功案例，徐匡迪院士在 2014 年钢铁高峰论坛上专门介绍了武钢的低成本制造技术。

由此倒推，由于武钢 2012 年经营性价值创造是负值，而 2013—2014 两年微薄的价值增长中还在相当程度上依赖于公司卓有成效的成本控制体系，那么，武钢多元化业务对公司价值增长的贡献情况极不乐观，即便是有，恐怕也非常的有限。

2. 财务追求原则审视：研发还是不相关产业更值得资金的投入

根据以上分析，武钢多元化的战略并不成功，并未有效地推进公司价值的增长。那么，回到案例分析最初提出的问题，武钢多元化战略的不成功是因为战略执行得不好呢，还是因为战略设计时本身就背离了公司价值创造中最基本的财务追求原则呢？

为分析武钢 2012 年面临转型时的财务决策背景，本章进一步整理了武钢、宝钢以及行业的研发投入强度，如表 2-4 所示。

表 2-4　武钢、宝钢与行业的研发投入占营业收入比值的对比表　单位：%

公司名称	2011 年	2012 年	2013 年	2014 年
武钢股份	0.503	0.493	0.703	0.88
行业均值	0.779	1.353	1.755	1.761
宝钢股份	2.3	1.992	1.81	2.097

注：武钢和宝钢的数据摘自巨潮资讯网公布的年度报告，行业均值取自 Wind 咨询数据库。

从表 2-4 中可以看到，武钢的研发投入不仅远低于领军行业的宝钢，而且与钢铁行业的平均研发投入相比都有明显差距。自公司 2012 年实施多元化战略以来，武钢的研发强度一直没有达到行业平均水平的 50%。尽管自 2012 年研发投入创新低之后，2013 年和 2014 年，武钢在研发投入上有明显增长，但到 2014 年也只不过达到了行业平均研发投入的 49.97% 而已。

既要面对着钢铁制造业的无序过度竞争，又身处宏观经济结构性转型增速放缓的经济新常态时期，钢铁行业公司的全面转型升级势在必行，而且这种转型必须是以市场淘汰机制进一步倒逼产业和产品的转型升级。而对于规模巨大如武钢这样的公司，强大的路径依赖效应则使其转型升级的迫切性更强而难度更大。钢铁行业具有资本密集、进入壁垒低而退出壁垒高的特质。这就决定了我们可以通过加大研发投入、升级制造装备、全面深入与下游产业的联合产品开发等方式引导钢铁业公司实现产品的技术结构、价值结构及客户满意度的全面提升，从而破解钢铁行业在高端钢铁制品竞争力薄弱的问题，这也是我国钢铁公司转型升级的必由之路。

在这样的竞争背景下，我们需要探讨的是，从武钢追求可持续价值创造的最优方式来看，应当配置多少财务资源到研究开发、生产设备升级换代等方面才是恰当的？这一回答无疑是重要且困难的。但可以肯定的是，作为巨型钢铁公司的武钢，只投入不足行业平均水平50%的研发资金是远远不足以支撑公司转型升级的客观需要的。在此，再反过来审视武钢的多元化战略，导致其无法有效提升公司价值增长能力的原因可能有多个，但财务上的主要原因之一就在于背离了公司财务追求原则的指导和要求。在公司研发投入严重不足、缺乏良好规划的情况下，公司却将大量资金投入非主业领域，甚至包括了"养猪""种菜"等陌生的、与公司主业完全不相关产业，与其说这是更好地追求公司价值增长，不如说是公司决策者短视的机会主义、缺乏财务责任原则。

对比之下，宝钢的情况则在一定程度上反映了积极遵循财务追求原则的价值：以最优利用方向为导向配置财务资源，才能真正更好地推进公司价值创造能力的可持续发展。从表2-4可见，宝钢的研发投入一直明显领先于钢铁行业均值，即便是在研发平台费用减少的2013年，其投入也仍然高于行业平均研发投入。正是在高研发投入创新领先战略的带动下，宝钢探索并集聚了钢铁行业中较为强大的产品价值创造能力。以其高强度钢产品的开发为例：2013年宝钢自主研发的冷轧淬火延性钢QP980GI等五项新产品实现全球首发，由此成为全世界第一家具备第一、第二和第三代先进高强度钢供货的厂商。

3. 案例分析小结：财务决策中应当坚守价值创造中的财务三大原则

武钢案例揭示的内在财务规律是，公司在追求价值创造的过程中，必须遵循财务资源最优配置导向的财务追求原则，以真正帮助公司提升可持续的价值增长能力。客观来看，多元化战略或创新领先战略，本身并无优劣之分。只是在此案例中，如果从财务资源最优配置追求的角度来看，显然根据钢铁行业的竞争势态，武钢应当优先配给研发等领域足够的财务资源，进而再考虑多元化的问题。而且，即便是财务资源足以支持多元化战略，也不应该贸然进入类似

"养猪""种菜"之类对于公司来说完全陌生而又带有较大价格波动风险的不相关领域，这完全不符合财务资源优化配置的追求原则，同时也反映出武钢缺乏合理的财务责任约束机制来制约内部财务决策的制定与执行。因此，武钢多元化战略失败的结束也就不难理解了。

实质上，财务底线原则、财务边界原则和财务追求原则分别为公司财务活动的开展确定了底线、边界与追求方向，它们三位一体，相互配合形成公司追求价值创造过程中财务决策与具体财务活动的原则体系，为公司财务参与公司价值创造提供了框架性的重要指导作用。

第二节　财务责任社会属性之价值机理：公司价值创造的外在调节变量

公司决策是公司利益相关者的一种集体性选择，因此利益相关各方必然会以各自不同的方式对公司形成影响，公司作为利益相关各方的联结中心，从而就不可避免地承受着来自利益相关各方的财务约束要求。从公司的立场来看，这本质上就是公司对利益相关各方应负有的当然财务责任：利益相关各方专用性资源的投入促成了公司收益性财务权利的变大和增加，以契约联结为本质的公司也就必然因而形成了对利益相关各方的回报性财务责任。

因此，公司对利益相关各方相应财务责任的履行情况，对于联结和深化与利益相关各方之间的价值创造协同合作关系而言，起着关键的调节作用。也就是说，公司越主动积极地履行对利益相关各方的财务责任，利益相关各方就越愿意积极地回应公司的要求，更深入地展开与公司间的协同合作，从而形成更大的价值创造合力，最终通过公司战略的有效实施转换为更有效的价值创造产出效应。反之，如果公司忽视了对提供了不同资本的利益相关各方的应有财务责任，显然公司的价值创造活动将难以得到利益相关各方的协同配合，甚至还可能面临利益相关方对公司现有资源的退出或撤回，这样一来，公司的价值创造效应必定大打折扣。这反映了公司财务责任社会属性的"价值创造调节性效应（机理）"。

如前所述，公司财务责任社会属性的具体维度表现为公司对四类不同资本提供者的相应财务责任。因此，本节分别对这四个具体维度的财务责任与公司价值创造的相关影响进行具体考察，并由此清晰地展示和揭示出公司财务责任社会属性作为影响公司价值创造产出重要外在调节变量而存在的客观价值机理。

一、对财务资本提供者履行财务责任：资本集聚性价值创造调节效应

股东和债权人都为公司提供了财务资本，因此他们承担着最直接的公司剩余风险，因而也要求最直接的财务补偿与财务回报。于是，公司对财务资本提供者的财务责任履行，就是对这一要求的必要回应。而公司财务责任的履行情况，往往又成为财务资本集聚性价值创造效应的调节性影响变量。

积极承担对股东投入的财务责任是公开融资信誉资本得以建立、推进价值创造得以在股权资本支持下持续实现的基本财务准则，苹果、IBM 等公司的卓越发展历程无一不证明了这一点。这在中国的制度环境中亦不例外。海信股份2009 年为建设多媒体技术国家重点实验室、开发具有良好市场前景的电视液晶模组等项目募集资金，实行定向增发，实际发行价相比预案最低价溢价了69.71%，而发行日公司股价成长为定价基准日收盘价的 263%，并且在增发完成后仍然保持稳定并略有上扬的势头。这一过程既提升了海信的核心竞争力，又给予了股东良好的财务回报，并放大了公司核心竞争力的进一步建构所需要的股权资金集聚性支持效应。从海信公司的案例可见，通过公司公开融资募集项目推动对股东财务责任的履行，是公司驱动和放大资本集聚性价值创造效应的重要方式。反之，有圈钱嫌疑的资本市场融资行为因存在选择性忽视公司对股东的财务责任，不但无法实现预期正常情况下的价值创造效应，还将因为财务责任的缺失而形成"资本聚集性价值创造的负调节效应"：这种行为会在财务资本提供者的评价中放大这一问题对资本集聚积极性的冲击，从而在更大程度上消减资本聚集性价值创造的产出效应。

积极承担对债权人的财务责任，不仅是法律制度和契约精神的直接要求，还是促进价值创造的重要机制。这是因为，主动及时清偿公司债务，是建立债务融资良好信誉的基本方式，也是促成财务资本集聚性价值创造效应的重要推动因素：因为公司对债权人财务责任的积极履行是不完备契约的有序履行、隐性契约向显性合作转化的关键置信条件，置信效应的生效则意味着公司与各债权人之间的交易成本的有效减少而合作成效的有效提高。公司积极履行对债权人财务责任的价值创造调节性效应，从公司债券评级中就可以得到印证。在同等情况下，积极履行财务责任的公司，往往有更好的融资信誉，这在债券发行市场中外化表现为公司的良好债券信用评级，进而能够以相对低的财务成本获得相对充分的债权资本融资，并由此形成对价值创造的调节性效应。事实上，在日常较为频繁的债务融资活动中，这一内在规律就更为普遍。例如，积极履行财务责任的公司往往更容易与银行间形成长期稳定的合作关系，而"合作

时间长度"正是影响银行对债权资金成本定价的重要因素，同时这也成了减少交易成本的关键因素。

二、对人力资本提供者履行财务责任：激励相容性价值创造调节效应

激励理论认为，人力资本提供者（包括一般员工和公司管理者）的受激励程度与其所获薪酬回报内在相关，公司薪酬战略的关键在于努力发挥其激励功能①。事实上，公司对薪酬战略的设计和执行，也正是以在公司价值创造中的激励相容性贡献为根本着眼点和落脚点而展开的。根据期望理论，人力资本参与价值创造的激励相容性效应，很大程度上取决于他们对于其劳动付出的回报索取权在具体实现过程中的公平性评价问题。如杰森和墨菲（Jensen & Murphy）提出的"最优契约设计的根本是按公司业绩向管理者支付薪酬"的观点。那么，从公司财务的治理立场而言，这一问题随即转化为公司对人力资本提供者的财务责任履行问题：财务责任履行的公平性与合理性，显然会成为人力资本提供者评价财务回报的工具性依据，从而在公司的激励相容性价值创造过程中发挥出调节性影响效应的传导作用。

财务责任履行对公司激励相容性价值创造效应发挥的调节性重要影响，在财务制度规制中得到了充分的体现，它在实践中发挥了重要的引导性调节作用。这在《企业财务通则》的变迁中尤为明显。相比《企业财务通则》（1993），《企业财务通则》（2006）新增了关于公司对人力资本投入的回报性财务责任的规定：第四十一和四十二条提出，公司可依法对管理层和核心技术人员实行特别薪酬制度，可以对降低能耗、研发设计等方面有特别贡献的员工进行专门薪酬奖励；第四十三条，有持续盈利和支付能力的公司，可以为员工建立补充医疗和补充养老保险；第五十二条，管理和技术可以依契约参与公司利润分配。制度革新的理念在于，鼓励公司多维度、多层面地对不同方式的人本资本投入履行公平合理的回报性财务责任，由此为公司与人力资本之间更深入、更成功的价值创造活动提供责任保障基础。

华为公司在2013年1月21日宣布将为全球15万员工发放高达124亿元的2012年度员工奖金，同时华为还有5位高管获得"零起飞奖"②：消费者业务集团董事长余承东、企业业务集团首席执行官（CEO）徐文伟等5名高管2012年的年终奖为零。尽管公司2012年整体业绩优异，但消费者和企业业务

① 激励理论认为：劳动者绩效＝劳动者能力×激励程序。
② 5位高管获得"零起飞奖"充分体现了华为履行财务责任进行收益分配的公平导向：奖金只取决于人力资本对公司的贡献程度。

集团未能实现预期目标，故公司取消了相关负责人的奖金。反观竞争对手，与华为实现 154 亿元净利润形成鲜明对比的是，竞争对手中兴通讯面临超过 25 亿元的亏损，并不得不接受裁员和高管降薪的事实。华为的薪酬案例，鲜明地映衬出公司的发展不在于压缩对人力资本的财务支出，而在于如何公平恰当地履行财务责任以有效提升公司激励相容性价值创造效应的重要规律。

三、对市场资本提供者履行财务责任：准一体化协同性价值创造调节效应

公司是在整个价值链的协作和博弈中实现公司成长和价值创造的。因此，与贡献了市场资本的供应商和分销商（大客户）建立深度协同的合作关系是公司在价值链管理环节追求价值创造最大化的关键：因为只有在深度协同的合作关系基础上，才能够在更大程度上实现价值链各环节交易成本的充分节省与产品创新的一致性协同配合，从而形成价值链上下游行业公司之间的"准一体化协同性价值创造效应"。根据威廉姆森（Williamson）的纵向一体化理论，公司所期望和追求的深度协同的合作关系必然是以价值链纵向公司相互间专用性资产投入的增加为前提的。毫无疑问，对专用性投资能够带来与其风险程度相对等的财务性回报的预期越明确，供应商和分销商就越愿意为公司投入和增加与"准一体化协同"相适应的相关专用性资产，反之亦然。由此，公司对贡献了市场资本的供应商和分销商（大客户）的财务责任履行情况，就会在价值链环节中发挥出对"准一体化协同性价值创造"的调节性影响效应。

参考波特（Porter）的竞争理论，对具有战略合作前景的优质供应商应采取财务支持策略来履行供应渠道的财务责任，由此为公司确立采购竞争优势的战略基础。财务支持策略包括共同分担供应渠道中的财务成本、提供供应链融资等，其中以"适度采用预付账款采购，提供研发项目融资、协助供应商获得借款或新股权融资等"[①] 方式最为普遍。这些财务举措为公司在未来的价值创造中获取供应商的深入协同配合（如敏捷制造等）建立了良好的采购关系资本。利姆和菲利普斯（Lim & Phillips）对耐克鞋供应链的研究表明：长期合作模式（collaborative partnership）取代最低报价模式（arm's-length contracting）后，从恶性价格战中解脱出来的供应商们有更大的财务弹性去遵循耐克制定的采购标准从而实现双赢的价值增长[②]。

分销商和客户提供了将公司价值创造实现为财务现金流的市场资本和收益

---

① 贝思宁，李昕晖. 采购战略管理：与胜者同行 [J]. 商学院，2010（8）：99.

② LIM S J, PHILLIPS J. Embedding CSR values: the global footwear industry's evolving governance structure [J]. Journal of business ethics, 2008, 81（1）：143-156.

渠道，公司理所应当负有维护好专用市场资本的财务责任。事实上，两者互为条件，相辅相成。以加多宝为例，2012 年该公司在了"商标争夺战"中失利后，用"加多宝"这样一个全新品牌又一次雄踞国内饮品行业销售头名。加多宝与总经销商、分销商等中间渠道的"深度协销"模式在长期合作中构建起来的广阔专用市场资本是其成功现实品牌更迭的关键。具体而言，加多宝协同销售渠道链条上的各个成员，从人力到物力上共同投资建设销售渠道，并在渠道的每一个关键中间环节上实施积极和强有力的绩效考核和利益均沾（如非常守时的利润返利）机制，销售终端的业务员全部隶属于加多宝集团，从而实现直接控制（业务员和分销商一起开拓的新的业绩会增加分销商的利润返现），销售网络的共同建设、深度合作和财务责任共担，构建起共赢的利益共同体。加多宝的案例非常鲜明地阐释了履行共同建设专用性市场资本的财务责任对于销售乃至整个公司战略实现的重要推动性意义。

无论是公司与供应商的关系，还是公司与客户的关系，只要以财务责任的有序履行为相互间隐性契约的置信条件，往往就能够将相互间关系从交易推向合作和共生。由此，产品价值链中的财务责任履行实质上构成了一条影响着上下游公司间准一体化协作深度的财务责任链。因此，公司应当站在整个价值链价值管理的高度来进行财务决策，在充分结合公司的资金运营政策和财务弹性选择的基础上有序履行对供应商和客户的财务责任，从而以此为杠杆撬动和推进相互间深度合作的准一体化协同性价值创造效应。

四、对公共资本提供者履行财务责任：声誉形成性价值创造调节效应

公司设立和发展中不可或缺的公共性资本，包括公司设立资格的许可、运行中的法律保护以及所占用的城市与自然环境资源等，其实质都是政府和社区以隐性契约的方式投入公司的要素产权。公共资本提供者当然会凭借其要素产权的投入关系对公司提出财务回报的责任性要求，并常常通过立法规范的方式实现。例如，法定性的税费缴纳、法定性的环境补偿费用（如排污费），等等。但由于公共资本投入契约关系的隐性特质，立法规范并不能充分反映出公司应对公共资本提供者承担的全部财务责任。然而，法律制度中没有明确规范的那一部分财务责任要求不但重要，而且对于公司声誉的形成机制和形成过程有着重要的影响，而这将进一步地影响到公司价值创造的成效问题。

这就是，在履行显性财务责任之外，能够积极履行对政府和社区隐性财务责任的公司，往往能够以此为信号向社会公众传递出积极正面的公司形象，从而促进公司声誉的提升，并进而催化公司凭借良好声誉更好地实现价值创造。

例如，在同等情况下，积极履行对政府财务责任的公司往往有更大的机会凭借良好的声誉和品质，承担政府工程或项目，并在此基础上进一步开展与政府间的战略性合作。同时，这还是公司建立积极的政治关联的重要方式。

又如，具有保护环境良好声誉的公司，往往更有机会以更低的融资成本、更优惠的融资政策享受到政府引导下的金融系统性融资。而这一点在反映中国经济转型的绿色金融制度中得到更为直接的体现。2007年6月29日，中国人民银行首次在《关于改进和加强节能环保领域金融服务的指导意见》中将环境责任元素纳入金融业规范指导原则："将环保评估审批文件作为授信必备条件，逐步将环保审批、清洁生产审计等纳入公司征信系统，指导金融机构对贷款实行差别定价，以推进产业结构调整升级"。2012年2月24日，银监会发布了《绿色信贷指引》（以下简称《指引》），从战略发展的高度奠定了银行业发展绿色信贷的基调和方向。《指引》尤其强调绿色信贷中的风险管理原则和差异化授信原则，集中在其第四、十和十一条进行了规范：明确绿色信贷的支持方向和重点领域，实行有差别、动态的授信政策；对信贷客户及其重要关联方潜在的能耗、健康、环境等方面的风险，银行业应有效识别、计量和控制，建立相应风险管理体系，并对存在重大环境和社会风险的客户实行名单制管理。可见，要获取"差异化定价"下更低的融资成本，需要以对公共资本积极的财务责任履行为前提条件。可以预见，随着生态文明建设时代的到来，公共资本提供者在对公司发展拥有了更大的隐性影响力，而在公司财务方面，将表现为它们与公司间隐性契约中隐含的财务责任条款对公司价值创造具有了比以前更为重要的调节性影响。

第三节　财务责任二重属性的统一性价值机理：基于发展战略的协同统一

一、财务责任不同属性价值机理有效运行的前提条件

（一）公司财务责任自然属性的价值机理有效运行的前提条件分析

如第一章第三节中所述，公司财务责任自然属性的具体表现维度包括三个方面：公司资本保全的财务底线责任、不侵占子公司合法权益的财务边界责任、对公司可持续价值增值最优方式的财务追求责任。在此基础上，公司财务责任自然属性的这三个具体维度在公司价值创造的整个过程中以作为三大内在财务原则的方式——财务底线原则、财务边界原则和财务追求原则——为公司

财务活动的开展确定了底线、边界与追求方向，从而为公司财务参与公司价值创造提供了框架性的重要约束、协调和指导作用。事实上，这是公司财务责任自然属性作为公司财务效率子目标的具体责任化（见图1-4）的外化表现：通过作为内在财务原则体系的方式自始至终地约束、指引着公司财务在法律制度规范的框架下围绕公司价值创造（价值增值）进行财务决策和开展具体的财务活动。

然而，在公司的现实经营当中，我们有时会发现这三大基本财务原则出现"失灵"现象，并未有效地在公司财务活动中发挥出其应有原则性指导作用。例如，最初决策选择的高现金持有水平在执行中被证明是效率低下甚至造成了价值创造的背离等。然而这并不令人意外，在没有明确发展战略的公司中这样的例子更是比比皆是。

因此，财务责任的自然属性不是在任何情况下都可以在公司价值创造中有效运行并发挥出其应有的原则性指导作用的，而是需要有一定的基本前提条件作为基础和保障的。那么，本章就以最具有代表性的公司重大财务决策为例进行解析，进而归纳出财务责任自然属性在其中发挥出原则性指导作用的基本前提条件。同时需要说明的是，财务底线原则（责任）和财务边界原则（责任）更多体现为公司价值创造当中的禁止性原则而非决策性原则，故一般而言，基本前提条件主要是对财务追求原则（责任）而言的。

根据决策理论的观点，由于公司财务活动的灵活性和异质性，公司重大财务决策属于较为典型的"非定型化决策"，故其必然要求以一定明确恰当的方向性指引和一系列相对稳定的假设条件为前提，否则最优决策就根本无从谈起。与此相一致的是，财务追求原则要在公司重大财务决策过程中发挥原则性指导作用，也同样需要以明确恰当的方向性指引和系列假设条件的预计稳定性为基本前提要件。这是因为，倘若没有明确的发展方向作为指引，不但财务追求原则缺乏科学的方向，而且财务结果也会缺乏合理评价的依据和标准。那么，此时原则往往便不再成为有效的原则，或者成了缺乏内在一致性的"伪原则"。同时，倘若与财务决策有关的系列假设条件不具有预期的稳定性，在财务决策之后可能会变化，那就不可避免地导致重大财务决策效率和决策价值发生不可预期的变化，而这就会使得之前的原则性指导失去意义，甚至事与愿违。

因此，本书认为，明确恰当的方向性指引是财务责任自然属性在公司价值创造中发挥原则性指导作用的首要前提条件。因为没有方向、没有重点地一味强调"最优化"等空洞的原则性要求，并不可行：事实上真正的"最优化"是要兼顾长期与短期的取舍、专业化与多元化的侧重以及收益与风险的权衡才能实现的。例如，当缺失恰当的方向性指引时，即便坚持财务责任自然属性的原则性指导地位，也容易形成"先天不足型的偏差性财务决策"：倘若公司恰好处于财务资源相对丰富的阶段，就容易出现缺乏恰当定位而带有浓厚急功近利色彩的过度投资或过度多元化等的偏差性决策外化结果；而如果公司处于财务资源紧缺的发展阶段，就容易导致不合理权衡财务风险、不综合考虑融资成本的盲目筹资等非优化财务行为的发生。

同时，与公司财务决策相关的系列假设条件，即预期稳定性应当是财务责任自然属性在公司价值创造中发挥出原则性指导作用的另一个基本前提。事实上，这一系列假设条件的预期稳定要求从微观层面来说，其主体就是公司——利益相关者间合作关系的预期稳定性。因为公司是契约的联结体，也是利益相关各方合作的价值创造平台，故公司与利益相关者合作关系的预期稳定性就主要代表了公司财务决策中对非系统性风险的假设条件要求。客观地讲，公司与利益相关者之间的合作关系其实并不总是稳定不变的：因为公司与利益相关者之间的合作关系往往以财务关系为纽带，一旦公司与利益相关者之间的财务关系发生变化，公司与利益相关者的合作关系就有可能随之变化，合作关系的变化就是对合作关系预期稳定性的否定。那么，如果公司与利益相关者之间的合作关系不具有预期的稳定性，而合作关系在财务决策之后一旦发生了显著性变化，则原来预期很可能得到的协作收益或交易成本的减少就可能无法按照预期的那样发生，糟糕的情况下甚至还会出现与预期相反的变化，那么财务责任自然属性对公司财务决策的原则性指导，得到的就有可能不是收益而是损失了。

综上，财务责任的自然属性在公司价值创造中发挥原则性指导作用的基本前提条件主要有两个方面：其一是需要具备作为原则载体和原则判断基准的方向性指引，其二是公司价值创造相关假设条件的预计稳定性。那么，发展战略①作为公司最高层面，同时也是最凝练的发展规划，显然最适合作为财务责任自然属性的原则化载体，为公司战略提供明确恰当的方向性指引。同时，从公司可以控制或可以积极影响的视角来看，公司与利益相关者合作关系的预期稳定性是公司价值创造相关假设条件的预计稳定性的主要方面。

---

① 《企业内部控制指引第2号——发展战略》（2010）对发展战略的定义是，发展战略是指企业在对现实状况和未来趋势进行综合分析和科学预测的基础上，制定并实施的长远发展目标与战略规划。

（二）公司财务责任社会属性的价值机理有效运行的前提条件分析

如前所述，公司对财务责任社会属性的具体履行往往会在公司价值创造的产出成效上发挥重要的调节性作用。也就是说，公司对利益相关各方财务责任的履行情况，是联结和深化公司与利益相关各方的价值创造协同合作关系的关键因素，也是影响公司价值创造效应的重要调节性变量。

需要进一步指出的是，与财务责任的自然属性相类似，财务责任社会属性价值机理的有效运行与作用发挥同样是需要前提条件的。公司对利益相关各方的财务责任履行往往以公司财务利益的流出或以某种具体的分配为方式进行，从而必然导致公司财务性支出的增加。然而，这些财务性成本的支出却并不必然带来公司可持续价值创造的实现。例如，债权人是公司财务资本的重要提供者之一，公司理应积极履行对其财务责任以激励债权人在公司价值创造中付出更多的协同合作并承担更多的剩余风险。显然，如果公司对债权人一直按时清偿甚至提前清偿本息，作为回应，债权人在正常情况下会愿意积极响应公司的融资需求以协同公司的价值创造要求。但是，如果公司对债务资本的筹集与运用背离了与公司当前发展阶段相适应的最优资本结构调整方向。例如，由于缺乏发展战略的指导以较低融资成本获得的财务资金无法落实到投资项目；又例如，公司处于平稳的战略发展期却筹集了过多的债务资金等，这些不能较好地发挥出债务资金的杠杆价值。那么，在这些情况下，对公司债权人财务责任的积极履行并不能推进和提升公司的可持续价值创造。

又例如，管理层和员工是公司实现价值最大化的直接实践主体，只有对人力资本投入给予足够的财务回报才能实现激励相容。如果管理层和员工只能获取低于市场合理报价的财务回报，那么他们也一定也只愿意付出低于市场平均人力资本贡献率的实际贡献，那么这就会使得公司缺乏行业竞争力而走向困境。然而，当公司支付了管理层和员工与市场平均报价相当的薪酬与福利待遇，但如果在薪酬制度中缺乏与公司发展战略（当前发展阶段）相适应的考核性和激励性元素（条款），却仍然不能保证管理层和员工付出与市场平均人力资源贡献率相当的人力资源贡献，那么自然也就不能够为公司可持续价值创造提供有力的人力资本支持。

这是因为，通过公司财务责任社会属性的具体履行来促进和提升公司价值创造效应的方式，从根本上来讲，是一种间接影响方式。这一方式的内在机理可以描述如下：公司通过财务责任社会属性的具体履行→基于财务要求期望的利益相关方评价→利益相关方满意度提升→利益相关方对公司"多元专用性资本"① 的进一步投入与维护→公司在发展战略的规划与实施中充分利用各种专用性资本的价值创造属性→公司价值创造效应的提升。换言之，财务责任社会属性的具体履行带来的实质性变化是基于利益相关方评价基础上"多元专用性资本"的维护与增加，这构成了提升公司价值创造效应的一种必要非充分条件：要提升公司价值创造的产出效应，往往需要依靠基于公司财务责任社会属性具体履行而培育的"多元专用性资本"对公司发展战略在更大程度上的协同配合与大力支持；但通过财务责任履行对"多元专用性资本"的积极培育却不一定能够带来公司价值产出效应的提升。例如，有的公司本来就缺乏明确合理的发展战略，又或者有的公司的发展战略与公司财务责任社会属性的具体履行间缺乏紧密的内在联系等，那么，这些情况都将导致"多元专用性资本"对公司价值创造效应提升的无效率性。

因此，公司财务责任社会属性在具体履行中价值机理的实现与作用发挥，与公司财务责任的自然属性一样，也是需要基本前提条件的。根据上面的分析，显然需要两个基本前提：其一是公司应当规划设定有明确合理的公司发展战略；其二是财务责任社会属性的具体履行与公司发展战略之间能够建立和保持协调一致的关系。如果这两个具体条件得以满足，则公司对利益相关各方财务责任的积极履行一开始就是围绕公司发展战略而展开的，那么由此形成和增进的"多元专用性资本"亦必然与公司发展战略密切相关。于是，通过对利益相关各方履行财务责任而培育的"多元专用性资本"中的价值创造属性就往往能够较好地、较为自然地与公司发展战略的具体实施相协同、相结合、相统一，从而形成更广泛、更充分的公司价值创造合力，并最终形成更高效优质的公司价值创造产出效应。而这一系列因果关系的完结，也就意味着，财务责任社会属性的具体履行对公司价值创造产出效应调节性机理的实现。在这里，可以通过上面的两个例子做进一步的论证。例如，在上面的例子中，如果对债权人财务责任的积极履行能够与公司投资战略有机结合，则公司所得到的低成本债权融资就可以很好地为公司投资决策和投资活动提供有力支持，那么对债权人财务责任的积极履行就能实现对公司价值创造的调节性促进效应。同样的，如果对管理层和员工的财务责任履行能够与公司薪酬战略紧密结合，就能够通过激励效应收获人力资本在更大程度上对公司价值创造产出的贡献效应。

---

① 温素彬：《企业社会责任影响财务绩效的传导机理：基于多元资本共生的理论解释框架》，《会计之友》2014 年第 3 期。本书认同温素彬教授提出的"多元专用性资本"的概念。

二、财务责任不同属性在公司价值创造中的统一性与矛盾性

（一）公司财务责任不同属性在公司价值创造中的统一性关系分析

如前所述，公司财务责任的自然属性确立了公司价值创造的内在基本财务原则，公司财务责任社会属性的具体履行则可以促使利益相关各方发挥出对公司价值创造的外在协同推动作用。前者作为公司内在推动价值创造的积极性财务责任因素，后者作为公司外在推动价值创造的积极性财务责任因素。由此，内外两方面财务责任因素之间就具有统一的理论联系与可行的实践基础：在理论联系上，两者围绕公司价值创造缔造了理论和逻辑上的共同语境；在实践基础上，两者同属于公司财务责任的范畴，在公司追求价值创造的财务活动中又具有相互配合统一的现实可行性。如以公司融资中的价值创造为例：一方面，公司财务责任的自然属性会通过内在财务原则的方式要求和指导公司财务动态调整优化公司资本结构，从而通过融资来源比重的结构性调整来提升和增加公司的价值；另一方面，公司财务责任的社会属性通过积极履行对债权人和股东财务责任的方式，可以发挥出前述的资本集聚性价值创造调节效应，从而可以以更低的融资成本获取更多的财务性资本。那么，此时公司财务责任自然属性与社会属性的双向履行就能形成内外统一的联合协同效应，从而助力公司在融资活动中更有成效地发现和创造出更多的潜在价值。

另外，公司财务责任不同属性在公司价值创造中的统一性关系也可能集中于公司同一个战略决策之中，这可以以公司环保投资决策为例。一方面，环保投资有助于公司实现生产经营在技术结构和价值结构上的转型升级，从公司财务责任自然属性的价值机理来看，这体现了从公司长远发展着眼追求可持续价值创造的内在原则性指导与责任性要求。另一方面，环保投资又有助于改善公司所在地区的环境状况和生态维持能力，从公司财务责任的社会属性来看，这是公司对投入了公共资本的利益相关者（政府和所在社区）积极履行财务责任的表现。因为这意味着公司通过财务决策将使用环境的外部成本内化为公司投资和运行成本的构成部分，其实质是公司对政府和所在社区的一种财务性回报责任的履行（减少了政府和所在社区为维持环境状况的财务性支出）。那么，这既有利于公司在行业中建立的良好声誉，也有助于公司从公共资本投入者处获取更多的专用性资本（资源）及协同性支持[1]，这些都将从公司外部推

---

[1] 《中华人民共和国环境保护法》（2014 年修订）第二十一条：国家采取财政、税收、价格、政府采购等方面的政策和措施，鼓励和支持环境保护技术装备、资源综合利用和环境服务等环境保护产业的发展。

动和提升公司价值创造的产出效应。因而财务责任二重属性的价值创造机理统一于公司环保投资这一项财务决策当中。

（二）公司财务责任不同属性在公司价值创造中的矛盾性关系分析

财务责任的自然属性与财务责任的社会属性在公司价值创造中并不总是协同统一的，有的情况下，它们之间甚至表现为相互排斥、相互矛盾。这就是财务责任不同属性在价值创造中还同时存在着潜在矛盾的另一方面，而这种潜在矛盾性可能会对公司价值创造形成不利的影响。

例如，在经济转型的大背景下，公司为研发、设计新产品进行生产设备和生产技术的创新投资是一个符合财务追求原则指导的有利于追求公司可持续价值创造的财务决策行为。由于创新投入往往会引起公司对专用性原材料资源在品种、品质等方面需要的显著改变，这时公司显然需要供应商的支持和协同配合。但如果公司因为创新投资占用了较多的财务资源而导致对供应商货款的支付延迟甚至大额拖欠，那么，公司可能会面临因为缺乏供应商的支持配合而出现的种种非预期困境。这是因为，公司创新产品的投资行为显然比经营原有成熟产品具有更大的市场风险，于是协同性合作意味着供应商需要增加专用性投资并一起承担新的增量剩余风险，而这在供应商边际财务收益下降的境况下显然难以得到他们的支持与响应。非但如此，而且还有可能出现更糟糕的情况：供应商由于货款被拖欠，不但不会增加新的专用性投资，而且可能不再愿意以先前建立的合作方式继续与公司合作，反而对公司提出更高交易成本的合作条款。此时财务责任的不同属性在价值创造中表现为矛盾性关系而非统一性关系，这将导致公司创新投资的财务效益由于缺少一体化协作效应而大打折扣。无疑，如果公司出于财务资源稀缺性的考虑，减少或忽视了对客户（分销商）的财务责任履行问题，那么可能导致下游价值链流转不畅，将进一步加大公司在创新投资中面临的不可预期困难，从而使得公司这一财务决策在实践中的财务效果无可避免地远低于预期，甚至还可能面临失败。

基于这样的例子分析，我们可以从中归纳出财务责任不同属性在公司价值创造中存在潜在矛盾性关系的两方面主要原因：其一，由于公司资源始终具有稀缺性特征，因而公司遵循财务责任自然属性所进行的生产性资源投入与公司为履行财务责任社会属性所需要承担的财务资源付出之间，就有可能在某些时候会出现矛盾的选择，这是两者间潜在矛盾性的物质基础；其二，如前文所述，无论是财务责任的自然属性还是财务责任的社会属性，其价值机理都需要借助公司发展战略为载体来实现，这也就意味着，任何一方面的财务责任如果偏离了反映公司发展战略的方向性指引，其价值机理就很可能不能正常地发挥作用，那么这样的情况同样可能招致财务责任不同属性在公司价值创造中的矛盾性关系，这是两者间潜在矛盾性的管理基础。

总而言之，财务责任的不同属性在公司价值创造的过程中，既具有内在统一的理论依据与实践基础，又存在着潜在矛盾的物质基础和管理基础。

三、财务责任统一性价值机理的形成：以发展战略为中心的内外协同统一

由于公司财务责任不同属性之价值机理的有效运行有前提条件，同时，公司财务责任不同属性之间又存在着统一性和矛盾性，因此，这就需要一个能够代表公司根本发展方向的核心平台来为公司财务责任体系的整体协调运行提供有机联结的中介、运行载体和方向指引。

根据我国《企业内部控制指引第 2 号——发展战略》（2010）第二条："本指引所称发展战略，是指企业在对现实状况和未来趋势进行综合分析和科学预测的基础上，制定并实施的长远发展目标与战略规划"，发展战略代表了公司的发展方向和根本发展要求，是企业执行层行动的指南。因此，公司发展战略也是融合和协同公司财务责任不同属性的最佳联结中介与最佳整合平台。

事实上，当以公司发展战略为联结中心时，公司财务责任不同属性之价值机理的运行前提条件将得到满足和齐备。当以公司发展战略为协同中心时，公司财务责任不同属性间潜在矛盾性关系将向统一性关系转化，即此时财务责任的自然属性与社会属性才能够在公司价值创造活动中展现出协同统一、相辅相成的价值机理。

（一）财务责任价值机理前提条件的满足：公司发展战略为联结中心

根据上文，公司财务责任不同属性价值机理有效运行的前提条件如表 2-5 所示。

表 2-5　公司财务责任不同属性价值机理有效运行的前提条件表

前提条件	公司财务责任自然属性价值机理有效运行的前提条件	公司财务责任社会属性价值机理有效运行的前提条件
基本前提条件之一	具备作为原则载体和原则判断基准的方向性指引	具备与公司发展要求相适应的公司发展战略
基本前提条件之二	公司价值创造相关假设条件的预计稳定性	财务责任社会属性的具体履行与公司发展战略之间能够建立和保持协调一致的关系

从表2-5可知，公司财务责任不同属性的价值机理运行要求在第一个方面的基本前提条件上是完全一致的，只是理解的角度有所不同。这是因为，公司发展战略作为最凝练的公司发展方向和总体发展规划，无疑最适合作为财务责任自然属性的方向性指引。所以，无论是公司财务责任的自然属性还是社会属性，其价值机理有效运行的第一个基本前提都是需要有与公司发展要求相适应的公司发展战略为载体和指引。

实际上，在第一个方面基本前提条件的基础上，对第二个方面的基本前提条件而言，公司财务责任的自然属性与社会属性之间实质上构成了一种相辅相成、互为前提和互为保障的双向关系。首先，从公司可以积极影响的边界来看，公司与利益相关者合作关系的预期稳定性是"公司价值创造相关假设条件的预计稳定性"的主要方面，而这一预期稳定性又在很大程度上取决于公司财务责任社会属性的具体履行情况。这就意味着，公司财务责任社会属性的具体积极履行实质成了公司财务责任自然属性价值机理得以有效运行的第二个基本前提条件。其次，财务责任社会属性的具体履行与公司发展战略之间协调一致的关系并不能够自然形成，这是两者所在层面不同、形成根据不同和运行机理不同等根本性差别所决定的。因此，这就需要在以公司价值创造为导向、提供了一贯性可靠价值判断依据和价值指导作用的基本性原则的正确指引下，科学合理确定两者间有机的、恰当的契合方式与契合路径，从而有效建立两者间协调一致的持续性内在联系。毫无疑问，两者间重要的衔接工作当由公司财务责任的自然属性来承担最为适合。因此，财务责任自然属性价值机理的有效运行，实质上又反过来成了公司财务责任社会属性价值机理得以有效运行的第二个基本前提条件。

也就是说，公司发展战略能够同时给予了公司财务责任不同属性以方向指引和载体依托，在此基础上，财务责任的自然属性与财务责任的社会属性之间才能够形成相辅相成、互为前提的一致性联系。由此可见，当公司发展战略作为公司财务责任不同属性的联结中心之时，公司财务责任不同属性价值机理得以有效运行的前提条件就得到了满足和齐备。

（二）财务责任不同属性潜在矛盾性关系的转化：公司发展战略为协同中心

如前所述，财务责任的自然属性与财务责任的社会属性间的内在统一性有利于公司价值创造效应的联合性加强，而两者间潜在的矛盾性关系却不利于公司价值创造效应的形成和发生。为将两者间的潜在矛盾性关系转化为统一的价值创造协同关系，参考波特在《竞争战略》（*Competitive Strategy*）中的经典观点，本书认为，公司财务责任以公司发展战略为联结中心和协同中心，是最佳的矛盾协调方式。

公司发展战略不但是财务责任不同属性的最佳联结中心，还是两者潜在矛盾性关系有效转化的可靠协同中心，这是公司发展战略在公司价值创造中所起到的根本性主导作用所决定的。如前所述，公司财务责任两种不同属性的潜在矛盾性有物质和管理两个方面的原因。物质原因在于公司资源的稀缺性导致的财务配置冲突。对此，只要公司财务责任的不同属性以公司发展战略为联合和协同中心，这一潜在的财务配置冲突就可以内化为公司财务决策中的配置约束条件，从而该冲突以约束条件内置于公司财务决策之中，可以确保财务责任不同属性间内在关系的协同统一性。管理方面的原因在于公司财务责任不同属性的履行在整体方向上如果存在不一致，则公司财务责任和公司发展战略同样难以形成合力。对此，只要以公司发展战略为公司财务责任不同属性的联合和协同中心，则两者在管理导向上就能紧贴发展战略的统一导向而不偏离，由此从管理基础上保障了两者间的协同统一性。

如果细致观察星巴克对供应商财务责任的系统化管理方式，就会得到更深的启示。星巴克作为世界百大知名品牌之一，在原材料采购上握有明显相对优势的话语权和议价权。但星巴克从未因为其在行业中的强势地位而随意拖欠、挤占供应商货款。相反，星巴克一直投入了大量的财务资源来扶持和培养长期合作的咖啡豆供应商，而这在产品创新的领域上体现得尤为明显。例如，为了更好地提升咖啡的天然品质与更好地丰富星巴克咖啡独特的口感，星巴克常常通过提供全程信用贷款的财务支持的方式以推动咖啡农场主种植更多的有机咖啡、黑咖啡等优质品种①。仅 2001 年这一年，星巴克就在咖啡豆种植农场主的信用贷款援助上投入了 950 万美元。如果将农场主借助星巴克信用贷款而专门为其种植优质咖啡豆品种的行为视为供应商对星巴克公司的专用性资源投入，星巴克公司提供全程信用贷款的财务支持方式就可以理解为对供应商财务责任的前置履行。那么，当星巴克在计划开发新产品和提升产品的天然品质以提升公司价值创造能力（财务责任自然属性的内在原则性要求）时，它是与产品创新相关的供应商财务责任履行要求（财务责任社会属性的外在具体履行要求）以有机联系的方式，一起协同进行规划和决策的。在这一过程中，星巴克不但有效地获得了长期稳定优质的专用性原材料供应，而且在原材料货

---

① 冯小宇. 企业社会责任与竞争力研究 [D]. 北京：首都经济贸易大学，2008：60-80.

款上得到了特别的折扣和价格优惠。此外，星巴克还有效节省了与供应商合作的交易成本，这充分展现了公司财务责任内外统一性价值机理在以公司发展战略为联结和协同中心下的形成特征与运行方式。

由此，公司财务责任的自然属性与公司财务责任的社会属性都是公司价值创造中必要的财务性驱动因素，前者为公司价值创造确立内在基本财务原则，后者为公司价值创造凝聚和深化公司与利益相关各方的外在协同合作关系，两者在以公司发展战略为中心的有机结合和统一协同指挥下，一内一外、相互协同、相互呼应地在公司价值创造过程中配合成公司财务责任的统一性价值机理。

因此，融入公司发展战略的公司财务责任统一性价值创造的逻辑关系图如图 2-1 所示。

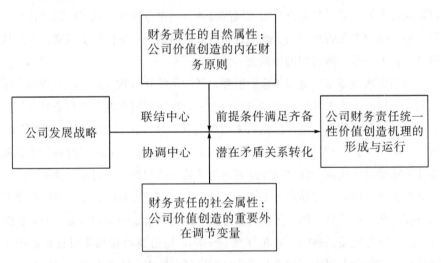

图 2-1　融入公司发展战略的财务责任统一性价值创造逻辑关系图

在此基础上，把以公司发展战略为中心的财务责任统一性价值创造机理的形成逻辑与运行方式具体纳入公司财务体系的框架，将得到公司财务责任运行机理的整体逻辑关系图，即将第一章中的图 1-4 拓展为图 2-2。

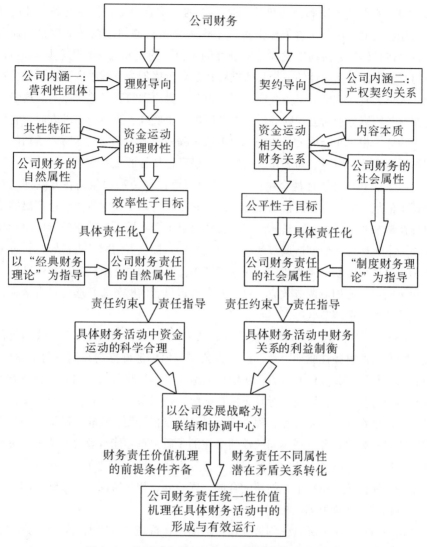

图 2-2　公司财务责任运行机理的整体逻辑关系图

本章小结

本章解析了公司财务责任的价值创造机理，并通过武钢多元化案例、星巴克价值链管理案例等典型案例对公司财务责任的价值创造机理进行了较为深入的论述。通过研究，本章形成了如下研究观点：

（1）在制度规制和公司价值创造要求的二重合力下，公司财务责任的自然属性实质上是在公司价值创造过程中作为公司财务的内在基本性原则而存在，并在具体财务活动中发挥着基础性的规范、约束和指导作用。具体而言，公司财务责任自然属性的三个具体维度在公司价值创造过程中实际表现为公司财务的三大基本原则：财务底线原则、财务边界原则与财务追求原则。这三大内在财务原则分别为公司财务活动的开展确定了底线、边界与追求方向。它们三位一体，相互配合成公司追求价值创造过程中财务决策与具体财务活动的原则体系，为公司财务参与公司价值创造提供了框架性的重要指导。

（2）公司财务责任社会属性的具体履行可以促使利益相关各方发挥出对公司价值创造的外在协同推动作用，因为它是作为影响公司价值创造产出的重要外在调节变量而存在。具体而言，公司对财务资本提供者的财务责任履行将带来资本集聚性价值创造调节效应；对人力资本提供者的财务责任履行将带来激励相容性价值创造调节效应；对市场资本提供者的财务责任履行将带来准一体化协同性价值创造调节效应；对公共资本提供者的财务责任履行将带来声誉形成性价值创造调节效应。

（3）公司财务责任的自然属性与公司财务责任的社会属性都是公司价值创造中必要的财务性驱动因素，前者为公司价值创造确立内在基本财务原则，后者通过具体财务责任履行为公司价值创造凝聚和深化公司与利益相关各方的外在协同合作关系，因而两者具有内在的统一性联系。但客观上，两者又具有潜在矛盾关系的物质基础和管理基础。只有当以公司发展战略为联结中心和协同中心时，公司财务责任不同属性间潜在的矛盾关系才能有效地向统一性关系转化。换言之，财务责任的自然属性与财务责任的社会属性在以公司发展战略为中心的协同统一指挥下，能够配合成一内一外、相互协同、相互呼应的公司财务责任统一性价值创造机理。

这一章厘清了财务责任创造公司价值的内在机理与具体现实效应，为本书进一步展开实证检验提供了理论依据。

第三章　财务责任融入公司融资战略的价值创造实证检验

　　由于公司资源和公司管理的双重相对稀缺性，公司财务责任自然属性与财务责任社会属性各自的履行要求常常既相辅相成，又时而有所矛盾。

　　对此，第二章已经述及，只有当公司财务责任融合到公司发展战略中时，代表公司财务责任自然属性的价值创造内在原则性与作为公司财务责任社会属性具体履行效应的外在协同性才能够在公司价值创造、提升的过程中形成相互呼应、相互配合、协同统一的运行机制，而两者之间原先潜在的矛盾通过发展战略的指引与协调得到理顺与统一。

　　基于此，本书拟以不同类型的公司战略为研究背景，以我国上市公司公开财务数据为依据，实证检验公司财务责任二重属性融入公司发展战略中的统一性价值创造效应，从而印证公司财务责任统一性价值机理的客观存在性与普遍适用性。

　　考虑到公司财务责任社会属性的具体履行分别指向不同类型的利益相关者，本书分别从公司融资战略、人力资本战略、市场战略与环境战略这四类典型的公司战略出发，在第三章至第六章依次对公司财务责任融入公司战略的统一性价值创造效应进行实证检验，从而较为全面地验证公司财务责任融入公司发展战略的统一性价值机理。为保障实证分析的统一性，在这四章实证分析中，本书均使用了一致的被解释变量代理指标与控制变量指标。实证分析结果表明，这一统一性价值机理在实践中得到了全方位的印证，这为提升公司责任治理效率与拓展责任治理机制提供了新的启示。

第一节　理论分析与研究假设

一、理论分析：财务责任在公司融资战略中的融入及其影响

融资战略既是公司战略的重要构成，也是公司财务活动的起点。根据资本结构相关理论，融资战略与公司价值有着紧密的内在联系。根据资本结构相关理论，融资活动将通过改变资本结构而影响公司价值。因此，出于对资本结构优化的持续追求，公司的融资战略主要体现为对公司资本结构的配置选择与动态调整。这一动态调整过程，也是公司有序履行与融资活动相关的财务责任二重属性的过程。

一方面，从财务责任自然属性来看，公司的融资战略应当以对公司最优资本结构的内在追求原则为主线，因为资本结构的优化有利于公司价值的成长；另一方面，在融资战略活动中，股东和债权人都为公司提供了财务资本，因此承担了最直接的公司剩余风险，也因而对公司拥有最直接的风险补偿性财务要求。于是，公司对财务资本提供者的财务责任履行，即与融资战略相联系的公司财务责任社会属性的具体表现。在融资战略的起点，资本结构的配置选择初始化了公司对股东及债权人的财务责任，为与融资战略相联系的财务责任社会属性确立了起点和外在客体。在进一步的融资战略活动中，因为公司资本结构的动态调整过程在实质上正是公司与财务资本投入者股东及债权人之间的博弈与再博弈过程，于是这一财务责任的履行与再履行在这一动态博弈过程中成了公司驱动和放大资本集聚性价值创造效应的重要激励方式与信息传递机制。

二、研究假设

"资本结构动态调整旨在通过融资的优化选择以追求公司价值的最大化实现[①]"。因此，在融资战略活动中，财务责任的自然属性即主要体现在对于最优资本结构的内在追求原则上。换言之，在公司融资战略中，积极追求公司资本结构的不断优化，便是公司积极遵循公司财务责任自然属性的内在要求的外在表现方式。因而，根据 MM 理论等资本结构理论，在公司融资战略中，与融资战略相联系的公司财务责任的自然属性为公司融资战略创造公司价值确立了

---

① 姜付秀，屈耀辉，陆正飞，等. 产品市场竞争与资本结构动态调整［J］. 经济研究，2008（4）：99-110.

正确的发展与调整方向，这为公司更好地利用财务杠杆以追求公司价值的最大化提供了融资维度的实现路径。据此，本章提出假设1：

假设1：在公司融资战略活动中，在其他条件相同情况下，公司越积极遵循财务责任自然属性的内在原则性要求，就越有利于公司价值的提升。

同时，公司融资战略和融资决策是以利益相关方股东和债权人承担公司剩余风险为前提的，故公司积极履行对财务资本提供者股东和债权人的回报性财务责任是公司财务责任社会属性在融资战略中的具体表现。在融资战略中，公司对股东和债权人财务责任的积极履行行为，是一种具有积极激励效应的财务责任行为。例如，给予股东良好财务回报的公司，其公开股权融资往往更被资本市场认可，其股权融资战略往往能够更有效地实施和调整；又如，积极履行对债权人财务责任的公司，由于信用评级相对较高而往往可以顺利发行利率相对较低的债券，于是此类公司往往能够以相对较低的财务成本获得相对充分的债务资本融资，进而更有效地实施和调整其债务融资战略。因此，在融资战略中，公司财务责任的社会属性的履行情况在事实上成了能够影响财务资本集聚性价值创造效应的调节性变量。因而，它需要与代表了公司融资战略内在要求的财务责任的自然属性相结合，才能形成协同创造公司价值的交互效应。由此，本章提出假设2和假设3：

假设2：在公司融资战略活动中，在其他条件相同情况下，公司对财务责任自然属性的遵循与公司对股东财务责任的积极履行之间具有协同提升公司价值的创造效应。

假设3：在公司融资战略活动中，在其他条件相同情况下，公司对财务责任自然属性的遵循与公司对债权人财务责任的积极履行之间具有协同提升公司价值的创造效应。

已有研究表明，负债水平是影响公司资本结构调整的重要因素。毫无疑问，不同负债水平下，公司进行资本结构调整的边际成本是不一样的，进而有可能影响到公司的资本结构调整决策。但不论公司负债水平过高还是负债程度不足，都不是公司追求价值最大化的理想状态，向最优资本结构调整都大有裨益：负债过度的公司需要通过向最优资本结构调整以降低陷入财务困境（破产）的风险，从而通过风险的控制有效降低融资成本进而提升公司价值；负债程度不足的公司则需要通过向最优资本结构调整以更充分地利用负债成本的杠杆效应，从而通过增加税后利润的方式提升公司价值。同时，不论公司负债水平过高还是负债程度不足，只要公司积极履行对股东和债权人的财务责任，在其他条件相同的情况下，也都将得到股东和债权人对于公司融资战略调整的积极有效的协同性支持。

可见，不论公司负债水平过高还是负债程度不足，财务责任围绕融资战略形成协同提升公司价值的创造效应的前提条件都同样齐备和奏效。由此，提出假设4和假设5：

假设4：在不同程度的负债水平下，在其他条件相同情况下，公司对财务责任自然属性的遵循与公司对股东财务责任的积极履行之间都具有协同提升公司价值的创造效应。

假设5：在不同程度的负债水平下，在其他条件相同情况下，公司对财务责任自然属性的遵循与公司对债权人财务责任的积极履行之间都具有协同提升公司价值的创造效应。

公司产权性质在我国对公司融资具有特殊的客观影响性，故在研究公司融资战略相关问题（如资本结构调整）时需要加以特别的关注与考虑。例如，姜付秀和黄继承提出，由于国有公司与非国有公司在激励约束机制方面存在较大的差异，国有公司有可能在资本结构调整方面存在动机不足（努力程度不足）的问题。盛明泉等的研究发现，"预算软约束"作为融资补救措施的预期程度越高，则国有公司对于资本结构调整的边际需求越弱。

这些研究表明，"预算软约束"等特殊问题的客观存在影响了国有公司融资预期的科学性和准确性，改变了国有公司融资的边际成本与约束边界，从而影响了国有公司融资战略与公司发展实际需求的合理匹配性。这意味着，公司融资战略中财务责任的自然属性（对融资战略和融资活动的财务优化追求）没有得到较好的遵循，这是国有公司融资活动效率降低的本质原因。同时，这些问题还弱化了国有公司与财务资本投入者股东及债权人之间的财务责任联系。例如，有时银行对国有公司提供融资并不是因为满意于后者的财务责任履行情况，而是由于"预算软约束"的持续存在性。

因此，结合本章的理论分析，可以合理推断，由于国有公司融资战略中的财务责任要求被弱化，故非国有公司应该更有利于公司财务责任统一性价值创造效应的实现，由此提出假设6和假设7：

假设6：相较于国有公司，在其他条件相同情况下，非国有公司对财务责任自然属性的遵循与对股东财务责任的积极履行之间协同提升公司价值的程度更为显著。

假设7：相较于国有公司，在其他条件相同情况下，非国有公司对财务责任自然属性的遵循与对债权人财务责任的积极履行之间协同提升公司价值的程度更为显著。

第二节　研究设计

本章研究设计包括两个阶段，第一阶段的研究为第二阶段的研究做理论铺垫和数据准备，第二阶段的研究是本章主要需要检验的内容。第一阶段中拟合估计的被解释变量是公司资本结构调整速度（用 δ 表示），第二阶段研究的被解释变量是公司价值（用托宾 Q 值代表），第一阶段估计得到的资本结构调整速度 δ 将作为第二阶段研究的解释变量之一来参与第二阶段的回归估计。

一、变量定义

（一）第一阶段研究的变量定义

在融资战略活动中，财务责任的自然属性主要体现在对于最优资本结构的内在追求原则上。现有研究表明，资本结构调整速度 δ 能够较好地反映这一特征。但资本结构调整速度 δ 无法直接观测，所以我们需要在第一阶段中将其作为被解释变量通过拟合估计获取，再代表财务责任自然属性作为解释变量参与第二阶段对公司价值的回归估计。

1. 被解释变量

资本结构调整速度 δ，反映了公司在资本结构调整过程中，由上期末实际资本结构向本期目标资本结构调整速度的快慢。参考连玉君和钟经樊的做法，本书将通过对资本结构部分调整模型运用非线性最小二乘法的迭代估计获得。

在运用资本结构部分调整模型对资本结构调整速度 δ 进行拟合估计的过程中，我们需要同时对目标资本结构进行拟合估计，因为资本结构调整速度 δ 是相对应目标资本结构而言的。因此，资本结构 Lev 构成了第一阶段研究的另一个被解释变量。具体估计模型与估计方法见模型设定部分。

2. 解释变量

本章参考了弗兰纳里和冉根（Flannery & Rangan）、拜恩（Byoun）、库克和唐（Cook & Tang）、姜付秀等和盛明泉等的研究，选用了以下 6 个影响目标资本结构的解释变量[①]：公司规模（Size）、公司有形资产比（PTA）、公司成长性（GI）、公司盈利能力（Roa）、公司非债务税盾（PDep）和行业资本结

---

① 以弗兰纳里和冉根等关于资本结构动态调整的经典文献为基础，结合参考已有的针对中国上市公司的相关研究成果，从而确定了这 6 个较为具有代表性的影响目标资本结构的解释变量。

构中位数（MLev）。

此外，由于我国不同产权性质的公司的融资情况具有较大差异，例如，非国有企业可能会在银行信贷中受到"金融歧视"，国有企业由于具有融资渠道较宽、融资成本较低等相对优势而可能存在对资本结构优化关注度不足等情况，本书还进一步控制了公司所有制性质（State）。最后，由于上期资本结构（SqLev）和资本结构预期偏离度（Distance）与调整成本和调整收益关系密切，是调整速度的重要因素，本书亦控制了这两个变量。

综上，本章研究第一阶段的变量定义如表3-1所示。

表3-1 变量定义表1

分类	变量名称	变量含义	度量标准
被解释变量	Lev	资本结构	总负债/总资产
	δ	资本结构调整速度	对资本结构部分调整模型运用非线性最小二乘法的迭代估计获得①
解释变量	Size	公司规模	公司总资产的自然对数
	PTA	公司有形资产比	（固定资产+存货）/总资产
	GI	公司成长性	公司营业收入增长率②
	Roa	公司盈利能力	EBIT/上期末总资产与本期末总资产的平均余额
	PDep	公司非债务税盾	固定资产折旧/总资产
	MLev	行业资本结构中位数	同一行业的公司在同一年度的资本结构中位数
	State	公司所有制性质	如样本上市公司为国有控股，取值为1，否则为0
	SqLev	上期资本结构	上一年度的总负债/上一年度的总资产
	Distance	资本结构预期偏离度	本期目标资本结构与上期资本结构之间差额的绝对值③

（二）第二阶段研究的变量定义

第二阶段旨在对财务责任二重属性融入公司融资战略的统一性价值创造效应进行分析检验。

---

① 这里借鉴的是连玉君和钟经樊的估计方法。
② 这一做法参考了盛明泉等与郝东洋、王静和张天西的研究观点。
③ 参考了连玉君和钟经樊的研究观点。

1. 被解释变量

由于要检验财务责任履行与公司价值创造的内在关系，因此被解释变量为公司价值。由于公司价值测度的角度不同，且又往往涵盖账面价值、市场价值、重置价值及清算价值等不同含义，本书对该变量进行界定时，采用托宾 Q 值（TQ）作为公司价值的代理变量，这主要是从市场价值的维度来考虑的。因为托宾 Q 值以资本市场形成的现实指标为基础，它反映了市场基于未来预期对公司当前价值的总体估计，涵盖了市场对公司未来价值、成长性、风险性等各方面的综合考虑。相比之下，账面价值、重置价值及清算价值等其他价值衡量维度均不能较好地反映公司的未来价值与风险性等关键要素。从这个意义上来说，托宾 Q 值是衡量公司价值的一个较为合适的客观指标[①]。具体指标上，本书直接采用了国泰安 CSMAR 数据库中的托宾 Q 值 A 的计算方法与计算结果，即用公司市场价值与公司总资产额的比值，其中公司的非流通股用每股净资产额来进行替代计算。

2. 解释变量

解释变量是与融资战略相联系的且能够较好代表公司财务责任二重属性履行情况的指标。

（1）公司融资战略下财务责任自然属性的度量。

根据本书的界定，公司财务责任的自然属性是现代公司制度下公司追求价值增值之公司自然属性在公司财务层面的原则性体现与责任性要求（见第一章第三节）。公司融资战略一般通过公司资本结构的动态调整来体现和具体实现，而"资本结构动态调整的主旨在于通过融资的优化选择以追求公司价值的最大化实现"[②]，因此，在融资战略活动中，财务责任的自然属性即主要体现在对于最优资本结构的内在追求原则上。

具体而言，本书认为，用公司从原有资本结构向最优资本结构调整过程中的调整速度（δ）（以下简称为"调整速度"）作为与公司融资战略相联系的财务责任自然属性的代理变量，是合理可行的。这是因为，公司对资本结构的调整速度，可以理解为公司财务责任自然属性在公司融资战略和融资决策中的直

[①] 在实证研究中，国内外研究者都大量采用了托宾 Q 值来测度公司价值，国外学者如德姆塞茨和莱恩（Demsetz & Lehn）、巴克莱和霍尔德内斯（Barclay & Holderness）、拉科尼绍克（Lakonishok）、施莱弗和维什尼（Shleifer & Vishny）、麦康奈和瑟韦斯（McConell & Servaes）等，国内学者如孙永祥和黄祖辉、汪辉、沈洪涛、毛世平、王端旭和潘奇等。

[②] 姜付秀，屈耀辉，陆正飞，等. 产品市场竞争与资本结构动态调整 [J]. 经济研究，2008（4）：102.

接外化表现：在融资战略活动中，越能遵循和执行财务责任自然属性的公司，其由上期资本结构向本期的最优资本结构调整的速度就应当越快①，从而才越有利于最富有效率地、最大限度地去创造和提升公司价值。

（2）公司融资战略下财务责任的社会属性的度量。

公司财务责任的社会属性主要体现为公司对各利益相关者应当负有给付与其投入公司的专用性投资（为公司承担的剩余风险）相对等的财务利益的责任。与融资战略相联系的利益相关者主要是财务资本投入者股东和债权人。公司为股东赚取股权投资回报无疑是公司履行对股东财务责任的主要方面。参考吕夫（Ruf）等、卡罗尔和朱尔法安（Carroll & Joulfaian）、温素彬和方苑、纪建悦等、王端旭和潘奇等的研究，本章用每股盈余（EPS）来代理和反映公司对股东财务责任的履行情况，因为该指标能够最直接地反映出股东作为首要利益相关方在公司中的财务获利性。

与股东不同，债权人最首要关注的是公司债权的安全性与完整性。因此，对比以权责发生制为基础生成的会计指标，以收付实现制为基础计算而来的现金流指标对债权人利益的保障性更为直接和可靠。参考王晓巍和陈慧的研究中对债权人责任的代理变量设计②，本章采用经营活动净现金流负债比（CTTL）作为实证指标来代理公司对债权人财务责任的履行。这一指标能够较好地揭示公司对总体债务的实际偿还能力，这对于新的负债性融资来说，无疑具有非常重要的参考价值。为确保分析的客观性，其他一些相近的指标在稳健性检验环节将进行替代检验。

3. 控制变量

对于与模型设定相关的主要控制变量 X，本书参考先前文献的相关研究，按照公司财务状况特征类、公司治理特征类、资本市场相关特征类这三个不同层面进行选择和确定，以较为充分、合理地控制住与模型有关的其他各方面影响因素，从而尽可能地减少模型设定中的变量遗漏问题与内生性问题。

第一，公司财务状况特征类控制变量。

在公司财务状况特征类控制变量中，本书选择总资产报酬率（Roa）、资产负债率（Lev）、营业收入增长率（GI）、无形资产密集度（PInA）、公司总

---

① 资本结构调整的过程固然伴随着调整成本的发生与承担，但一般而言，调整的收益是大于调整成本的，换言之，调整速度一般情况下应该大于0，这也正是以 MM 定理为代表的资本结构理论对实践的总结、论证与启示。

② 王晓巍和陈慧（2011）将现金流动负债比作为公司对债权人责任的代理变量，对此，本章采用经营活动净现金流与流动负债之比作为代理指标在稳健性测试中进行了检验，检验结论与主回归的结论完全一致。

资产规模（Size）这 5 个指标来进行反映和控制，它们分别用以代理公司的盈利能力、偿债能力、成长能力、公司资产的结构性特征、公司的规模效应这 5 个不同财务维度的基本特征对公司价值的影响。

对于这一类控制变量的选择主要基于以下考虑：总资产报酬率较全面地反映公司资产运营的综合盈利能力，是影响和评价公司市场价值的基础性因素；资产负债率综合体现了公司整体负债水平，是公司负债总体情况、长期偿债潜力的上佳综合性指标，能够较好地反映公司偿债能力，从而可以成为市场判断公司价值的基本参数之一；公司成长性往往可以通过营业收入增长率 GI 来代理；此外，无形资产密集度用无形资产占总资产比来表示，从公司资产的结构性特征维度反映了公司资产运营的特点与状态，资产结构中无形资产密度高（比重高）的公司往往意味着有更高含量的科技性特征、有更大的机会获取超额收益，从而作为市场评价公司价值的一个重要参考因素；公司规模对其市场价值有重要影响，换言之，公司规模的数量性是影响其市场价值估计的一个基础性财务因素，而这可以从资产与营业收入两个方面来进行公司规模的描述。

第二，公司治理特征类控制变量。

在公司治理特征类控制变量中，本书选择第一大股东持股比（FS）、股权制衡度（SB）、独立董事比例（PID）、董事长总经理是否两职合一（TJ）这 4 个指标来进行反映和控制。其中，第一大股东持股比与股权制衡度（第二至第五大股东持股数之和与第一大股东持股数之比）用于反映和控制公司股权结构对公司价值的影响；而独立董事数占公司董事会比例和两职（董事长与总经理）合一的情况用于反映和控制公司治理结构对公司价值的影响情况。

选择这一类控制变量主要基于以下考虑：第一大股东持股比与公司决策机制有着密切内在联系，进而对公司市场价值形成重要的股权结构性背景影响；同时，现有研究还普遍证实了，股权制衡度可以通过公司股权结构的制衡关系对公司价值形成显著性影响。此外，在公司治理层面上，独立董事在董事会中所占比例对公司财务决策有着一定的制约性效应，而两职合一的情况又构成了公司治理层面具体运行的权力分配特征，从而代表了公司治理层面影响公司市场价值的客观因素。

第三，资本市场相关特征类控制变量。

在资本市场相关特征类控制变量中，本书选择反映公司产权性质（State）、公司股票收益风险（Beta）① 和公司已上市时间（Tlist）这 3 个指标来进行反映和控制。这是因为：其一，是否国有控股的公司产权性质对于公司获得专用

---

① 贝塔（Beta）系数是国内外衡量上市公司风险的通用指标。具体计算时，本书采用普通收益率法并剔除了财务杠杆的影响，数据取自国泰安数据库。

性资源具有不可忽略的制度性背景影响，这是研究中国上市公司不可忽视的一个制度性特征，同样应当作为一个必要控制变量纳入解释公司价值的回归模型中；其二，风险是衡量公司价值的重要控制变量，在计量中可用贝塔值来代表公司风险；其三，上市时间长的公司在信息和整合配置资源方面有能够影响公司价值的经验性优势，因此公司已上市时间长度与其市场价值有一定的相关性。

此外，对于不同年份和行业，本章设置了虚拟变量进行相应的反映和控制。综上，本章在第二阶段研究设计中所用到的代理变量如表3-2所示：

表 3-2　变量定义表 2

	变量名称	变量含义	度量标准
被解释变量	TQ	公司价值	公司市场价值/资产总额，以公司托宾Q值为公司价值的代理变量。其中，计算公司市场价值时公司非流通股份取每股净资产来替代计算
解释变量	δ	资本结构调整速度	通过对资本结构部分调整模型运用非线性最小二乘法的迭代估计获得，作为公司在融资战略中财务责任自然属性遵循情况的代理变量
	EPS	每股盈余	净利润/实收资本本期期末值，作为公司对股东财务责任履行情况的代理变量
	CTTL	经营净现金流负债比	经营活动产生的现金净流量/负债总额，作为公司对债权人财务责任履行情况的代理变量
控制变量	Roa	公司盈利能力	总资产报酬率，EBIT/上期末总资产与本期末总资产的平均余额
	Lev	偿债能力	资产负债率，总负债/总资产
	GI	公司成长性	公司营业收入增长率
	PInA	无形资产密集度	期末无形资产净额/总资产
	Size	公司规模	公司总资产的自然对数
	FS	第一大股东持股比	公司第一大股东持有的股权比例
	SB	股权制衡度	第二至第五大股东持股数之和/第一大股东持股数
	PID	独立董事比例	公司董事会中独立董事所占比例
	TJ	两职合一情况	如董事长与总经理两职合一，取值为1，否则为0
	State	公司产权性质	如样本上市公司为国有控股，取值为1，否则为0
	Beta	公司股票收益风险	用公司股票收益风险来衡量，数据取自CSMAR数据库
	Tlist	上市时间	样本观测年份减去公司上市年份后加1

二、模型设计

本章分两个阶段来进行实证分析检验。在第一个阶段，借鉴弗兰纳里和冉根（Flannery & Rangan）等已有代表性研究中关于最优资本结构动态调整模型的研究成果，设计估计模型以拟合出样本公司的目标资本结构（在已有研究中，最优资本结构与目标资本结构都表达了对同一概念的理论界定，研究者们也往往不加区分地同时使用这两种表达，由于目标资本结构的表达更能体现其可实现性与合理性，故本章统一称为目标资本结构）与资本结构调整速度，由此得到与融资战略活动相联系的财务责任自然属性的代理变量；第二个阶段，将与融资战略活动相联系的财务责任自然属性的代理变量（第一阶段通过模型拟合得到的调整速度）和相应财务责任社会属性的代理变量（从国泰安数据库中获取的每股盈余、经营现金流量负债比等指标）联合起来考察它们对公司价值创造的协同影响，从而对假设进行直接检验。

（一）第一阶段的研究模型设计：对资本结构调整速度的估计模型设计

由于弗兰纳里和冉根、科恩（Byoun）与库克和唐（Cook & Tang）等的经典文献为资本结构动态调整模型应用的合理性与有效性提供了理论支持与实证论证，故本书以这些前期经典文献为基础，并结合参考已有的针对中国上市公司的相关研究成果，来进行模型设定和变量选择。

由于资本结构调整成本的客观存在，在实践中资本结构的调整往往是部分的、不完全的。根据权衡理论，这在很大程度上取决于调整成本对负债杠杆程度带来的相关成本效益预期的改变程度。事实上，已有实证研究表明，无论是中国还是其他国家的上市公司，其资本结构的调整速度都处于相对较慢的程度[①]。因此，可以认为，使用部分调整模型来对调整速度 δ 进行估计，是较为合理可行的。根据弗兰纳里和冉根的研究，一个标准的部分调整模型可以设定如（3-1）所示：

$$\text{Lev}_{i,t} - \text{Lev}_{i,t-1} = \delta_{i,t}(\text{Lev}_{i,t}^* - \text{Lev}_{i,t-1}) + \varepsilon_{i,t} \qquad (3-1)$$

$\text{Lev}_{i,t}$ 为 i 公司在第 t 年年末的实际资本结构，用总负债与总资产之比表示；$\text{Lev}_{i,t}^*$ 表示 i 公司在第 t 年年末的目标资本结构。系数 $\delta_{i,t}$ 表示的是 i 公司在第 t

---

① 法码和弗里奇（Fama & French）研究发现美国公司约资本结构的调整速度为 0.07~0.18，而 Flannery & Rangan 的研究认为美国公司的调整速度约为 0.30；Lf 发现，瑞典公司 1992—1998 年平均调整速度为 0.1；连玉君和钟经樊估计中国上市公司在 1998—2003 年的平均调整速度为 0.311；屈耀辉通过 8 种不同目标资本结构的替代变量分别对调整速度进行估计，结果发现中国上市公司在 1991—2004 年的资本结构调整平均速度较低，基本上在 0.05~0.14 波动。

年的资本结构调整速度。当 $\delta_{i,t}<0$ 时，表明该公司进行的是与目标资本结构相背离的反向调整，从而进一步增大了公司资本结构与目标资本结构之间的偏离度①；当 $\delta_{i,t}=0$ 时，表明由于对调整收益的不经济预期等原因，公司选择了保持原有资本结构比例，未进行任何调整，或者表明公司非常理想地把原有资本结构恰好调整为应有的目标资本结构；当 $0<\delta_{i,t}<1$ 时，表明该公司资本结构在向目标资本结构调整靠拢，但由于调整成本的客观存在而只能部分地缩小与目标资本结构之间的偏离度；当 $\delta_{i,t}>1$ 时，说明该公司的资本结构调整过快，期末的实际资本结构比率超过了目标资本结构的预期调整要求。

把这个标准的部分调整模型进行移项整理，将其表达为更为普遍的函数关系形式，则当期资本结构表达为由本期目标资本结构与上期原有资本结构的加权函数时，权重取决于资本结构调整速度 $\delta_{i,t}$ 的取值，如式（3-2）所示：

$$\text{Lev}_{i,t} = \delta_{i,t}\text{Lev}_{i,t}^* + (1-\delta_{i,t})\text{Lev}_{i,t-1} + \varepsilon_{i,t} \qquad (3-2)$$

在式（3-2）中，$\text{Lev}_{i,t}$ 和 $\text{Lev}_{i,t-1}$ 为可以直接观测获得的本期与上期实际资本结构数据。那么，为估计出调整速度 $\delta_{i,t}$，必须先拟合出无法获得直接观测数据的目标资本结构 $\text{Lev}_{i,t}^*$。根据已有文献的理论分析与实证检验，$\text{Lev}_{i,t}^*$ 可以表达为一组受公司特征、行业、时间等相关因素影响的相应函数，并可通过模型拟合的方式获取其估计值。因此，本章将 $\text{Lev}_{i,t}^*$ 表达如模型（3-3）所示：

$$\text{Lev}_{i,t}^* = \alpha_0 + \sum_j \alpha_j X_{i,t} + \sum_s \alpha_s D_s + \sum_t \alpha_t D_t \qquad (3-3)$$

在式（3-3）中 $X_{i,t}$ 表示的是与目标资本结构相关的主要公司特征。现有文献普遍认为，影响目标资本结构的公司特征 $X_{i,t}$ 包括：公司规模（Size）、公司有形资产比（PTA）、公司成长性（GI）、公司盈利能力（Roa）、公司非债务税盾（PDep）和行业资本结构中位数（MLev）。同时，由于公司性质在我国对公司融资具有特别的客观影响性，例如，研究发现的银行信贷对非国有企业的"金融歧视"现象、国有企业可能对资本结构优化的关注度不足等问题，因此，与姜付秀和黄继承一致，本章在公司特征 $X_{i,t}$ 中加入了公司所有制性质（State）。此外，D_s 表示的是将样本公司所在的不同行业作为控制变量对目标资本结构的客观影响，D_t 表示的是将样本公司所在的不同年份作为控制变量对目标资本结构的客观影响。

此时，将式（3-3）代入式（3-2）中还不足以估计出调整速度 $\delta_{i,t}$。这是

---

① 这无疑是不利于公司价值创造与价值提升的，即没有遵循财务责任自然属性的内在原则要求，与其负值的意义表达一致。

因为，之前大量实证研究已经表明，$\delta_{i,t}$会随着不同公司、不同年份、不同行业而有所变化。与目标资本结构$\text{Lev}_{i,t}^*$类似，$\delta_{i,t}$本身也应该理解为一组受到公司特征、行业、时间等相关因素影响的相应函数。因此，类似地，我们可以将$\delta_{i,t}$的函数关系式表达如式（3-4）所示：

$$\delta_{i,t} = \beta_0 + \sum_K \beta_K Z_{i,t} + \sum_s \beta_s D_s + \sum_t \beta_t D_t \qquad (3-4)$$

在式（3-4）中，$Z_{i,t}$表示的是影响公司资本结构调整速度的主要公司特征。由于公司是以目标资本结构$\text{Lev}_{i,t}^*$为指向进行动态调整的，所以之前作为影响$\text{Lev}_{i,t}^*$的公司特征$X_{i,t}$都应该作为$Z_{i,t}$中包含的公司特征。同时，由于调整成本和调整收益关系密切，上期资本结构（SqLev）与资本结构预期偏离度（Distance）也是调整速度的重要因素，因此这两个变量也应当作为$Z_{i,t}$中所包含的公司特征。另外，D_s表示的是将样本公司所在的不同行业作为控制变量对调整速度的客观影响，D_t表示的是将样本公司所在的不同年份作为控制变量对调整速度的客观影响。此时，再将给定模型式（3-3）和式（3-4）带回到式（3-2）中，则可以求解估计出目标资本结构$\text{Lev}_{i,t}^*$与调整速度$\delta_{i,t}$。

$\text{Lev}_{i,t}^*$和$\delta_{i,t}$在式（3-2）中为交互项，这导致作为整体模型求解的式（3-2）是以非线性的模型关系存在，不能直接采用线性关系进行拟合。因此，本章参考连玉君和钟经樊（2007）对部分动态调整模型的估计方法，采用非线性最小二乘法（Nonlinear OLS）进行估计，迭代方法为高斯-牛顿法。由于实际的目标资本结构$\text{Lev}_{i,t}^*$与调整速度$\delta_{i,t}$都是不可观测的，故需要首先通过对式（3-3）和式（3-4）进行初步的线性拟合来获取有关系数的初始估计值，从而为表达整体模型的式（3-2）的非线性估计提供有关各参数的初始值。

具体而言，首先对目标资本结构$\text{Lev}_{i,t}^*$的式（3-3）进行线性回归，得到式（3-3）中各参数的初始估计值并获取其拟合值$\text{Lev}_{i,t}^*\_hat$；然后，将目标资本结构拟合值$\text{Lev}_{i,t}^*\_hat$代入式（3-1），通过$\delta_{i,t} = (\text{Lev}_{i,t} - \text{Lev}_{i,t-1}) \div (\text{Lev}_{i,t}^*\_hat - \text{Lev}_{i,t-1})$的关系式计算出$\delta_{i,t}$的初始值，再将$\delta_{i,t}$的初始值代入式（3-4）中进行线性拟合来获取式（3-4）中有关系数的初始估计值；最后，将式（3-3）和式（3-4）中有关参数的初始值代入表达整体模型的式（3-2）中，并通过非线性最小二乘法（Nonlinear OLS）对完成目标资本结构$\text{Lev}_{i,t}^*$与调整速度$\delta_{i,t}$最终的迭代估计。

（二）第二阶段的研究模型设计：对公司价值的回归模型设计

在第一阶段实证估计基础上，为检验本章提出的理论假设，参考王端旭和潘奇（2011）检验"利益相关者满足程度"[①] 对公司价值创造之调节性效应的模型设计，建立了如下模型（3-5）。

$$TQ_{i,t} = \alpha_0 + \beta_1 \delta_{i,t} + \beta_2 EPS_{i,t} + \beta_3 CTTL_{i,t} + \beta_4 \times \delta_{i,t} \times EPS_{i,t} + \beta_5 \times \delta_{i,t} \times CTTL_{i,t}$$
$$+ \beta_6 X + \varepsilon_{i,t} \tag{3-5}$$

其中，被解释变量 TQ 代表公司价值，用托宾 Q 值来衡量。解释变量为代表财务责任自然属性遵循情况的资本结构动态调整速度 δ，以及代表财务责任社会属性履行情况的每股盈余 EPS（具体代理公司对股东财务责任的履行情况）与经营净现金流负债比 CTTL（具体代理公司对债权人财务责任的履行情况）。X 代表表 3-2 中列示的相关控制变量，ε 代表随机扰动项。

具体而言，模型（3-5）中剔除两个交互项的回归分析用于检验假设 1 即检验公司融资战略中财务责任自然属性的价值相关性，包含两个交互项的回归分析用于检验假设 2 至假设 7，即检验财务责任二重属性在公司融资战略中的协同统一性价值创造效应。

三、样本选取与数据来源

由于 2007 年起全部上市公司实行新会计准则体系，本章以 2007—2014 年间全部 A 股上市公司为研究样本。在此基础上，按如下标准对初始样本进行筛选：①剔除 B 股上市公司；②剔除金融类等适用特殊会计制度的上市公司；③剔除 ST 及 PT 类上市公司；④剔除净资产小于零的样本公司。由此，在实证分析的第一阶段，共得到 14 658 个公司的样本，对最优资本结构拟合模型进行静态回归，并根据部分动态调整模型通过非线性估计方法估计出了 13 303 个资本结构动态调整速度的拟合数据[②]。在实证分析的第二阶段，剔除经手工补充后仍然存在相关变量缺失值的上市公司样本，最终得到可观察样本 11 515 个。参考姜付秀和黄继承，在计算行业资本结构以及将不同行业作为控制变量的时候，将所有样本公司归类于 21 个不同行业[③]。为控制离群值对结论的影

---

① 本书在文献综述部分已经论述，"利益相关者满足"概念的理论逻辑是分析公司从财务上积极回应和满足利益相关者的"利益索取权"的重要性和价值相关性，其在实证检验中所采用的计量指标也都是以各利益相关相关的财务指标作为代表变量，所以，从公司财务的视角来看待，这些相关概念的提出和探讨实质上是从利益相关者的立场来"换位探讨"公司对利益相关者的财务责任履行情况及其带来的经济后果问题。

② 由于估计过程重要获取上一年度的实际资本结构观测值，故减少了 2007 年度的观测样本。

③ 本书采取了与姜付秀和黄继承的研究完全一致的行业分类方法，即以证监会行业分类标准（2001）为依据，除制造业采用证监会两位行业代码外，其他行业均采用一位行业代码，最终全部样本分属于 21 个行业。

响，保证估计结果的稳健可靠，本章对所有的连续变量在上下 1% 水平上进行了 winsorize 处理。研究所涉及的数据取自国泰安 CSMAR 数据库和 Wind 数据库。

四、估计方法

第一阶段的回归估计中，参考连玉君和钟经樊的做法，采用非线性估计方法对资本结构调整速度 δ 进行拟合估计。第二阶段的回归估计中，基本分析采用 OLS 回归对样本数据进行了估计和分析，在稳健性检验中用分位数回归等估计方法进行了检验。对潜在的多重共线性与异方差问题进行了如下处理：①在进行正式的回归估计前，本章对模型的 VIF 进行了测试，所有变量的 VIF 值都小于 2.50，不存在严重的多重共线性问题，并且本章较大的样本量也有效地保证了共线性问题不会带来较大影响；②为减少异方差因素的影响，本章在回归估计中采用怀特（White）异方差修正技术。

对于潜在的内生性问题，一方面在控制变量中尽可能纳入代表不同层面的主要相关影响因素变量，另一方面，本章通过在稳健性检验中使用分位数回归估计方法减少了内生性因素的干扰。此外，本章还通过缩小研究样本、被解释变量与解释变量分别替代的检验方法进一步提升了研究结论的稳健性。

第三节　实证分析

一、描述性统计

模型中主要变量的描述性统计见表 3-3。由表可知：

（1）用以代理公司价值的变量 TQ（公司托宾 Q 值）的均值为 1.78，中位数为 1.34，说明样本中市场估值高的公司占比较大，样本存在一定程度上的右偏；同时，标准差为 1.542，表明不同公司的托宾 Q 值较为分散。

（2）用以代理融资战略中财务责任自然属性的变量 δ（资本结构调整速度）的均值和中位数分别为 0.103 与 0.098 6，两者比较接近，说明调整速度的分布比较对称，而同时标准差达到了 0.124，进一步说明调整速度在不同公司间的差别较大。

（3）用以代理融资战略中财务责任社会属性的变量 EPS（每股盈余）与 CTTL（经营净现金流负债比）的基本统计特征也都与托宾 Q 值较为一致，都是均值高于中位数，同时标准差较大，说明与样本的托宾 Q 值统计量分布类似：每股盈余与经营净现金流负债比相对较大的公司较多，样本存在一定程度上的右偏，同时这两个指标的分布也都较为分散。

表 3-3　总样本的描述性统计

stats	TQ	δ	EPS	CTTL	Roa	Lev	GI	PlnA	Size	FS	SB	PID	TJ
mean	1.780	0.103	0.328	0.157	0.0578	0.453	0.186	0.0497	21.98	36.81	0.566	0.368	0.191
sd	1.542	0.124	0.433	0.320	0.0613	0.214	0.503	0.0636	1.272	15.76	0.552	0.0548	0.393
min	0.200	−1.691	−0.760	−0.585	−1.140	0.0075	−0.601	0	19.19	2.197	0.0031	0.0909	0
p50	1.340	0.0986	0.241	0.0981	0.0528	0.459	0.110	0.0334	21.82	35.25	0.393	0.333	0
max	9.109	1.231	2.140	1.856	0.779	0.998	3.936	0.837	25.66	89.41	3.923	0.800	1

（4）从控制变量上来看，总资产报酬率（Roa）和资产负债率（Lev）均值分别为 0.0578 和 0.453，这表明我国上市公司的盈利能力总体上不强，而负债水平（财务杠杆程度）总体上不低，上市公司的价值创造能力还需要进一步提升。董事长与总经理两职合一的情况（TJ）只占样本总数的 19.1%，表明上市公司的治理结构总体上已经较为注重职责分离与相互制衡。

二、相关系数分析

表 3-4 列示了模型各变量的 pearson 相关系数矩阵表。

表 3-4　相关系数矩阵表 I

变量	TQ	δ	EPS	CTTL	Roa	Lev	GI	PInA
TQ	1							
δ	0.339 ***	1						
EPS	0.091 ***	0.510 ***	1					
CTTL	0.312 ***	0.326 ***	0.275 ***	1				
Roa	0.230 ***	0.675 ***	0.689 ***	0.405 ***	1			
Lev	−0.471 ***	−0.347 ***	−0.152 ***	−0.422 ***	−0.264 ***	1		
GI	0.047 ***	0.311 ***	0.191 ***	0.020 **	0.182 ***	0.058 ***	1	
PInA	0.049 ***	0.026 **	−0.042 ***	0.057 ***	0.00600	−0.049 ***	−0.00600	1
Size	−0.511 ***	−0.116 ***	0.283 ***	−0.101 ***	0.092 ***	0.427 ***	0.058 ***	−0.054 ***
FS	−0.092 ***	−0.00600	0.145 ***	0.036 ***	0.101 ***	0.056 ***	0.057 ***	−0.029 ***
SB	0.108 ***	0.152 ***	0.032 ***	0.069 ***	0.033 ***	−0.140 ***	0.023 **	0.021 **
PID	0.028 ***	0.027 ***	−0.023 **	−0.033 ***	−0.031 ***	−0.00500	0.0110	−0.030 ***
TJ	0.111 ***	0.144 ***	0.021 **	0.040 ***	0.00500	−0.130 ***	−0.00200	−0.0110
State	−0.218 ***	−0.515 ***	−0.00900	−0.074 ***	−0.064 ***	0.253 ***	−0.020 **	0.0150
Beta	−0.213 ***	−0.069 ***	−0.068 ***	−0.091 ***	−0.070 ***	0.026 **	−0.043 ***	−0.026 ***
Tlist	−0.103 ***	−0.223 ***	−0.108 ***	−0.154 ***	−0.091 ***	0.298 ***	−0.0100	0.023 **

注：*，**，*** 分别表示在 10%，5% 和 1% 水平上显著。

表 3-4 　 相关系数矩阵表 Ⅱ

变量	Size	FS	SB	PID	TJ	State	Beta	Tlist
Size	1							
FS	0.278 ***	1						
SB	−0.106 ***	−0.612 ***	1					
PID	0.057 ***	0.051 ***	−0.033 ***	1				
TJ	−0.146 ***	−0.073 ***	0.065 ***	0.085 ***	1			
State	0.321 ***	0.210 ***	−0.236 ***	−0.037 ***	−0.247 ***	1		
Beta	0.026 ***	0.00100	−0.057 ***	−0.021 **	−0.00300	0.032 ***	1	
Tlist	0.166 ***	−0.130 ***	−0.169 ***	−0.0140	−0.169 ***	0.315 ***	−0.048 ***	1

注: * , ** , *** 分别表示在 10%, 5% 和 1% 水平上显著。

（1）融资战略中财务责任自然属性的代理变量 δ（资本结构调整速度）与公司价值的代理变量 TQ 的相关系数为 0.339 且在 1% 水平上显著。这初步表明，在不考虑其他方面因素的情况下，在融资战略中公司财务责任的自然属性得到遵循的程度越好，公司价值也越高，因此假设 1 得到了初步的支持。

（2）融资战略中公司对股东财务责任履行情况的代理变量 EPS 与公司价值的变代理量 TQ 的相关系数为 0.091 且在 1% 水平上显著。这初步表明，在融资战略中，公司对股东财务责任的履行情况应该是公司价值创造过程中的一个必要考察因素。融资战略中公司对债权人财务责任履行情况的代理变量 CTTL 与公司价值的代理变量 TQ 的相关系数为 0.312 且在 1% 水平上显著。这初步表明，在融资战略中，公司对债权人财务责任的履行情况也应该是公司价值创造过程中的一个必要考察因素。

（3）δ 与 EPS 的相关系数为 0.510 且在 1% 水平上显著，同时 δ 与 CTTL 的相关系数为 0.326 且在 1% 水平上显著，这初步表明，在融资战略中公司财务责任的自然属性与公司财务责任的社会属性之间存在相互促进的正相关关系。

同时，所有变量的 VIF 值都小于 2.50，不存在严重的多重共线性问题，不会对回归估计带来显著影响。

三、回归结果分析

（一）第一阶段对资本结构调整速度的估计结果分析

在第一阶段，先对目标资本结构拟合模型（3-3）用 OLS、面板固定效应和面板随机效应三种不同估计方法分别进行了回归估计。如下表 3-5 第（1）

列至第（3）列中所示：三种不同估计方法下，无论是估计系数的符号还是显著性关系，均得到基本一致的估计结果①。与连玉君和钟经樊的估计方法一致，本书以 OLS 估计的系数为资本结构调整速度非线性模型（3-4）的初始值，并通过非线性回归的估计方法，估计出资本结构调整速度的拟合值。从表3-5 的第（4）列中可见，通过多次非线性迭代求解，非线性回归结果的调整 R 方高达 0.975，F 值达到 7 537，有较高的可信度。这为第二阶段的回顾估计提供了较坚实的数据基础。

表 3-5　第一阶段回归估计表

变量	Lev OLS （1）	Lev 固定效应 （2）	Lev 随机效应 （3）	δ 非线性估计 （4）
SqLev				−0.173 ***
				（−6.51）
Distance				0.376 ***
				（12.76）
Size	0.058 ***	0.070 ***	0.068 ***	0.012 ***
	（42.42）	（11.75）	（18.20）	（3.13）
PTA	0.337 ***	0.203 ***	0.229 ***	0.015
	（30.08）	（10.64）	（13.10）	（0.66）
GI	0.017 ***	0.007 ***	0.008 ***	0.043 ***
	（5.59）	（3.13）	（3.71）	（7.65）
Roa	−0.090	−0.045	−0.045	1.386 ***
	（−1.63）	（−1.44）	（−1.40）	（23.71）
PDep	−0.937 ***	−0.005	−0.098	−1.354 ***
	（−6.48）	（−0.02）	（−0.43）	（−5.49）
MLev	0.426 ***	0.169 ***	0.190 ***	−0.068
	（9.62）	（4.26）	（4.79）	（−0.62）
State	0.043 ***	0.018 *	0.033 ***	−0.109 ***
	（13.02）	（1.71）	（4.47）	（−13.46）

① 同时用三种不同的估计方法，参考的是盛明泉等的做法，这用于表明采用不同的估计方法均能得到较为一致的估计结果。本章也尝试了采用面板估计的系数为作为资本结构调整速度非线性模型（3-4）的初始值进行非线性回归，结果仍然是一致的，这证明了本章第一阶段回归估计的稳健性。

表3-5(续)

变量	Lev OLS (1)	Lev 固定效应 (2)	Lev 随机效应 (3)	δ 非线性估计 (4)
Constant	−1.125***	−1.223***	−1.219***	−0.100
	(−33.44)	(−9.48)	(−14.97)	(−1.05)
Ind_ effect	Controlled	Controlled	Controlled	Controlled
Year_ effect	Controlled	Controlled	Controlled	Controlled
Observations	14 658	14 658	14 658	13 303
r2_ a	0.385 7	0.150 8	0.369 8	0.975
F	313.0***	32.69***	2 063.27***	7 537***

注：括号内为基于 White 稳健标准误修正后的 t 值；*，**，*** 分别表示在 10%，5% 和 1% 水平上显著。

为反映我国上市公司融资战略的发展特征，将调整速度、实际资本结构及资本结构最优比率 Oratio（这一定义来自连玉君和钟经樊的研究，用目标资本结构比上实际资本结构得到）按年份进行了描述性统计分析。如表 3-6 所示，在 2008—2014 年，我国上市公司的平均实际资产负债率呈现逐年下降的基本趋势，而上市公司资本结构调整速度呈现调整加快的发展趋势。由此可见，一方面，将负债率控制在合理范围以优化公司资本结构已经成为上市公司的普遍共识；另一方面，上市公司在融资战略中有意识、有规划地加快了资本结构调整的速度，在这两方面的合力作用之下，公司资本结构的平均最优比率呈现出先上升后下降并在总体上逐步向目标资本结构接近的趋势。

表 3-6　资本结构调整速度与最优比例的描述性统计

年份	调整速度		资本结构		最优比率	
	均值	中位数	均值	中位数	均值	中位数
2008	0.043 4	0.037 6	0.496 7	0.506 8	0.602 1	0.536 9
2009	0.079 3	0.071 5	0.496 8	0.506 3	0.870 6	0.764 8
2010	0.087 6	0.082 7	0.477 0	0.487 9	0.867 6	0.740 1
2011	0.107 4	0.102 3	0.438 9	0.452 6	0.985 6	0.756 4
2012	0.114 0	0.110 2	0.431 0	0.436 2	1.185 8	0.914 8
2013	0.116 3	0.112 0	0.432 1	0.421 7	1.191 1	0.950 4
2014	0.136 6	0.131 7	0.437 0	0.428 0	1.073 7	0.880 9
样本总体	0.103 3	0.098 6	0.452 9	0.458 6	1.004 2	0.809 7

同时，考虑到公司产权性质有可能对公司目标资本结构及资本结构调整速度具有制度性的重要性影响，笔者根据公司产权性质进行分组，并检验了不同组别在资本结构调整速度、实际资本结构比率、资本结构最优比例三个方面的差异情况，如表3-7所示。表3-7中的T检验和单因素方差表明，国有上市公司与非国有上市公司在实际资本结构比率、资本结构调整速度以及资本结构的最优比率三个方面均呈现为在1%水平上具有显著性差异。同时，放宽了正态分布与等方差假定的Kruskal-Wallis检验（中位数检验），结果也仍然如此。从具体的数值上来比较，在资本结构调整速度方面，非国有组较快，平均速度为国有组的4.65倍；在实际资本结构比率方面，国有组（负债率为0.526）总体上比非国有组（负债率为0.393）更依赖于债务融资；在最优比例方面来看，国有组总体上负债过度，而非国有组在总体上则负债水平有所不足。

　　可见，产权性质对于公司融资状况与融资战略选择有非常重大的影响，国有组整体表现为负债过度、资本结构调整速度很慢，而非国有组整体表现为资本结构调整速度较快但负债程度有所不足。

表3-7　资本结构调整速度与最优比例按公司性质的分组检验表

项目	非国有组	国有组	全样本	T检验	单因素方差分析	Kruskal-Wallis检验
调整数度均值	0.159 9	0.034 4	0.103	$t=67.058\,1$	$F=4\,496.79^{***}$	Chi-S=4 472.436***
实际资本结构均值	0.393	0.526	0.453	$t=37.768\,2$	$F=1\,426.44^{***}$	Chi-S=1 293.437***
最优比率均值	1.185	0.784	1.004	$t=24.030\,1$	$F=577.44^{***}$	Chi-S=1 255.617***

注：Chi-S是卡方（Chi-Squared）的简写。

（二）第二阶段对公司价值的回归结果分析

1. 融资战略中财务责任二重属性与公司价值的回归结果分析

　　表3-8列示了在融资战略中公司财务责任二重属性与公司价值的回归结果。其中列（1）单独列示了作为公司财务责任自然属性代理变量的资本结构调整速度δ与作为公司价值代理变量的托宾Q值TQ之间的关系，列（2）在列（1）基础上增加了作为公司对股东财务责任履行情况代理变量的EPS和作为公司对债权人财务责任履行情况代理变量的CTTL，列（3）则在列（2）的基础上进一步加入了作为财务责任自然属性代理变量的资本结构调整速度δ与EPS、资本结构调整速度δ与CTTL的交互项（$\delta\times$EPS、$\delta\times$CTTL）。

　　列（1）的回归结果显示，作为公司财务责任自然属性代理变量的资本结构调整速度δ与公司价值TQ呈现出显著正相关的关系，其中，δ的回归系数为2.469，t值6.8，在1%的水平上显著。与此相一致的，无论是在列（1）、列（2）还是列（3）中，作为公司财务责任自然属性代理变量的资本结构调整速度 δ 与公司价值 TQ 始终在 1% 的水平上显著正相关，因此，回归结果支持了假设 1。

列（2）的回归结果显示，在控制资本结构调整速度 δ 的情况下，公司对股东财务责任履行情况的代理变量 EPS 与公司价值 TQ 呈现出显著的正相关关系，其中，EPS 的回归系数为 0.089，t 值为 2.04，在 5% 的水平上显著；公司对债权人财务责任履行情况的代理变量 CTTL 与公司价值 TQ 呈现出显著的正相关关系，其中，CTTL 的系数为 0.418，t 值为 7.63，在 1% 的水平上显著。

再进一步看，列（3）的回归结果显示，在控制 δ、EPS 和 CTTL 的基础上，δ 与 EPS、δ 与 CTTL 还存在着相互促进的交互作用：其中，δ×EPS 的系数为 1.555，t 值为 6.63，在 1% 的水平上显著，从而支持了假设 2；δ×CTTL 的系数为 2.692，t 值为 6.29，在 1% 的水平上显著，从而支持了假设 3。

回归结果表明，公司融资战略活动中，公司对财务责任自然属性的遵循与公司对股东及债权人财务责任的履行情况之间具有协同提升公司价值的统一性价值创造效应。

表 3-8　融资战略中财务责任二重属性与公司价值的回归结果

VARIABLES	TQ (1)	TQ (2)	TQ (3)
δ	2.469 ***	2.187 ***	1.988 ***
	(6.80)	(6.92)	(6.39)
EPS		0.089 **	0.056
		(2.04)	(1.35)
CTTL		0.418 ***	0.129 **
		(7.63)	(2.16)
δ×EPS			1.555 ***
			(6.63)
δ×CTTL			2.692 ***
			(6.29)
Roa	1.467 **	0.759	1.156 *
	(2.29)	(1.19)	(1.86)
Lev	-1.586 ***	-1.367 ***	-1.420 ***
	(-21.28)	(-17.61)	(-18.37)

表3-8(续)

VARIABLES	TQ (1)	TQ (2)	TQ (3)
GI	-0.040	-0.028	-0.016
	(-1.21)	(-0.86)	(-0.48)
PInA	-0.143	-0.152	-0.084
	(-0.75)	(-0.80)	(-0.45)
Size	-0.524 ***	-0.537 ***	-0.533 ***
	(-37.77)	(-36.94)	(-37.07)
FS	0.008 ***	0.008 ***	0.007 ***
	(8.95)	(8.61)	(8.57)
SB	0.195 ***	0.186 ***	0.181 ***
	(7.45)	(7.15)	(7.01)
PID	1.139 ***	1.214 ***	1.209 ***
	(5.96)	(6.42)	(6.57)
TJ	0.054 *	0.050 *	0.049 *
	(1.92)	(1.79)	(1.80)
State	0.170 ***	0.137 ***	0.114 ***
	(4.16)	(3.66)	(3.09)
Beta	-0.876 ***	-0.845 ***	-0.807 ***
	(-13.10)	(-12.67)	(-12.34)
Tlist	0.029 ***	0.030 ***	0.028 ***
	(9.36)	(9.70)	(9.31)
Constant	12.957 ***	13.086 ***	12.959 ***
	(43.97)	(42.35)	(42.53)
Ind_effect	Controlled	Controlled	Controlled
Year_effect	Controlled	Controlled	Controlled
Observations	11 515	11 515	11 515
Adj. R^2	0.528	0.534	0.545
F	194.7	191.6	191.9

注：括号内为基于White稳健标准误修正后的 t 值；*，**，*** 分别表示在10%，5%和1%水平上显著。

2. 融资战略中财务责任二重属性与公司价值按负债程度分组的回归结果分析

公司价值与财务责任二重属性之间的价值相关性在不同的负债水平下是否有所差异？借鉴 Byoun（2008）的做法，对样本上市公司进行分组：将实际资本结构低于目标资本结构的上市公司界定为负债不足组，将实际资本结构高于目标资本结构的上市公司界定为负债过度组。

分组回归的结果如下表 3-9 所示，其中第（3）列和第（6）列可见：作为公司财务责任自然属性遵循情况代理变量的资本结构调整速度（δ）与作为公司对股东财务责任履行情况代理变量的每股盈余（EPS）的交互项δ×EPS 的系数分别为 1.788（负债不足组）和 1.128（负债过度组），并且都在 1% 水平上显著；作为公司财务责任自然属性遵循情况代理变量的资本结构调整速度（δ）与作为公司对债权人财务责任履行情况代理变量的经营净现金流负债比（CTTL）的交互项δ×CTTL 的系数分别为 2.375（负债不足组）和 3.845（负债过度组），并且都在 1% 水平上显著。因此，回归结果表明，无论是负债不足的上市公司，还是负债过度的上市公司，也都适用于财务责任融入公司融资战略的统一性价值创造规律，假设 4 和假设 5 得到了支持。

同时，应当留意的是，负债过度组的样本多达 8 139 个，占总样本的70.68%，而负债不足组的样本仅 3 326 个，仅占总样本的 29.32%。这表明，我国上市公司的融资战略与财务责任相融合的过程中要注重合理应用财务杠杆，以取得提升公司价值与减少破产风险的双重效应。

表 3-9　融资战略中财务责任二重属性与公司价值按负债程度分组的回归结果

变量	TQ 负债不足组 (1)	TQ 负债不足组 (2)	TQ 负债不足组 (3)	TQ 负债过度组 (4)	TQ 负债过度组 (5)	TQ 负债过度组 (6)
δ	1.197**	1.303**	0.948	3.461***	3.206***	3.451***
	(2.04)	(2.25)	(1.58)	(7.04)	(7.01)	(8.56)
EPS		−0.173**	−0.304***		0.109**	0.130***
		(−2.37)	(−3.57)		(2.20)	(2.75)
CTTL		0.275***	0.012		0.541***	0.329***
		(3.77)	(0.11)		(5.86)	(4.07)
δ×EPS			1.766***			1.128***
			(3.46)			(3.75)
δ×CTTL			2.375***			3.845***
			(3.58)			(5.01)

表3-9(续)

变量	TQ 负债不足组 (1)	TQ 负债不足组 (2)	TQ 负债不足组 (3)	TQ 负债过度组 (4)	TQ 负债过度组 (5)	TQ 负债过度组 (6)
Roa	6.333***	6.348***	5.811***	-1.284	-2.036***	-2.044***
	(7.38)	(6.44)	(5.71)	(-1.60)	(-2.69)	(-3.13)
Lev	-1.486***	-1.209***	-1.245***	-2.046***	-1.821***	-1.858***
	(-4.80)	(-3.76)	(-3.86)	(-16.90)	(-14.98)	(-15.89)
GI	0.000	-0.000	0.019	0.000	-0.004	0.004
	(0.01)	(-0.00)	(0.28)	(0.00)	(-0.10)	(0.08)
PInA	-0.484	-0.589	-0.470	-0.262	-0.292	-0.257
	(-1.28)	(-1.57)	(-1.26)	(-1.21)	(-1.34)	(-1.18)
Size	-0.459***	-0.451***	-0.443***	-0.516***	-0.534***	-0.528***
	(-13.37)	(-12.80)	(-12.51)	(-26.62)	(-26.35)	(-27.25)
FS	0.006***	0.006***	0.006***	0.009***	0.009***	0.009***
	(3.84)	(3.67)	(3.44)	(8.97)	(8.73)	(8.64)
SB	0.180***	0.167***	0.160***	0.201***	0.197***	0.187***
	(3.90)	(3.65)	(3.53)	(6.36)	(6.26)	(6.00)
PID	1.062***	1.045***	1.001***	1.066***	1.145***	1.193***
	(3.24)	(3.20)	(3.15)	(4.68)	(5.07)	(5.41)
TJ	0.146***	0.148***	0.156***	0.018	0.017	0.016
	(2.77)	(2.83)	(3.04)	(0.56)	(0.52)	(0.52)
State	0.102	0.110	0.108	0.217***	0.189***	0.184***
	(1.03)	(1.13)	(1.10)	(4.29)	(3.91)	(4.18)
Beta	-0.798***	-0.794***	-0.728***	-0.863***	-0.819***	-0.789***
	(-7.22)	(-7.20)	(-6.71)	(-10.57)	(-10.01)	(-9.75)
Tlist	0.024***	0.022***	0.018***	0.027***	0.028***	0.027***
	(4.29)	(4.04)	(3.17)	(7.47)	(7.77)	(7.65)
Ind_effect	Controlled	Controlled	Controlled	Controlled	Controlled	Controlled
Year_effect	Controlled	Controlled	Controlled	Controlled	Controlled	Controlled
Constant	11.672***	11.399***	11.306***	12.861***	13.058***	12.836***
	(17.57)	(16.58)	(16.41)	(31.91)	(30.88)	(31.84)
Observations	3 326	3 326	3 326	8 189	8 189	8 189
Adj.R^2	0.531	0.536	0.547	0.534	0.539	0.548
F	—	—	—	123.1	121.0	120.5

注：括号内为基于 White 稳健标准误修正后的 t 值；*，**，*** 分别表示在10%，5%和1%水平上显著。

3. 融资战略中财务责任二重属性与公司价值按产权性质分组的回归结果分析

分组均值及中位数检验（Kruskal-Wallis 检验）表明，产权性质的不同对公司融资状况与融资战略有着重大影响。所以，按公司产权性质的不同进行分组回归分析，结果如表 3-10 所示。其中第（1）至（3）列是对非国有组样本进行回归估计的结果，第（4）至（6）列是对国有组样本进行回归估计的结果。

回归结果表明，尽管不同产权的样本公司在实际资本结构比率、资本结构调整速度与资本结构的最优比率等方面具有非常显著的差异，但不同产权组别的回归检验结论与全样本的回归结论（见表 3-8）是完全一致的，因此，假设 1、假设 2 和假设 3 都得到了进一步的支持。换言之，无论是国有还是非国有公司，都能够在融资战略中利用财务责任二重属性的统一性价值创造规律来创造和提升公司价值。

进一步来看，相比之下，交互项 $\delta \times EPS$ 和 $\delta \times CTTL$，无论是在回归系数方面还是在显著性程度方面，非国有上市公司都比国有上市公司表现更好，这进一步支持了假设 6 和假设 7。这同时也表明这样一层规律：公司运行的市场化程度越高，财务责任融入公司融资战略的统一性价值创造效应也越好。

表 3-10　融资战略中财务责任二重属性与公司价值的产权分组回归结果

变量	TQ 非国有 （1）	TQ 非国有 （2）	TQ 非国有 （3）	TQ 国有 （4）	TQ 国有 （5）	TQ 国有 （6）
δ	2.836 ***	2.438 ***	2.476 ***	2.748 ***	2.535 ***	2.226 ***
	(5.14)	(5.18)	(5.41)	(7.03)	(6.93)	(6.07)
EPS		0.192 ***	−0.049		0.117 **	0.151 ***
		(2.71)	(−0.64)		(2.11)	(2.73)
CTTL		0.388 ***	−0.059		0.363 ***	0.281 ***
		(6.33)	(−0.72)		(3.43)	(2.65)
$\delta \times EPS$			2.118 ***			1.766 ***
			(5.34)			(5.27)
$\delta \times CTTL$			3.207 ***			1.568 *
			(5.43)			(1.74)
Roa	1.996 **	1.128	1.685 **	0.178	−0.742	−0.164
	(2.19)	(1.33)	(2.01)	(0.24)	(−0.84)	(−0.19)

表3-10(续)

变量	TQ 非国有 (1)	TQ 非国有 (2)	TQ 非国有 (3)	TQ 国有 (4)	TQ 国有 (5)	TQ 国有 (6)
Lev	-1.388***	-1.131***	-1.197***	-1.773***	-1.613***	-1.616***
	(-11.73)	(-9.34)	(-9.91)	(-18.66)	(-15.78)	(-15.77)
GI	-0.069	-0.051	-0.040	-0.043	-0.041	-0.034
	(-1.43)	(-1.09)	(-0.83)	(-1.00)	(-0.94)	(-0.76)
PInA	0.501	0.488	0.484	-0.515***	-0.506***	-0.462***
	(1.41)	(1.37)	(1.38)	(-2.86)	(-2.84)	(-2.58)
Size	-0.706***	-0.731***	-0.717***	-0.406***	-0.419***	-0.418***
	(-30.46)	(-29.78)	(-29.43)	(-24.76)	(-23.30)	(-23.32)
FS	0.010***	0.009***	0.009***	0.007***	0.007***	0.007***
	(7.09)	(6.75)	(6.51)	(6.36)	(6.11)	(6.33)
SB	0.192***	0.178***	0.172***	0.206***	0.203***	0.205***
	(5.28)	(4.91)	(4.78)	(5.94)	(5.84)	(5.93)
PID	1.060***	1.154***	1.185***	0.525**	0.605***	0.585***
	(3.51)	(3.87)	(4.06)	(2.37)	(2.72)	(2.74)
TJ	0.108***	0.107***	0.105***	-0.068*	-0.081**	-0.083**
	(3.09)	(3.07)	(3.06)	(-1.70)	(-2.04)	(-2.17)
Beta	-0.943***	-0.905***	-0.833***	-0.637***	-0.602***	-0.579***
	(-8.94)	(-8.60)	(-8.28)	(-8.09)	(-7.67)	(-7.46)
Tlist	0.046***	0.047***	0.043***	0.005	0.006*	0.005
	(9.89)	(10.13)	(9.43)	(1.33)	(1.65)	(1.40)
Constant	16.500***	16.894***	16.501***	10.815***	10.946***	10.824***
	(34.12)	(32.89)	(32.44)	(31.01)	(28.78)	(28.65)
Ind_effect	Controlled	Controlled	Controlled	Controlled	Controlled	Controlled
Year_effect	Controlled	Controlled	Controlled	Controlled	Controlled	Controlled
Observations	5 799	5 799	5 799	5 716	5 716	5 716
Adj.R^2	0.541	0.547	0.560	0.516	0.519	0.529
F	108.0	106.8	107.6	98.53	95.53	95.04

注：括号内为基于 White 稳健标准误修正后的 t 值；*，**，*** 分别表示在 10%，5% 和 1% 水平上显著。

第四节 稳健性检验

为检验实证结论的稳健性，本节从以下三个方面进行了稳健性检验：第一，变换回归估计方法，对第二阶段回归估计模型（3-5）使用分位数回归方法进行回归检验；第二，对回归模型（3-5）中的被解释变量和解释变量进行了变量替换；第三，对回归模型（3-5）中的控制变量进行了变量替换。稳健性检验的结果列示在表 3-11、表 3-12 和表 3-13 当中。结果表明，不论是变换回归估计方法，还是变换回归估计模型的被解释变量、解释变量或者控制变量，均与上文的研究结论保持一致，因此本章研究具有较好的稳健性。稳健性检验的变量和指标均从国泰安数据库中获取。

一、稳健性检验 1：采用不同的估计方法

表 3-11 列示了采用分位数回归方法对第二阶段回归估计模型（3-5）进行检验的结果。第（1）列到第（5）列分别列示了 5、25、50、75 和 95 分位数上各自对回归模型的检验情况，检验结果与上文的研究结论保持一致，这稳健地支持了本章提出的假设 1、假设 2 和假设 3。

表 3-11　稳健性检验 1——采用不同的估计方法

变量	5 分位数 TQ	25 分位数 TQ	50 分位数 TQ	75 分位数 TQ	95 分位数 TQ
δ	0.349 ***	0.626 ***	1.339 ***	2.605 ***	2.605 ***
	(3.08)	(4.55)	(6.15)	(6.70)	(6.70)
EPS	0.027	−0.006	0.019	0.071 *	0.071 *
	(1.37)	(−0.25)	(0.52)	(1.68)	(1.68)
CTTL	0.030	0.090 ***	0.184 ***	0.235 ***	0.235 ***
	(1.08)	(2.74)	(4.01)	(3.98)	(3.98)
$\delta×$EPS	0.332 ***	0.898 ***	1.472 ***	2.263 ***	2.263 ***
	(2.59)	(6.13)	(6.56)	(8.68)	(8.68)
$\delta×$CTTL	0.741 ***	0.884 ***	2.347 ***	3.974 ***	3.974 ***
	(2.87)	(2.76)	(7.50)	(6.72)	(6.72)
Roa	1.739 ***	2.190 ***	1.589 ***	0.499	0.499
	(6.31)	(5.81)	(3.16)	(0.64)	(0.64)

表3-11(续)

变量	5分位数 TQ	25分位数 TQ	50分位数 TQ	75分位数 TQ	95分位数 TQ
Lev	-0.888***	-1.073***	-1.270***	-1.517***	-1.517***
	(-29.21)	(-30.77)	(-24.11)	(-16.47)	(-16.47)
GI	-0.001	0.013	0.006	-0.019	-0.019
	(-0.11)	(1.02)	(0.35)	(-0.57)	(-0.57)
PInA	0.061	0.023	-0.029	-0.132	-0.132
	(1.02)	(0.33)	(-0.25)	(-0.60)	(-0.60)
Size	-0.221***	-0.270***	-0.326***	-0.407***	-0.407***
	(-31.04)	(-36.33)	(-34.68)	(-29.63)	(-29.63)
FS	0.004***	0.005***	0.006***	0.007***	0.007***
	(8.18)	(10.86)	(8.97)	(7.21)	(7.21)
SB	0.068***	0.106***	0.151***	0.182***	0.182***
	(5.38)	(8.56)	(7.62)	(5.76)	(5.76)
PID	0.133	0.426***	0.790***	0.981***	0.981***
	(1.58)	(4.21)	(6.13)	(5.07)	(5.07)
TJ	0.014	0.061***	0.053***	0.032	0.032
	(1.10)	(4.38)	(2.66)	(1.01)	(1.01)
State	-0.008	0.009	0.072***	0.171***	0.171***
	(-0.55)	(0.54)	(2.93)	(4.03)	(4.03)
Beta	-0.006	-0.129***	-0.298***	-0.574***	-0.574***
	(-0.21)	(-4.70)	(-7.91)	(-9.98)	(-9.98)
Tlist	0.002	0.006***	0.011***	0.022***	0.022***
	(1.60)	(4.23)	(5.41)	(6.35)	(6.35)
Constant	5.559***	6.943***	8.402***	10.612***	10.612***
	(36.47)	(43.99)	(41.66)	(33.81)	(33.81)
Ind_effect	Controlled	Controlled	Controlled	Controlled	Controlled
Year_effect	Controlled	Controlled	Controlled	Controlled	Controlled
Observations	11 515	11 515	11 515	11 515	11 515
R-squared	0.503	0.520	0.529	0.529	0.529

注：括号内为基于White稳健标准误修正后的 t 值；*，**，*** 分别表示在10%，5%和1%水平上显著。

二、稳健性检验2：改变公司价值与财务责任的度量方法

表 3-12 列示了对第二阶段回归估计模型（3-5）中被解释变量公司价值与解释变量财务责任进行替换后的回归检验结果。第（1）列和第（2）列中列示的是对被解释变量托宾 Q 值按照其他计算口径取值而进行的替代检验结果：第（1）列中，计算托宾 Q 值时，分子不变，分母中资产总额剔除了无形资产和商誉（用 TQ_b 表示）；第（2）列中，计算托宾 Q 值时，分母中资产总额不变，分子中的非流通股直接按流通股股价取值计算（用 TQ_c 表示）。第（3）列至第（6）列列示的是将解释变量财务责任进行代理变量替换后的回归检验结果：在第（3）列和第（4）列中，分别用摊薄每股盈余 DEPS 与净资产收益率 Roe 来代替每股盈余 EPS 进行稳健性检验，在第（5）列和第（6）列中，分别以经营活动净现金流量对流动负债比 CTLL 和经营活动净现金流量对有息负债比 CTIL 作为公司对债权人财务责任履行情况的代理变量进行稳健性检验。列（1）至列（6）表明，回归检验的结果均与上文的研究结论一致，这稳健地支持了本章提出的假设1、假设2和假设3。

表 3-12　稳健性检验2——改变公司价值与财务责任度量方法后的回归检验

VARIABLES	(1) TQ_b	(2) TQ_c	(3) TQ	(4) TQ	(5) TQ	(6) TQ
δ	2.331***	1.921***	2.031***	1.558***	2.084***	1.938***
	(7.05)	(6.69)	(6.46)	(5.51)	(6.43)	(6.48)
EPS	−0.006	−0.011			0.037	−0.009
	(−0.13)	(−0.27)			(0.85)	(−0.21)
CTLL	0.354***	0.313***	0.129**	0.140**		
	(5.58)	(5.33)	(2.17)	(2.40)		
$\delta\times$EPS	1.873***	1.875***			1.944***	1.989***
	(7.87)	(8.45)			(8.16)	(8.88)
DEPS			0.025			
			(0.62)			
$\delta\times$DEPS			1.558***			
			(6.52)			
Roe				1.154***		
				(4.58)		
$\delta\times$Roe				11.071***		
				(13.11)		

表3-12(续)

VARIABLES	(1) TQ_b	(2) TQ_c	(3) TQ	(4) TQ	(5) TQ	(6) TQ
$\delta\times$CTTL	0.042 ***	0.037 ***	2.682 ***	2.074 ***		
	(4.82)	(4.60)	(6.28)	(5.00)		
CTLL					0.011	
					(0.15)	
$\delta\times$CTLL					1.326 ***	
					(2.90)	
CTIL						0.004 ***
						(3.02)
$\delta\times$CTIL						0.031 ***
(3.14)						
Roa	1.249 *	1.659 ***	1.257 **	0.705	1.497 **	2.028 ***
	(1.80)	(2.83)	(2.01)	(1.22)	(2.28)	(3.32)
Lev	−1.420 ***	−0.320 ***	−1.426 ***	−1.594 ***	−1.502 ***	−1.402 ***
	(−17.38)	(−4.29)	(−18.43)	(−20.50)	(−19.11)	(−19.47)
GI	−0.040	−0.040	−0.016	−0.042	−0.021	−0.045
	(−1.22)	(−1.32)	(−0.48)	(−1.27)	(−0.61)	(−1.46)
PInA	3.040 ***	−0.086	−0.081	−0.094	−0.083	−0.036
	(11.97)	(−0.48)	(−0.43)	(−0.51)	(−0.44)	(−0.20)
Size	−0.541 ***	−0.518 ***	−0.532 ***	−0.517 ***	−0.533 ***	−0.518 ***
	(−34.90)	(−36.65)	(−37.23)	(−38.94)	(−36.89)	(−36.22)
FS	0.009 ***	0.008 ***	0.008 ***	0.007 ***	0.008 ***	0.008 ***
	(9.07)	(9.01)	(8.63)	(7.69)	(8.77)	(9.13)
SB	0.229 ***	0.193 ***	0.180 ***	0.167 ***	0.186 ***	0.197 ***
	(8.20)	(7.52)	(6.95)	(6.50)	(7.13)	(7.69)
PID	1.266 ***	1.116 ***	1.188 ***	1.209 ***	1.184 ***	1.061 ***
	(6.63)	(6.38)	(6.43)	(6.65)	(6.39)	(6.07)
TJ	0.049 *	0.044	0.051 *	0.048 *	0.049 *	0.042
	(1.65)	(1.61)	(1.84)	(1.78)	(1.79)	(1.54)
State	0.120 ***	0.102 ***	0.119 ***	0.092 ***	0.124 ***	0.106 ***
	(3.04)	(2.92)	(3.21)	(2.66)	(3.29)	(2.96)
Beta	−0.809 ***	−0.755 ***	−0.811 ***	−0.770 ***	−0.819 ***	−0.757 ***
	(−11.51)	(−11.66)	(−12.38)	(−11.90)	(−12.52)	(−11.73)

表3-12(续)

VARIABLES	(1) TQ_b	(2) TQ_c	(3) TQ	(4) TQ	(5) TQ	(6) TQ
Tlist	0.027***	0.027***	0.028***	0.025***	0.028***	0.027***
	(8.16)	(8.87)	(9.27)	(8.46)	(9.31)	(8.82)
Constant	12.953***	12.585***	12.931***	12.662***	12.983***	12.657***
	(39.38)	(41.96)	(42.79)	(44.44)	(42.59)	(42.02)
Ind_effect	Controlled	Controlled	Controlled	Controlled	Controlled	Controlled
Year_effect	Controlled	Controlled	Controlled	Controlled	Controlled	Controlled
Observations	11 321	11 321	11 487	11 515	11 515	11 321
Adj.R^2	0.544	0.489	0.545	0.556	0.541	0.542
F	191.7	141.0	192.2	198.1	188.9	187.7

注：括号内为基于 White 稳健标准误修正后的 t 值；*，**，*** 分别表示在 10%，5% 和 1% 水平上显著。

三、稳健性检验 3：改变控制变量的度量方法

表 3-13 列示了对第二阶段回归估计模型（3-5）进行控制变量替换后的回归检验结果。从第（1）列到第（4）列的四个回归模型中，分别进行了以下四个方面的控制变量的更换，以检验控制变量对回归影响的稳健性：用营业利润率 POP 代替总资产报酬率，以最优资本结构比率 LE1_star 代替实际资本结构比率，以总资产增长率 TAG 代替营业收入增长率，以收入规模 lnIC 代替资产规模。列（1）至列（4）表明，回归检验的结果均与上文的研究结论一致，这稳健地支持了本章提出的假设 1、假设 2 和假设 3。

表 3-13　稳健性检验 3——改变控制变量度量方法后的回归检验

VARIABLES	(1) TQ	(2) TQ	(3) TQ	(4) TQ
δ	2.616***	2.239***	2.387***	3.218***
	(11.95)	(9.71)	(11.83)	(15.81)
EPS	0.109***	0.148***	0.144***	0.155***
	(2.98)	(3.94)	(3.84)	(4.09)
CTTL	0.144**	0.310***	0.313***	0.348***
	(2.47)	(5.14)	(5.23)	(5.73)
$\delta \times$EPS	1.421***	1.508***	1.533***	1.340***
	(6.17)	(6.44)	(6.59)	(5.62)

表3-13(续)

VARIABLES	(1) TQ	(2) TQ	(3) TQ	(4) TQ
$\delta \times$CTTL	2.746***	2.626***	2.578***	2.328***
	(6.37)	(5.99)	(5.96)	(5.33)
POP	−0.154	0.355**	0.341**	−0.355**
	(−1.06)	(2.49)	(2.40)	(−2.40)
Lev	−1.453***			
	(−18.05)			
GI	−0.037	0.042		
	(−1.11)	(1.06)		
PInA	−0.117	−0.390**	−0.361*	−0.693***
	(−0.63)	(−2.04)	(−1.89)	(−3.61)
Size	−0.527***	−0.500***	−0.514***	
	(−36.93)	(−25.16)	(−26.61)	
FS	0.008***	0.009***	0.009***	0.009***
	(8.63)	(9.77)	(9.89)	(10.12)
SB	0.181***	0.217***	0.220***	0.200***
	(7.00)	(8.31)	(8.43)	(7.68)
PID	1.190***	1.378***	1.381***	1.194***
	(6.43)	(7.39)	(7.42)	(6.39)
TJ	0.046*	0.048*	0.048*	0.051*
	(1.69)	(1.72)	(1.73)	(1.83)
State	0.168***	0.005	0.033	0.022
	(5.29)	(0.14)	(0.92)	(0.62)
Beta	−0.798***	−0.765***	−0.768***	−0.774***
	(−12.26)	(−11.73)	(−11.75)	(−11.73)
Tlist	0.029***	0.022***	0.022***	0.019***
	(9.58)	(7.28)	(7.34)	(6.40)
LE1_star		−1.335***	−1.164***	−2.298***
		(−7.53)	(−7.78)	(−18.98)
TAG			−0.005	−0.005
			(−1.57)	(−1.50)
lnIC				−0.339***
				(−24.12)

表3-13(续)

VARIABLES	(1) TQ	(2) TQ	(3) TQ	(4) TQ
Constant	12. 789 ***	11. 927 ***	12. 157 ***	8. 601 ***
	(42. 33)	(31. 34)	(32. 07)	(30. 25)
Ind_effect	Controlled	Controlled	Controlled	Controlled
Year_effect	Controlled	Controlled	Controlled	Controlled
Observations	11, 515	11, 515	11, 515	11, 515
Adj. R^2	0. 544	0. 528	0. 528	0. 524
F	190. 9	180. 5	180. 1	177. 3

注：括号内为基于 White 稳健标准误修正后的 t 值；*，**，*** 分别表示在 10%，5%和 1%水平上显著。

本章小结

本章以 2007—2014 年中国 A 股上市公司的公开财务数据为研究对象，以公司托宾 Q 值作为公司价值的衡量指标，以资本结构调整速度作为公司融资战略中财务责任自然属性遵循情况的衡量指标，以每股盈余作为融资战略中公司对股东财务责任履行情况的衡量指标，以公司经营净现金流负债比作为融资战略中公司对债权人财务责任履行情况的衡量指标，对公司财务责任二重属性在融资战略中的统一性价值创造效应进行了实证检验。结果发现：①公司在市场战略中对财务责任自然属性的遵循（以资本结构调整速度 δ 为衡量指标）与公司价值（TQ）显著正相关，并表现出稳定的价值相关性；②在公司融资战略中，公司对财务责任自然属性的遵循与公司对股东财务责任（以每股盈余 EPS 为衡量指标）积极履行的交互效应与公司价值显著正相关，同时公司对财务责任自然属性的遵循与公司对债权人财务责任（以经营净现金流负债比 CTTL 为衡量指标）积极履行的交互效应也与公司价值显著正相关，这验证和体现了公司财务责任二重属性在公司融资战略中的统一性价值创造效应；③基于负债水平不同的分组研究表明，无论是负债不足的上市公司，还是负债过度的上市公司，都显著地支持和体现出财务责任融入公司融资战略的统一性价值创造效应；④基于公司产权性质的分组研究表明，国有上市公司与非国有上市公司在实际资本结构比率与资本结构调整速度方面存在显著差异，总体上前者负债过度而资本结构调整速度较慢、后者负债不足而调整速度较快，而财务责任二重属性在融资战略中协同提升公司价值创造的效应在国有上市公司与非国有上市公司中都显著存在和有效，这进一步支持了财务责任统一性价值创造效应在公司融资战略中的普遍适用性，但同时，非国有上市公司组的财务责任回归系数要大于国有上市公司组且更为显著。

本章研究的可能贡献主要在两方面。第一，本章研究为公司通过优化资本结构动态调整策略来提升公司价值提供了经验证据的支持。本章验证和揭示了公司财务责任二重属性的统一性价值创造效应在公司融资战略中的客观存在性与普遍适用性，因此，我国上市公司在进行资本结构动态调整时应当注重与公司对财务资本提供者（股东和债权人）的财务责任履行相协调，从而合理应用财务杠杆，以取得提升公司价值与降低破产风险的双重效应。第二，本章研究为混合所有制公司的融资战略和融资行为优化提供了经验证据的支持。本章揭示了国有和非国有公司在融资战略中利用和发挥财务责任价值创造功能的一致性与差异性，其中差异性表明，在融资战略中，建立了市场化机制的公司能够更好、更为显著地发挥财务责任二重属性的统一性价值创造效应。因此，混合所有制公司的融资战略和融资选择应注重将非国有资本的充分市场化、创造力与国有资本的规模优势、发展优势相结合，从而通过各取所长、相互促进的方式来更好地发展混合所有制经济。

第四章 财务责任融入公司人力资本战略的价值创造实证检验

财务性回报带来的激励效应是公司人力资本付出更多创造性劳动的核心驱动力，而创造性劳动是公司价值得以成长的根本源泉。因而，深入探讨并检验人力资本战略中公司财务责任创造价值的内在机理，能够为公司人力资源战略充分发挥公司财务责任的价值创造作用提供理论证据与有益参考。

第一节 理论分析与研究假设

一、理论分析：财务责任在公司人力资本战略中的融入及其影响

一方面，从与人力资本战略相联系的财务责任自然属性来看，其旨在追求以合理的财务支出来换取更富有效率和更富有效益的人力资本价值创造产出（以下简称"产出效益"），这实质上是公司财务责任自然属性具体维度的财务追求责任（具体定义见第一章）在人力资本战略活动中的外化表现。例如，国资委自 2010 年起在央企全面实施 EVA 财务绩效评价机制的变革举措，就是推动公司财务责任自然属性在人力资本战略中更好发挥其价值追求和激励效应的一个典型事件。

另一方面，从与人力资本战略相联系的财务责任社会属性来看，由于管理层和员工都为公司投入了专用性人力资本，因此他们享有当然的财务回报索取权，公司亦由此形成了对人力资本投入者（管理层和员工）给予相应回报的

财务性责任。由此，管理层和员工的人力资本专用性程度越高、人力资本的贡献越大，则公司对管理层和员工履行的回报性财务责任相应地也应该越大。例如，其他条件相同的情况下，工龄更长的员工，由于其人力资本专用性程度更高，承担了相对更多的公司剩余风险，因而其薪酬也往往相对更高。根据公平理论，依据人力资本的专用性程度和人力资本的相对贡献程度确定公司对管理层和与员工的回报性财务责任，具有合理性与公平性，并有利于形成人力资本基于公平性感知的激励效应。

因此，在公司人力资本战略中，公司财务责任二重属性为战略的科学规划和有效实施发挥了不可或缺的重要作用：公司财务责任的自然属性有助于提升公司人力资本的价值创造产出效率，能够为公司人力资本战略确立合理的发展方向；而公司财务责任的社会属性是维护、深化公司与管理层及员工合作关系的财务纽带，是公司人力资本战略实现激励相容效应的必要条件。

所以，从财务资源使用的责任性与效率效益性来看，与公司财务责任的全面融合是公司人力资本战略成效得以保障的重要方式，这对于战略规划与实施的有效性有着重要影响。

具体而言，公司人力资本战略与公司财务联系最为直接与紧密的莫过于公司人力资本战略的核心问题——薪酬支付问题。薪酬支付关系是否具有良好的激励性是发挥公司人力资本之价值创造效应的关键所在，同时这也是公司建立战略性竞争优势的重要基础。这是因为，薪酬支付关系是公司与管理层、员工之间最直接也是最基本的契约关系：管理层和员工投入人力资本并承诺发挥人力资本创造公司价值的应有作用，从而换取公司支付的相应薪酬。在一定意义上来说，公司人力资本战略中的其他方面都是围绕薪酬支付关系而发展、衍生形成的。而更重要的是，这一关键性契约关系的稳定性与互益性必须通过公司财务的客观评定、准确衡量与实际支付来保障。也就是说，公司财务对于薪酬支付的效率和效益有着不可推卸的关键责任。因此，以公司薪酬支付为切入点探讨公司财务责任的价值创造机理，可以为公司在人力资本战略中更好地运用财务责任创造公司价值提供直接的证据和有益的参考。

二、研究假设

从总体上来看，在公司人力资本战略中，对财务效率性的追求是公司财务责任自然属性的基本主题，而财务公平性则是财务责任自然属性所隐含的内生要求：其一，在公司的发展战略中，追求财务效率性是公司财务责任自然属性的具体维度之一①，因而财务效率性是一个天然内生的基本主题；其二，倘若没有公平性，便不能保障人力资本战略中财务资源配置的合理性，从而无法保障人力资本战略中财务资源配置的效率性，因而财务公平性是公司财务责任自然属性所隐含的一个内生要求。

从公司财务视角来看，在人力资本战略中，实行和改进财务业绩评价机制等方式是履行公司财务责任自然属性内在要求的有效实现方式。科学合理的财务业绩评价机制作为公平、合理、有效的财务性尺度与依据，可以从公司财务的维度为公司人力资源战略提供有效的评价性工具与激励性指引，进而有效地协助提升公司人力资本的价值创造产出效率。

由于公司财务责任的自然属性可以通过保障和提升财务公平性和财务效率性的方式来协助提升公司人力资本的价值创造产出效率，故本章认为，财务责任的自然属性在人力资本战略中应当具有价值相关性。据此本章提出假设1。

假设1：在公司的人力资本战略中，在其他条件相同情况下，公司对财务责任自然属性内在要求的遵循情况与公司价值正相关。

在人力资本战略中，公司财务责任社会属性看起来应该是公司财务得以发挥激励作用的主要方面。由于公司对管理层和员工财务责任的履行主要是通过薪酬给付的方式，薪酬的具体给付又往往与公司价值的创造成效（公司业绩表现）有着直接的系统性联系；因此，从逻辑上来看，公司对人力资本投入者财务责任的积极履行往往能够促使人力资本更积极地创造和提升公司价值。

然而，公司对财务责任社会属性要求的责任履行行为并不必然在人力资本战略中发挥出激励人力资本创造公司价值的积极作用。根据期望理论（Expectancy Theory），如果公司对于管理层和员工的薪酬性财务回报与公司业绩之间不能够有效地建立联系机制与约束机制，公司则无法有效地激励他们为公司投入更多的专用性人力资本。同时，根据公平理论（Equity Theory），薪酬激励有效性还在于雇员对于薪酬体系的公平性价值判断。换言之，如果公司对管理层和员工的财务责任履行（薪酬给付）并不能较为合理地与他们的贡献相匹配，那么此时公司财务责任的社会属性在人力资本战略中也是无效的、没有价值创造性的。

由此可见，在人力资本战略中，公司对财务责任社会属性要求的责任履行行为本身并不足以构成公司价值创造的充分条件，它实质上是一个从激励相容的角度来影响公司价值创造的调节性变量：根据期望理论（Expectancy Theory）

---

① 具体的理论论证见本书第一章第三节和第二章第一节中的相关内容。

与公平理论（Equity Theory），公司对财务责任社会属性的履行需要与能够体现有效性与公平性的财务责任自然属性相结合，才能有效地激励人力资本更好地创造公司价值。

因此，归结起来，公司人力资本战略中财务责任的统一性价值创造效应具体表现为：在公司的人力资本战略中，公司财务责任自然属性可以通过优化财务业绩评价机制等具体实现方式来保障和提升薪酬体系的公平性和效率性，在此基础上，公司财务责任的社会属性（对管理层和员工回报性财务责任）履行得越充分、越符合财务业绩评价机制的约束激励导向，公司财务责任激励人力资本创造公司价值的产出效应也就越好。

这与本书在第二章中所论证的财务责任价值机理是完全一致的：公司财务责任的二重属性在人力资本战略中通过相互配合、协同统一的方式实现价值创造、提升公司价值。由此，本章提出假设 2 与假设 3。

假设 2：在公司的人力资本战略中，在其他条件相同情况下，公司对财务责任自然属性的遵循与公司对管理层财务责任的积极履行之间具有协同提升公司价值的统一性价值创造效应。

假设 3：在公司的人力资本战略中，在其他条件相同情况下，公司对财务责任自然属性的遵循与公司对员工财务责任的积极履行之间具有协同提升公司价值的统一性价值创造效应。

第二节　研究设计

一、变量定义

（一）被解释变量

本章的被解释变量与第三章的相同，也是公司价值，同样由托宾 Q 值（TQ）来代理。因为从理论依据与实证研究的应用情况来看，托宾 Q 值是衡量公司价值的一个较为合适的客观指标。与第三章相同，本章直接采用了国泰安 CSMAR 数据库对托宾 Q 值 A 的计算方法与计算结果。

（二）解释变量

1. 人力资本战略下财务责任自然属性的度量

根据本书的界定，公司财务责任的自然属性是现代公司制度下公司追求价值增值的公司自然属性在公司财务层面的原则性体现与责任性要求（具体界定见第一章第三节）。那么，如前所述，在人力资本战略中，财务责任的自然属性主要体现在追求用于人力资本之财务资源的产出效率上，即如何以更具有效率的财务支付来换取人力资本创造公司价值的效益产出。从财务的视角，通过财务业绩评价来履行公司财务责任自然属性的内在要求，就是一类典型的具体实现方式。国资委自 2010 年起在央企全面实施 EVA 财务绩效评价机制（以下简称"EVA 评价机制"）的变革举措就是一个典型的案例。张先治和李琦关于央企控股上市公司引入 EVA 评价机制的研究表明，EVA 评价机制作为引导公司由利润管理转向价值管理的财务评价方式，有效抑制了公司投资过度与投资不足的问题，从而提升了公司的投资效率。池国华、王志和杨金的研究进一步支持了这一观点。基于这些研究，本章认为，EVA 评价机制作为强调价值管理的有效财务评价激励方式，同时具备财务公平性与财务效率性的基本特征，能够有效发挥出激励人力资本创造公司价值的积极作用，因而可以作为人力资本战略中财务责任自然属性的代理变量。

2. 人力资本战略下财务责任的社会属性的度量

公司人力资本战略中涉及的主要利益相关者是管理层和员工，因此，公司积极履行对作为人力资本提供者的管理层和员工的财务责任以激励他们为公司价值的创造投入更多的创造性劳动，是公司财务责任社会属性在人力资本战略中最直接的体现。无论是管理层还是员工，公司的薪酬支付都是公司履行对人力资本财务责任的主要方面。不同之处在于，员工通常只能获得货币性薪酬，而管理层除了货币性薪酬之外，还有可能获得权益性薪酬如股票期权等薪酬项目。

现有研究主要将"支付给职工以及为职工支付的现金/营业收入"作为公司对管理层和员工付出劳动的相应财务回报和财务义务。就具体项目而言，"支付给职工以及为职工支付的现金"反映了职工当期实际领取的薪酬总和，而其与营业收入之比则反映了公司对于营业收入中员工贡献率的认定情况。

因此，本书拟选择使用这一指标作为公司对员工财务责任履行情况的代理变量（以下简称"员工薪酬支付比"）。一方面，人力资本的薪酬往往与营业收入总额有着密切的系统性联系，因此这一指标能够较好地表征公司对人力资本按其贡献所应当给予财务回报的合理关系。另一方面，相比以权责发生制为基础生成的会计指标，以收付实现制为基础计算而来的现金流指标对员工财务利益的保障性更为直接和可靠。

为使代理变量更准确地对应公司对员工财务责任的履行情况，本书将该指标中所包含的对管理层财务责任履行的现金部分进行了剔除：采用"（当期支付给职工以及为职工支付的总现金流出−其中支付给管理层的货币性薪酬）/

营业收入"来衡量公司对员工财务责任的履行情况。

同理，公司对管理层的财务责任履行也可以用同样的口径进行计量和确定，即可以用"支付给管理层的总薪酬/营业收入"（以下简称"管理层薪酬支付比"）作为公司对管理层财务责任履行情况的代理变量，这里所说的管理层包括董事、监事及高管这三个方面公司高层人员，而管理层总薪酬又主要通过货币性薪酬和权益性薪酬[1]两部分进行计量。

（三）控制变量

对于与模型设定相关的主要控制变量 X，本书参考先前文献的相关研究，按照公司财务状况特征类、公司治理特征类、资本市场相关特征类这三个不同层面进行选择和确定，以较为充分、合理地控制住与模型有关的其他各方面影响因素，尽可能地减少模型设定中的变量遗漏问题与内生性问题。控制变量的具体设定与第三章完全一致（见第三章表3-2）。

此外，对于不同年份和行业，本章设置了虚拟变量进行相应的反映和控制。综上，本章在实证研究中所用到的相关变量如表4-1所示：

表4-1　变量定义表

	变量名称	变量含义	度量标准
被解释变量	TQ	公司价值	公司市场价值/资产总额，以公司托宾 Q 值为公司价值的代理变量。其中，计算公司市场价值时公司非流通股份取每股净资产来替代计算
解释变量	EVA_{if}	EVA 评价机制的引入实行	虚拟变量：①纵向比较时：2010 年的央企下属上市公司样本取 1，2008 年与 2009 年的央企下属上市公司样本取 0；②横向比较时，2010 年的央企下属上市公司样本取 1，通过 PSM 得到的 2010 年非央企对照组上市公司样本取 0。这一虚拟变量作为人力资本战略中财务责任自然属性是否得到遵循的代理变量
	PM	管理层薪酬支付比	支付给管理层的总薪酬/营业收入，其中管理层总薪酬=货币性薪酬+权益性薪酬，作为公司对管理层财务责任履行情况的代理变量
	PE	员工薪酬支付比	（当期支付给职工及为职工支付的总现金流出-其中支付给管理层的货币性薪酬）/营业收入，作为公司对员工财务责任履行情况的代理变量

---

① 本章所说的管理层总薪酬中的货币性薪酬部分包括基本工资、奖金、福利、补贴、住房津贴及其他津贴，而权益性薪酬包括管理层每一期期末所持有股权和期权的市场价值，其中期权为当年获得的股票期权和往年获得但尚未执行的期权。

表4-1(续)

变量名称	变量含义	度量标准
	Roa	公司盈利能力	总资产报酬率，EBIT/上期末总资产与本期末总资产的平均余额
	Lev	公司偿债能力	资产负债率，总负债/总资产
	GI	公司成长性	公司营业收入增长率
	PInA	无形资产密集度	期末无形资产净额/总资产
控制变量	Size	公司规模	公司总资产的自然对数
	FS	第一大股东持股比	公司第一大股东持有的股权比例
	SB	股权制衡度	第二至第五大股东持股数之和/第一大股东持股数
	PID	独立董事比例	公司董事会中独立董事所占比例
	TJ	两职合一情况	如董事长与总经理两职合一，取值为1，否则为0
	State	公司性质	如样本上市公司为国有企业，取值为1，否则为0
	Beta	公司股票收益风险	用公司股票收益风险来衡量，数据取自CSMAR数据库
	Tlist	公司上市时间	样本观测年份减去公司上市年份后加1

二、模型设计

参考王端旭和潘奇检验"利益相关者满足程度[①]"对公司价值创造之调节性效应的模型设计，建立了模型（4-1）以对本章提出的研究假设进行检验。

$$TQ_{i,t} = \alpha_0 + \beta_1 EVA_{if} + \beta_2 PM_{i,t} + \beta_3 PE_{i,t} + \beta_4 \times EVA_{if} \times PM_{i,t} + \beta_5 \times EVA_{if} \times PE_{i,t} + \beta_6 X + \varepsilon_{i,t} \tag{4-1}$$

其中，被解释变量TQ代表公司价值，用托宾Q值来衡量。解释变量为代表财务责任自然属性遵循情况的EVA评价机制EVA_{if}，以及代表财务责任社会属性履行情况的管理层薪酬支付比PM（代表公司对管理层财务责任的履行情况）与员工薪酬支付比PE（代表公司对员工财务责任的履行情况）。X代表控制变量，ε代表随机扰动项。

---

① 本书在文献综述部分已经论述，"利益相关者满足"概念的理论逻辑是分析公司从财务上积极回应和满足利益相关者的"利益索取权"的重要性和价值相关性，其在实证检验中所采用的计量指标也都是以各利益相关者相关的财务指标作为代表变量，所以，从公司财务的视角来看待，这些相关概念的提出和探讨实质上只是从利益相关者的立场来"换位探讨"公司对利益相关者的财务责任履行情况及其带来的经济后果问题。

具体而言，模型（4-1）中剔除两个交互项的回归分析用于检验假设 1 即检验公司人力资本战略中财务责任自然属性的价值相关性，包含两个交互项的回归分析用于检验假设 2 和假设 3 即检验财务责任二重属性在公司人力资本战略中的协同统一性价值创造效应。

三、样本选取与数据处理

本书参考张先治和李琦的样本选取方法①，以 2008—2010 年沪深主板 A 股中央企所属上市公司为基本研究样本②。在此基础上，按如下标准对初始样本进行筛选③：①剔除央企所属上市公司中的 B 股上市公司；②剔除金融类等适用特殊会计制度的上市公司；③剔除 ST 及 PT 类上市公司；④剔除经手工查询补充有关公开财务报告相关信息后仍然存在缺失值的上市公司样本。由此，共获得可观测公司样本 641 个。其中，2008 年可观测样本 203 个，2009 年可观测样本 211 个，2010 年可观测样本 227 个。为控制离群值对结论的影响，保证估计结果稳健可靠，对所有的连续变量在上下 1% 的水平上进行了 winsorize 处理。研究所涉及的数据取自国泰安 CSMAR 数据库和 Wind 数据库。

同时，如果按照证监会 2001 年或 2012 年颁布的行业分类标准，则央企所属上市公司分布在各行业中的变异性较大，例如，在 2008—2010 年的可观察样本中，有的行业中只有 6 个观测样本（如 A 类农林业）。因此，为保证行业控制变量的合理性和有效性，避免部分行业内公司数目过少而造成统计检验量的偏误，参考池国华、王志和杨金对实行 EVA 评价机制的国有控股上市公司样本进行回归分析时的行业控制方式④，本书同样以证监会 1999 年《中国上市公司分类指引（试行）》为上市公司样本行业分类依据，将观测样本归类为代表工业类、房地产业类、公用事业类、商业类和综合类共 5 个大类行业，并相应设置 4 个行业虚拟变量来进行行业控制。

---

① 李琦. 基于经济增加值业绩评价的国有企业非效率投资治理研究 [D]. 大连：东北财经大学大学，2012：92-94.

② 至 2010 年年末，只有中央企业全面进行了 EVA 业绩考核，故采用中央企业作为样本。又由于央企控股上市公司的财务报表需要合并到央企集团，因此可以采用央企控股上市公司作为样本进行本节的假设检验。

③ 在张先治和李琦的研究中没有剔除 ST 类上市公司样本，在这一点上本书有所不同，采用的是剔除了 ST 类上市公司的观测样本。同时，本书也对未剔除 ST 类上市公司的观察样本进行了回归检验，检验结论也完全一致。

④ 池国华，王志，杨金. EVA 考核提升了企业价值吗？[J]. 会计研究，2013（11）：62-63.

四、估计方法

为考察财务责任自然属性遵循情况的差异，本章利用了国资委 2010 年在央企范围内全面执行 EVA 绩效评价机制的外生事件，从而可以将 2010 年央企下属的上市公司视为更好地遵循了财务责任自然属性要求的样本公司。为了抑制样本的有偏性影响与回归估计潜在的内生性问题，本书参考张先治和李琦的处理方法，在主回归中，本章同时从纵向和横向两个方面对人力资本战略中的财务责任问题进行了比较与考察：①将 2008 年至 2010 年的央企下属上市公司作为观察样本进行纵向比较，以考察执行 EVA 绩效评价机制这一外生事件发生前后公司财务责任价值创造效应的差别；②将 2010 年的央企下属上市公司视为实行 EVA 绩效评价机制组（处理组），通过倾向匹配得分法（Propensity Score Matching，PSM）从 2010 年非央企上市公司中匹配出未实行 EVA 绩效评价机制的对照组（对照组），从而进行同一年度的横向比较，以进一步考察执行 EVA 绩效评价机制的央企上市公司与未执行 EVA 绩效评价机制的其他上市公司在财务责任价值创造效应方面是否存在显著性差异。

参考张先治和李琦、池国华、王志和杨金等相关研究的做法，本章在基本回归分析中采用 OLS 回归估计，对于其中的多重共线性问题与异方差问题进行如下处理：①在进行正式的回归估计之前，对模型（4-1）的 VIF 进行了测试，结果显示所有变量的 VIF 值都小于 2.49，不存在严重的多重共线性问题，故不会对回归估计带来显著的影响；②为减少异方差因素对回归估计的影响，在回归估计中采用 White 异方差修正技术对异方差问题进行了控制。

对于潜在的内生性问题，本章一方面通过基于 PSM 的横向比较回归，在一定程度上缓解了内生性因素的影响；另一方面，通过在稳健性检验中使用面板固定效应回归估计、面板随机效应回归估计、稳健性回归估计等其他估计方法来进一步减少内生性因素的干扰。此外，本章还通过缩小研究样本、被解释变量与解释变量的替代检验等方法进一步提升了研究结论的稳健性。

第三节　实证分析

一、描述性统计

表 4-2 列示了 2008—2010 年央企下属上市公司样本中主要变量的描述性统计情况。主要变量的数据特征如下：

（1）公司价值的代理变量 TQ（托宾 Q 值）的均值为 1.854，而中位数为 1.381，说明样本中市场估值高的公司占比较多，样本存在一定程度上的右偏特点；标准差为 1.636，表明不同公司的托宾 Q 值较为分散。

（2）公司对管理层财务责任履行情况的代理变量 PM（管理层薪酬支付比）的均值为 0.29%，而中位数为 0.11%，标准差为 1.46%，这表明样本中不同公司为管理层支付的总薪酬占公司营业总收入的比例差异大、离散度大，这可能是由不同的央企下属上市公司对于管理层对收入贡献程度的评价差别较大导致的。

（3）相比之下，公司对员工财务责任履行情况的代理变量 PE（员工薪酬支付比）在分布上明显要比 PM（管理层薪酬支付比）集中得多：员工薪酬支付比的均值为 9.84%，中位数为 8.35%，而标准差为 7.15%。这暗示着央企下属上市公司对于员工对收入贡献程度的评价与实际支付在总体上差异化程度并不太大。

（4）控制变量方面，Roa（总资产报酬率）均值和中值分别为 5.793% 与 5.320%，而 Lev（资产负债率）的均值和中值分别为 51.55% 和 52.28%，央企下属上市公司的营利能力与负债水平从总体上来看与 2008 年至 2010 年上市公司的总体平均水平比较接近：2007 年至 2014 年，我国上市公司的 Roa（总资产报酬率）和 Lev（资产负债率）总体均值为 5.78% 与 45.3%（数据取自本书第三章）。

表 4-2　总样本的描述性统计

变量	样本数	均值	标准差	最小值	中位数	最大值
TQ	641	1.854	1.636	0.134	1.381	12.86
EVA_{if}	641	0.354	0.479	0	0	1
PM	641	0.002 9	0.014 6	2.357e-06	0.001 1	0.352
PE	641	0.098 4	0.071 5	0.005 9	0.083 5	0.975
Roa	641	0.057 93	0.063 93	-0.270 7	0.053 20	0.279 5
Lev	641	0.515 5	0.213 5	0.037 30	0.522 8	1.173
GI	641	23.79	50.28	-90.81	18.93	474.9
PInA	641	0.036 4	0.041 0	0	0.024 7	0.270
Size	641	22.43	1.671	19.71	22.12	26.85
FS	641	43.15	14.89	11.37	44.58	86.42

表4-2(续)

变量	样本数	均值	标准差	最小值	中位数	最大值
SB	641	0.431	0.436	0.009 7	0.261	2.435
PID	641	0.367	0.062 3	0.143	0.333	0.800
TJ	641	0.067 1	0.250	0	0	1
Beta	641	1.074	0.333	−0.346	1.078	2.437
Tlist	641	9.866	4.630	1	10	19

二、相关系数分析

表4-3列示了模型各变量的pearson相关系数矩阵表。表4-3中相关系数显示：

（1）人力资本战略中财务责任自然属性的代理变量EVA_{if}（EVA财务业绩评价机制是否实施）与公司价值的代理变量TQ（托宾Q值）的相关系数为0.216且在1%水平上显著。这初步表明，在不考虑其他方面因素的情况下，公司通过实施EVA财务业绩评价机制来遵循财务责任自然属性的内在原则要求，与公司价值具有正相关关系，因此假设1得到了初步的支持。

（2）人力资本战略中公司对管理层财务责任履行情况的代理变量PM（管理层薪酬支付比）与公司价值的代理变量TQ（托宾Q值）的相关系数为0.186且在1%水平上显著。这初步表明，在公司人力资本战略中，公司对管理层财务责任的履行情况应该是公司价值创造的一个必要考察因素。

（3）人力资本战略中公司对员工财务责任履行情况的代理变量PE（员工薪酬支付比）与公司价值的代理变量TQ（托宾Q值）的相关系数为0.215且在1%水平上显著。这初步表明，在公司人力资本战略中，公司对员工财务责任的履行情况也应该是公司价值创造的一个必要考察因素。

（4）PM与PE的相关系数仅为0.36且在1%水平上显著，相关系数小于0.5，这表明两者间没有明显的共线性问题，这也从侧面佐证了本章对于管理层和员工财务责任所采用的度量方式的适当性。

同时，结果显示，所有变量的VIF值都小于2.49，故多重共线性问题不会对回归检验有显著性影响。

表 4-3　相关系数矩阵表 Ⅰ

变量	TQ	EVA_{if}	PM	PE	Roa	Lev	GI	PInA
TQ	1							
EVA_{if}	0.216***	1						
PM	0.186***	0.044 0	1					
PE	0.215***	-0.016 0	0.360***	1				
Roa	0.243***	0.109***	-0.058 0	0.018 0	1			
Lev	-0.510***	-0.004 0	-0.087**	-0.212***	-0.231***	1		
GI	0.004 0	0.147***	-0.091**	-0.117***	0.242***	0.065*	1	
PInA	0.126***	0.004 0	-0.054 0	0.019 0	0.186***	-0.086**	-0.015 0	1
Size	-0.479***	0.071*	-0.162***	-0.274***	0.053 0	0.444***	0.100**	-0.016 0
FS	-0.114***	-0.008 0	-0.109***	-0.052 0	0.152***	0.053 0	0.053 0	0.045 0
SB	0.063 0	-0.002 0	0.126***	0.097**	-0.035 0	-0.008 0	0.017 0	-0.104***
PID	-0.098**	0.056 0	-0.058 0	-0.083**	-0.023 0	0.087**	0.027 0	0.143***
TJ	-0.004 0	-0.029 0	-0.016 0	-0.018 0	0.009 0	-0.019 0	-0.005 0	0.024 0
Beta	-0.226***	-0.135***	-0.008 00	-0.014 0	-0.150***	0.057 0	-0.035 0	-0.014 0
Tlist	-0.041 0	0.100**	-0.012 0	0.022 0	-0.132***	0.067*	-0.006 0	0.016 0

注：*，**，*** 分别表示在10%，5%和1%水平上显著。

表 4-3　相关系数矩阵表 Ⅱ

变量	Size	FS	SB	PID	TJ	Beta	Tlist
Size	1						
FS	0.402***	1					
SB	-0.056 0	-0.600***	1				
PID	0.330***	0.111***	-0.042 0	1			
TJ	-0.093**	-0.023 0	-0.043 0	0.059 0	1		
Beta	0.041 0	0	-0.057 0	-0.043 0	-0.024 0	1	
Tlist	-0.090**	-0.194***	-0.155***	-0.167***	-0.029 0	0.092**	1

注：*，**，*** 分别表示在10%，5%和1%水平上显著。

三、回归结果分析

（一）人力资本战略中财务责任二重属性与公司价值的回归分析：基于纵向比较的视角

表4-4列示了人力资本战略中公司财务责任二重属性与公司价值基于纵

向比较的回归结果：列（1）列示了公司财务责任自然属性（表示是否实施了 EVA 评价机制的 EVA_{if}）与公司价值 TQ（托宾 Q 值）的回归结果；列（2）列示了在控制 EVA_{if} 的基础上，公司对管理层财务责任的履行情况（PM）和公司对员工财务责任的履行情况（PE）对公司价值（托宾 Q 值）的增量回归结果；列（3）列示了在控制 EVA_{if}、PM 和 PE 的基础上，交互项 $EVA_{if} \times PM$ 和 $EVA_{if} \times PE$ 对公司价值 TQ 的回归结果。

如表 4-4 所示，无论是否控制公司财务责任社会属性或财务责任自然属性与财务责任社会属性的交互项，公司财务责任自然属性对公司价值的创造均具有显著的正向作用，体现在列（1）、列（2）、列（3）的 EVA_{if} 的回归结果上，回归系数分别为 1.256、1.246、1.240，t 值分别为 12.12、12.12、12.45，均在 1% 的水平上显著。回归结果充分表明了在人力资源战略中遵循财务责任自然属性的内在原则性要求（实施 EVA 评价机制）对于提升人力资本价值产出效率的有效性，从而有力地支持了假设 1。

无论是否加入交互项，作为公司对管理层财务责任履行情况代理变量的管理层薪酬支付比（PM）与作为公司对员工财务责任履行情况代理变量的员工薪酬支付比（PE），与公司价值（托宾 Q 值）之间都不存在显著的直接相关关系。结果可能暗示，公司对管理层和员工财务责任的履行对于公司价值的创造效应具有间接性，需要借助财务责任自然属性的履行才能发挥价值创造的功能，这也是本章在列（3）中加入交互项的原因之一。

在列（3）中，EVA_{if} 与 PM 的交互项 $EVA_{if} \times PM$ 的系数为 78.200 且在 5% 水平上显著，即交互项 $EVA_{if} \times PM$ 与公司价值之间为显著的正相关关系。这表明，以公司人力资本战略为联结中心与协同中心，公司财务责任二重属性之间形成了协同提升公司价值的统一性价值创造效应，因此假设 2 得到了支持。

同时，EVA_{if} 与 PE 的交互项 $EVA_{if} \times PE$ 的系数为 3.370 且在 5% 水平上显著，即交互项 $EVA_{if} \times PE$ 与公司价值之间为显著的正相关关系。这表明，以公司人力资本战略为联结中心与协同中心，公司财务责任二重属性之间形成了协同提升公司价值的统一性价值创造效应，因此假设 3 得到了支持。

由于 EVA_{if} 为虚拟变量，因此回归结果中两个交互项与公司价值显著正相关的实际意义是：在没有实行 EVA 评价机制的 2008 年与 2009 年，公司对人力资本的薪酬性财务支付未能起到显著促进公司价值增长的效应；而在正式全面引入 EVA 评价机制的 2010 年，在 EVA 评价机制的责任约束和激励指引下，公司的薪酬性财务支付发挥了显著的人力资本激励相容效应。换言之，在实施 EVA 评价机制的外生事件视角下，在公司人力资本战略活动中，公司对财务责任自然属性的遵循与公司对管理层及员工财务责任的积极履行之间表现出了协同提升公司价值的统一性价值创造效应。因此，假设 2 和假设 3 从理论到数据都得到了有力的支持。

表4-4　人力资本战略中财务责任二重属性与公司价值的纵向回归结果

变量	TQ (1)	TQ (2)	TQ (3)
EVA_{if}	1.256***	1.246***	1.240***
	(12.12)	(12.12)	(12.45)
PM		26.156	1.144
		(1.24)	(0.05)
PE		0.600	−0.545
		(0.75)	(−0.59)
$EVA_{if}×PM$			78.200**
			(2.27)
$EVA_{if}×PE$			3.370**
			(2.08)
Roa	0.030***	0.030***	0.029***
	(3.23)	(3.21)	(3.21)
Lev	−0.022***	−0.021***	−0.021***
	(−9.75)	(−9.33)	(−9.10)
GI	0.000	0.000	0.001
	(0.22)	(0.25)	(0.54)
PInA	2.748**	2.777**	2.950**
	(2.13)	(2.15)	(2.31)
Size	−0.422***	−0.390***	−0.387***
	(−13.03)	(−10.94)	(−11.30)
FS	0.013***	0.012***	0.011***
	(3.14)	(2.86)	(2.82)
SB	0.444***	0.381***	0.366**
	(3.05)	(2.62)	(2.54)
PID	0.405	0.415	0.430
	(0.56)	(0.58)	(0.62)

表4-4(续)

变量	TQ (1)	TQ (2)	TQ (3)
TJ	−0. 302**	−0. 271**	−0. 279**
	(−2. 31)	(−2. 09)	(−2. 18)
Beta	−0. 374**	−0. 366**	−0. 345**
	(−2. 48)	(−2. 39)	(−2. 24)
Tlist	−0. 014	−0. 007	−0. 006
	(−1. 05)	(−0. 51)	(−0. 47)
Ind_effect	Controlled	Controlled	Ind_effect
Year_effect	Controlled	Controlled	Year_effect
Constant	10. 970***	10. 145***	10. 196***
	(16. 90)	(12. 98)	(13. 56)
Observations	641	641	641
Adj. R^2	0. 563	0. 565	0. 581
F	37. 29	33. 35	32. 42

注：括号内为基于 White 稳健标准误修正后的 t 值；*，**，*** 分别表示在10%，5%和1%水平上显著。

(二) 人力资本战略中财务责任二重属性与公司价值的回归分析：基于横向比较的视角

表4-4 中以人力资本战略中的财务责任二重属性对公司价值进行了纵向回归分析，即通过对央企上市公司 2008—2010 年在持续时间上的观测来进行检验。考虑到我国经济体制的建立背景，以央企为代表的国有企业群体天然地具有代表社会主义公有化的特性，且在市场经济条件下往往需要兼顾协同落实"经济增长、就业促进、就业稳定"等政府宏观调控目标，其在人力资本战略中的财务责任社会属性履行方面有着较为独特的地方，仅仅考虑"央企控股"样本中公司财务责任二重属性的价值创造功能可能无法解释这种效应是否在非"央企控股"上市公司也存在的情况。此外，也往往是人力资本战略中财务责任对公司价值促进作用较强的央企上市公司，才更有机会持续存在于资本市场中、并较少受到其他政府政策的影响（如合并等）。从这些角度来看，以"央企控股"为背景的回归检验有可能存在样本选择偏误的问题。

为验证本章回归结果的普遍适用性和控制潜在的内生性问题，本书采用倾向得分匹配法（Propensity Score Matching，PSM）[1] 来进行处理。PSM 在检验本章结论的有效性方面具有独特优势：一方面，由于本章考虑的财务责任自然属性的代理变量为虚拟变量 EVA_{if}（取 1 表示实施了 EVA 绩效评价机制，取 0 表示未实施），而这种评价机制 2010 年当年只是强制要求在央企上市公司范围内实施，故采用 2SLS、Heckman 等其他只能在现有样本上进行回归的方法并不能有效检验结论的普适性问题；另一方面，在控制样本自选择方面，相比于 Heckman 二阶段回归，PSM 能够更好地找到除是否实行 EVA 评价机制变量之外其他情况基本一致的上市公司，从而更能增强结论的稳健性。本章采用 PSM 方法步骤如下：

第一步，定义处理组和对照组。本章依据是否实行 EVA 财务绩效评价机制，将 2010 年度 A 股非 ST 上市公司划分为实行 EVA 财务绩效评价机制组（处理组）和未实行 EVA 财务绩效评价机制组（对照组），在这里处理组即为纵向比较样本中 2010 年度央企控股的 227 家上市公司。

第二步，对处理组进行 1 对 1 的精确匹配。参考王雄元和彭璇的做法，以纵向回归中的解释变量和反映公司特征的主要控制变量为匹配变量，使用 Logit 模型（4-2）估计得到的处理组倾向评分值 PS 进行 1 对 1 近邻匹配，从而获得对照组中的配对样本 227 个。

$$LN(PS/1 - PS) = \beta_0 + \beta_1 PM + \beta_2 PE + \beta_3 Roa + \beta_4 Lev + \beta_5 Size + \beta_6 SB + \beta_7 TJ +$$
$$\beta_8 Beta + \beta_9 Tlist + \beta_9 Ind \qquad\qquad (4-2)$$

第三步，检验匹配的有效性。T 检验和单因素方差检验的结果显示，所有的匹配变量在处理组与对照组之间没有显著性差异，这表明，样本匹配比较符合 Balacing Assumption 和 Common Support 的要求，匹配是有效的。在此，主要列示了主要变量的 ATT（平均处理效应）差异性比较结果，如表 4-5 所示：处理组的公司价值（托宾 Q 值）显著高于对照组，而作为解释变量的 PM 与 PE 在两组间没有显著性差异。这表明，在其他变量相同的情况下，实行 EVA 绩效评价机制有效地提升了公司价值，这进一步支持了假设 1。

---

[1] 罗森鲍和鲁宾（Rosenbaum & Rubin）提出用于解决样本偏误问题的倾向得分匹配方法（Propensity Score Matching，PSM）。

表 4-5　基于 PSM 的分组样本差异性检验

项目	处理组	对照组	全样本	T 检验	单因素方差分析
TQ 均值	2.330 6	1.931 3	2.130 9	$t = 2.304\ 9^{**}$	$F = 5.31^{**}$
PM 均值	0.039 1	0.064 1	0.051 6	$t = -0.856\ 1$	$F = 0.73$
PE 均值	0.095 6	0.131 3	0.113 4	$t = -1.064\ 9$	$F = 1.13$

注：*，**，*** 分别表示在 10%，5% 和 1% 水平上显著。

在进行有效 PSM 的基础上，将处理组与对照组合并为总样本，对模型（4-1）再次进行了回归估计，从而得到了横向比较的回归结果，列示在表 4-6 中。

如表 4-6 中横向比较的回归结果所示，无论是否控制公司财务责任社会属性或财务责任自然属性与财务责任社会属性的交互项，公司财务责任自然属性对公司价值的创造均具有显著的正向作用，体现在列（1）、列（2）和列（3）的 EVA_{if}（EVA 评价机制实施情况）的回归结果上，回归系数分别为 0.447、0.455、0.954，t 值分别为 3.40、3.48、3.57，均在 1% 的水平上显著。回归结果表明，无论是否为央企上市公司，在人力资本战略中遵循财务责任自然属性的内在原则性要求都对提升公司价值具有显著的正效应，因此，假设 1 得到了进一步的支持。

同时，在列（2）和列（3）中，公司对管理层财务责任履行情况的代理变量 PM（管理层薪酬支付比）都不能独立地显著影响代理公司价值的变量 TQ（托宾 Q 值）。但是，当公司财务责任自然属性的代理变量 EVA_{if} 与 PM 相交乘时，交互项 $EVA_{if} \times PM$ 的系数为 0.498 且在 1% 水平上显著，从而表现出与公司价值 TQ 之间显著的正相关关系。回归结果表明，在公司人力资本战略中，当不考虑是否为央企背景时，财务责任自然属性与公司对管理层财务责任履行之间都具有协同提升公司价值的统一性价值创造效应，这进一步支持了假设 2。但同时，与纵向比较的回归结果相比，尽管横向比较回归结果中的交互项 $EVA_{if} \times PM$ 在显著性水平方面有了进一步的提升（显著性水平从 5% 提升到 1%），但交互项的系数却从 78.2 减少到 0.498。这进一步反映出，由于央企管理层薪酬支付制度的非市场化程度较高，因而在央企上市公司中财务责任的统一性价值创造效应更为明显和奏效。

同样，在列（2）和列（3）中，公司对员工财务责任履行情况的代理变量 PE（员工薪酬支付比）也不能独立地显著影响代表公司价值的变量 TQ（托宾 Q 值）。而当财务责任自然属性的代理变量 EVA_{if} 与 PE 相交乘时，交互

项 $EVA_{if}\times PE$ 的系数尽管为正，但仍然不具有显著性。这说明，假设 3 只能在央企的背景下获得支持。

因此，横向比较的回归结果揭示了制度设计中可能存在的明显缺陷：EVA 财务评价与激励机制的设计与实现只是主要凸显了对公司管理层的财务责任考核与财务激励约束，但对于员工层面的财务责任约束与财务激励相对欠缺，因它其只是在部分程度上遵循了公司财务责任自然属性的内在要求，故而它也只是在部分程度上有效提升了人力资本的价值创造效应。

表 4-6　人力资本战略中财务责任二重属性与公司价值的横向回归结果

变量	TQ PSM 总样本 （1）	TQ PSM 总样本 （2）	TQ PSM 总样本 （3）
EVA_{if}	0.447***	0.455***	0.954***
	（3.40）	（3.48）	（3.57）
PM		0.381	0.230
		（1.10）	（0.80）
PE		0.815	−0.157
		（0.82）	（−0.15）
$EVA_{if}\times PM$			0.498**
			（1.97）
$EVA_{if}\times PE$			2.320
			（1.41）
Roa	0.434	0.421	0.417
	（1.13）	（1.10）	（1.11）
Lev	−3.122***	−3.056***	−3.015***
	（−8.33）	（−7.88）	（−7.76）
GI	−0.001	−0.011	−0.021*
	（−0.04）	（−0.68）	（−1.83）
PInA	2.933**	2.943**	2.790*
	（2.05）	（2.02）	（1.88）
Size	−0.546***	−0.530***	−0.529***
	（−10.27）	（−9.70）	（−9.55）
FS	0.012*	0.011*	0.011*
	（1.96）	（1.94）	（1.93）
SB	0.384**	0.358**	0.351**
	（2.35）	（2.19）	（2.11）

表4-6(续)

变量	TQ PSM 总样本 (1)	TQ PSM 总样本 (2)	TQ PSM 总样本 (3)
PID	−0.125	−0.098	−0.173
	(−0.13)	(−0.10)	(−0.18)
TJ	−0.443***	−0.425***	−0.472***
	(−2.79)	(−2.65)	(−2.86)
state	−0.110	−0.069	−0.130
	(−0.63)	(−0.38)	(−0.71)
Beta	−0.954**	−0.953**	−0.940**
	(−2.57)	(−2.57)	(−2.53)
Tlist	−0.008	−0.009	−0.014
	(−0.38)	(−0.47)	(−0.73)
Ind_effect	Controlled	Controlled	Ind_effect
Year_effect	Controlled	Controlled	Year_effect
Constant	16.216***	15.657***	15.998***
	(12.97)	(11.90)	(12.11)
Observations	454	454	454
Adj. R^2	0.501	0.503	0.506
F	21.72	21.37	20.57

注:括号内为基于 White 稳健标准误修正后的 t 值;*,**,*** 分别表示在 10%,5% 和 1%水平上显著。

第四节　稳健性检验

由于在横向对比,本书仅收集 2010 年度的截面数据,故本节主要是对纵向比较方面进行稳健性检验。本节对模型(4-1)从以下四个方面进行了稳健性检验:第一,采用不同的回归估计方法;第二,缩小样本规模;第三,对公司价值和财务责任采用不同度量方法;第四,对控制变量采用不同度量方法。结果表明,不论是变换回归估计方法,缩小样本规模,还是变换回归估计模型中的被解释变量、解释变量或者控制变量,稳健性检验的结论均与上文的研究结论保持一致,因此本研究具有较好的稳健性,财务责任二重属性在人力资本战略协同提升公司价值的统一性价值创造效应具有一定的可靠性。稳健性检验的变量和指标均从国泰安数据库中获取。

一、稳健性检验1：采用不同的估计方法

本节首先分别采用了面板固定效应、面板随机效应和稳健性回归三种不同的回归估计方法对模型（4-1）进行回归检验。

表4-7中列示了采用这三种不同估计方法后的回归检验结果。这三列回归结果显示，调整后的可决系数分别为48.8%、59.11%和63.5%，相伴概率P值均小于0.001，表明模型设定在其他估计方法的回归检验中仍然比较适用，具有较好的解释力。

在表4-7中，公司财务责任自然属性的代理变量EVA_{if}在各列中的系数[1]都为正，且在1%的水平上具有显著性。

在此基础上，由列（1）和列（2）可知，在其他因素与条件相同的情况下，在采用面板固定效应估计方法、面板随机效应估计方法对模型（4-1）进行回归检验的结果中，本章所考察的两个交互项的系数的符号都为正，而且每个交互项的系数都在10%或5%的水平上具有显著性。同时，由列（3）可知，在其他因素与条件相同的情况下，在采用稳健性回归估计方法对模型（4-1）进行的回归检验中，本章所考察的两个交互项的系数的符号为正，并且每个交互项的系数都在5%或1%的水平上具有显著性。

回归模型（4-1）采用其他估计方法进行检验的回归结果表明，检验结果均与上文的研究结论保持一致，这稳健地支持了本章所提出的假设1、假设2和假设3。

表4-7　稳健性检验1——采用不同的估计方法

变量	TQ 面板固定效应 （1）	TQ 面板随机效应 （2）	TQ 稳健回归估计 （3）
EVA_{if}	omitted[2]	1.285 ***	1.067 ***
		（13.70）	（14.38）
PM	-37.540	-10.900	-21.037 *
	（-0.93）	（-0.45）	（-1.78）

---

① 由于EVA_{if}为虚拟变量，因此在采用面板固定效应估计方法时被剔除。

② 由于EVA_{if}为个体虚拟变量，故在面板固定效应的回归估计中会认为存在共线性问题而被剔除。

表4-7(续)

变量	TQ 面板固定效应 (1)	TQ 面板随机效应 (2)	TQ 稳健回归估计 (3)
PE	1.540	−0.191	0.098
	(0.66)	(−0.19)	(0.14)
$EVA_{if}×PM$	75.873 **	78.819 **	155.774 ***
	(2.22)	(2.36)	(9.04)
$EVA_{if}×PE$	2.068 *	2.467 *	2.292 **
	(1.69)	(1.93)	(2.09)
Roa	0.025 **	0.028 ***	0.015 ***
	(2.17)	(2.93)	(2.68)
Lev	−0.013	−0.020 ***	−0.018 ***
	(−1.43)	(−6.87)	(−10.78)
GI	0.001	0.001	0.000
	(0.96)	(0.56)	(0.46)
PInA	−1.448	2.177	2.093 ***
	(−0.42)	(1.33)	(2.65)
Size	−0.905 ***	−0.414 ***	−0.284 ***
	(−3.80)	(−9.84)	(−10.67)
FS	−0.005	0.011 **	0.014 ***
	(−0.29)	(2.07)	(4.53)
SB	−0.054	0.330 *	0.339 ***
	(−0.15)	(1.68)	(3.31)
PID	−0.898	0.340	0.159
	(−0.62)	(0.41)	(0.27)
TJ	−0.243	−0.298 *	−0.031
	(−1.02)	(−1.90)	(−0.26)
Beta	0.058	−0.134	−0.114
	(0.33)	(−0.85)	(−1.20)
Tlist	0.712 ***	−0.012	−0.016 *
	(11.88)	(−0.70)	(−1.67)
Ind_effect	Controlled	Controlled	Ind_effect
Year_effect	Controlled	Controlled	Year_effect

表4-7(续)

变量	TQ 面板固定效应 （1）	TQ 面板随机效应 （2）	TQ 稳健回归估计 （3）
Constant	16.670***	10.609***	7.471***
	(3.27)	(11.22)	(13.45)
Observations	641	641	641
Adj. R^2	0.488	0.591 1	0.635
F	20.27	.	51.70

注：括号内为基于 White 稳健标准误修正后的 t 值；*，**，*** 分别表示在 10%，5% 和 1% 水平上显著。

二、稳健性检验2：缩小样本后的回归检验

具体而言，采用了主要解释变量双边截尾的方式来筛选样本以获得缩小规模后的新样本：第一，按管理层薪酬支付比 PM 值的大小对各年度样本进行 10%分位数和90%分位数的双边截尾处理，从而获得各年度 PM 值相对居中的 80%样本（简称为缩小样本1）；第二，按员工薪酬支付比 PE 值的大小对各年度样本进行 10%分位数和90%分位数的双边截尾处理，从而获得各年度 PE 值相对居中的 80%样本（简称为缩小样本2）。

表4-8 中列示了缩小样本1和缩小样本2对模型（4-1）的回归结果。列（2）和列（4）的回归结果显示，调整后的可决系数分别为 58.9% 与 56.1%，F 值分别为 21.21 和 18.93，相伴概率 P 值均小于 0.001，表明模型设定在缩小样本的回归检验中仍然比较适用，具有较好的解释力。

在表4-8 中，公司财务责任自然属性的代理变量 EVA_{if} 在各列中的系数都为正且在 1%的水平上具有显著性。在此基础上，由列（2）可知，在其他因素与条件相同的情况下，在缩小样本1的回归结果中，本章所考察的两个交互项的系数的符号仍然为正，且每个交互项的系数仍然在 10%或 5%的水平上具有显著性。同时，由列（4）可知，在其他因素与条件相同的情况下，在缩小样本2的回归结果中，本章所考察的两个交互项的系数的符号仍然为正，且每个交互项的系数仍然在 10%或 5%的水平上具有显著性。

回归模型（4-1）利用缩小规模后的样本进行回归检验的结果表明，所有检验的结果均与上文的研究结论保持一致，这稳健地支持了本章所提出的假设1、假设2和假设3。

表 4-8　稳健性检验 2——缩小样本后的回归检验

变量	TQ		TQ	
	剔除 PM 各年度上下 10% 分位数后的缩小样本		剔除 PE 各年度上下 10% 分位数的缩小样本	
	(1)	(2)	(3)	(4)
EVA_{if}	1.292 ***	1.640 ***	1.227 ***	1.389 ***
	(10.88)	(7.41)	(8.51)	(8.18)
PM	27.649	−75.500	21.991	−1.055
	(0.32)	(−0.74)	(0.51)	(−0.03)
PE	0.420	−0.670	4.505	0.034
	(0.43)	(−0.62)	(1.48)	(0.01)
EVA_{if}×PM		309.127 *		70.936 *
		(1.95)		(1.65)
EVA_{if}×PE		3.951 **		12.844 **
		(2.01)		(1.98)
Roa	0.042 ***	0.044 ***	0.024 *	0.023 *
	(3.56)	(3.74)	(1.92)	(1.82)
Lev	−0.017 ***	−0.016 ***	−0.021 ***	−0.021 ***
	(−5.71)	(−5.37)	(−6.41)	(−6.24)
GI	0.001	0.001	0.003	0.003 *
	(0.52)	(0.65)	(1.49)	(1.70)
PInA	4.311 ***	4.373 ***	3.771 **	4.177 **
	(2.61)	(2.69)	(2.07)	(2.35)
Size	−0.531 ***	−0.538 ***	−0.362 ***	−0.364 ***
	(−8.21)	(−8.49)	(−6.77)	(−7.21)
FS	0.002	0.002	0.004	0.004
	(0.46)	(0.38)	(0.66)	(0.65)
SB	−0.177	−0.181	0.024	−0.007
	(−0.92)	(−0.91)	(0.11)	(−0.03)
PID	0.210	0.290	0.446	0.614
	(0.24)	(0.35)	(0.46)	(0.65)
TJ	−0.267 **	−0.306 **	−0.120	−0.079
	(−2.21)	(−2.36)	(−0.55)	(−0.38)
Beta	−0.633 ***	−0.617 ***	−0.200	−0.174
	(−3.34)	(−3.28)	(−0.89)	(−0.76)
Tlist	−0.043 ***	−0.043 ***	−0.023	−0.019
	(−2.83)	(−2.83)	(−0.98)	(−0.85)

表4-8(续)

变量	TQ 剔除 PM 各年度上下 10% 分位数后的缩小样本		TQ 剔除 PE 各年度上下 10% 分位数的缩小样本	
	（1）	（2）	（3）	（4）
Ind_effect	Controlled	Controlled	Controlled	Controlled
Year_effect	Controlled	Controlled	Controlled	Controlled
Constant	14.194***	14.522***	9.488***	9.845***
	（9.62）	（9.91）	（7.80）	（8.86）
Observations	344	344	340	340
Adj. R^2	0.579	0.589	0.548	0.561
F	21.87	21.21	20.52	18.93

注：括号内为基于 White 稳健标准误修正后的 t 值；*，**，*** 分别表示在 10%，5% 和 1% 水平上显著。

三、稳健性检验3：改变公司价值与财务责任的度量方法

为测试研究的稳健性，本节还进一步通过改变公司价值与财务责任度量方法的方式以更全面地进行稳健性检验。

对于被解释变量公司价值的代理变量托宾 Q 值，本书采用了另外其他三种不同的度量方式来度量和检验：第一种，计算托宾 Q 值时，分子取公司市场价值，计算公司市场价值时，公司非流通股份取每股净资产来替代计算，分母取资产总额剔除了无形资产和商誉后的有形总资产净额，用 TQ_b 表示；第二种，计算托宾 Q 值时，分子取公司市场价值，计算公司市场价值时，公司非流通股直接按流通股股价取值计算，分母取资产总额，用 TQ_c 表示；第三种，计算托宾 Q 值时，分子取公司市场价值，计算公司市场价值时，公司非流通股直接按流通股股价取值计算，分母取资产总额剔除了无形资产和商誉后的有形总资产净额，用 TQ_d 表示。

在前面的主回归中，本章用管理层和员工实际获取的薪酬除以当期营业收入来计算管理层薪酬支付比（PM）和员工薪酬支付比（PE），并作为公司对管理层和员工财务责任履行的代理变量参与回归检验。因为这两个指标的分子是基于现金流层面的实际获得薪酬额，因此，采用"销售商品、提供劳务收到的现金"替代"营业收入"作为分母重新计算管理层薪酬支付比和员工薪酬支付比（分别用 PM_c 和 PE_c 来表示），从而进行改变财务责任度量方法的稳健性检验。

表4-9列示了改变公司价值与财务责任度量方式后的回归检验结果。从列（1）到列（6），与表4-4的回归结果相比，公司财务责任自然属性的代理变量EVA_{if}的系数的符号方向和系数的显著性水平基本保持不变。

具体来看，列（1）至列（3）依次表示将TQ替换为TQ_b、TQ_c和TQ_d后对模型（4-1）进行回归检验的结果，与表4-4的回归结果相比，这三列中两个交互项的系数符号方向和系数的显著性水平基本保持不变。同时，列（4）至列（6）表示将重新计算得到的管理层薪酬支付比PM_c和员工薪酬支付比PE_c纳入回归方程后的检验结果。回归结果显示，两个交互项除显著性水平略有下降外，基本与表4-4的回归结果类似。

回归模型（4-1）进行公司价值变量及财务责任变量替换后的检验结果表明，所有检验的结果均与上文的研究结论保持一致，这稳健地支持了本章所提出的假设1、假设2和假设3。

表4-9　稳健性检验3——改变公司价值与财务责任的度量方法

变量	TQ_b	TQ_c	TQ_d	TQ	TQ	TQ
	改变公司价值的度量方法			改变公司财务责任履行的度量方法		
	（1）	（2）	（3）	（4）	（5）	（6）
EVA_{if}	1.293 ***	1.234 ***	1.304 ***	1.256 ***	1.237 ***	1.236 ***
	(12.34)	(12.47)	(12.09)	(12.12)	(11.99)	(12.23)
PM	-0.251	0.509	0.534			
	(-0.01)	(0.02)	(0.02)			
PE	-0.590	-0.484	-0.625			
	(-0.61)	(-0.53)	(-0.63)			
EVA_{if}×PM	80.004 **	79.250 **	81.906 **			
	(2.25)	(2.31)	(2.22)			
EVA_{if}×PE	3.412 **	3.291 **	3.447 **			
	(2.03)	(2.05)	(1.97)			
PM_c				30.252	4.715	
				(1.51)	(0.22)	
PE_c				0.328	-0.570	
				(0.48)	(-0.74)	
EVA_{if}×PM_c					61.975 *	
					(1.84)	
EVA_{if}×PE_c					2.633 *	
					(1.93)	

表4-9(续)

变量	TQ_b	TQ_c	TQ_d	TQ	TQ	TQ
	改变公司价值的度量方法			改变公司财务责任履行的度量方法		
	(1)	(2)	(3)	(4)	(5)	(6)
Roa	0.030***	0.029***	0.031***	0.030***	0.030***	0.029***
	(3.08)	(3.17)	(3.06)	(3.23)	(3.22)	(3.21)
Lev	−0.021***	−0.011***	−0.011***	−0.022***	−0.021***	−0.021***
	(−8.87)	(−4.74)	(−4.58)	(−9.75)	(−9.40)	(−9.29)
GI	0.001	0.001	0.001	0.000	0.000	0.000
	(0.55)	(0.51)	(0.60)	(0.22)	(0.26)	(0.45)
PInA	6.175***	2.959**	6.755***	2.748**	2.809**	2.964**
	(3.94)	(2.32)	(4.22)	(2.13)	(2.17)	(2.32)
Size	−0.401***	−0.386***	−0.402***	−0.422***	−0.388***	−0.390***
	(−11.24)	(−11.30)	(−10.93)	(−13.03)	(−10.94)	(−11.21)
FS	0.012***	0.011***	0.011**	0.013***	0.012***	0.012***
	(2.73)	(2.85)	(2.50)	(3.14)	(2.93)	(2.90)
SB	0.365**	0.366**	0.349**	0.444***	0.379***	0.371***
	(2.44)	(2.54)	(2.28)	(3.05)	(2.64)	(2.60)
PID	0.215	0.449	0.285	0.405	0.411	0.430
	(0.29)	(0.65)	(0.37)	(0.56)	(0.58)	(0.62)
TJ	−0.298**	−0.276**	−0.307**	−0.302**	−0.267**	−0.276**
	(−2.24)	(−2.17)	(−2.27)	(−2.31)	(−2.06)	(−2.14)
Beta	−0.363**	−0.346**	−0.377**	−0.374**	−0.363**	−0.361**
	(−2.27)	(−2.28)	(−2.20)	(−2.48)	(−2.37)	(−2.33)
Tlist	−0.007	−0.006	−0.007	−0.014	−0.006	−0.007
	(−0.48)	(−0.47)	(−0.48)	(−1.05)	(−0.42)	(−0.47)
Ind_effect	Controlled	Controlled	Controlled	Controlled	Ind_effect	Controlled
Year_effect	Controlled	Controlled	Controlled	Controlled	Year_effect	Controlled
Constant	10.581***	10.146***	10.614***	10.970***	10.096***	10.257***
	(13.37)	(13.57)	(13.13)	(16.90)	(12.77)	(13.23)
Observations	641	641	641	641	641	641
Adj. R²	0.580	0.517	0.512	0.563	0.566	0.577
F	33.04	24.94	24.37	37.29	33.29	32.03

注:括号内为基于 White 稳健标准误修正后的 t 值;*,**,***分别表示在 10%,5% 和 1% 水平上显著。

四、稳健性检验4：改变控制变量的度量方法

本节还从改变控制变量度量方法的角度进行了稳健性检验。

表4-10列示了对回归估计模型（4-1）进行了控制变量替换后的回归检验结果。在第（1）列中，用营业利润增长率GP代替营业收入增长率GI进行了回归检验。在此基础上，在第（2）列到第（4）列的三个回归模型中，依次并累计递增地更换了以下三个控制变量进行稳健性检验：以总资产增长率TAG代替营业收入增长率GI，用营业收入的对数Size_inc代替总资产对数Size反映公司规模影响因素，用以对数收益法计算的市场风险Beta_l代替以普通收益法计算的市场风险Beta。

对回归模型（4-1）进行控制变量替换后的检验结果表明，所有检验的结果均与上文的研究结论保持一致，这稳健地支持了本章所提出的假设1、假设2和假设3。

表4-10　稳健性检验4——改变回归估计中控制变量的度量方法

变量	TQ (1)	TQ (2)	TQ (3)	TQ (4)
EVA$_{if}$	1.276 ***	1.253 ***	1.231 ***	1.229 ***
	(12.82)	(12.58)	(11.94)	(11.99)
PM	0.986	2.804	11.142	11.086
	(0.05)	(0.13)	(0.47)	(0.47)
PE	−0.623	−0.589	−1.055	−1.054
	(−0.68)	(−0.63)	(−1.05)	(−1.05)
EVA$_{if}$×PM	74.200 **	83.283 **	89.645 **	89.587 **
	(2.18)	(2.41)	(2.47)	(2.47)
EVA$_{if}$×PE	3.650 **	3.311 **	3.406 **	3.400 **
	(2.28)	(2.06)	(2.07)	(2.07)
Roa	0.044 ***	0.033 ***	0.035 ***	0.035 ***
	(4.11)	(3.64)	(3.76)	(3.72)
Lev	−0.020 ***	−0.021 ***	−0.024 ***	−0.024 ***
	(−8.96)	(−8.96)	(−9.79)	(−9.79)
GP	−0.000 ***			
	(−3.61)			
TAG		−0.002	−0.003 **	−0.003 **
		(−1.25)	(−2.31)	(−2.34)

表4-10(续)

变量	TQ (1)	TQ (2)	TQ (3)	TQ (4)
PInA	2.414*	2.782**	3.281**	3.270**
	(1.92)	(2.16)	(2.38)	(2.37)
Size	-0.388***	-0.383***		
	(-11.37)	(-11.20)		
Size_inc			-0.272***	-0.273***
			(-7.56)	(-7.61)
FS	0.010***	0.011***	0.005	0.005
	(2.59)	(2.76)	(1.08)	(1.08)
SB	0.354**	0.364**	0.183	0.181
	(2.48)	(2.52)	(1.19)	(1.17)
PID	0.468	0.487	-0.205	-0.216
	(0.69)	(0.70)	(-0.28)	(-0.29)
TJ	-0.272**	-0.290**	-0.145	-0.144
	(-2.15)	(-2.27)	(-1.13)	(-1.12)
Beta	-0.363**	-0.361**	-0.391**	
	(-2.38)	(-2.35)	(-2.46)	
Beta_l				-0.425***
				(-2.66)
Tlist	-0.005	-0.009	-0.002	-0.001
	(-0.38)	(-0.65)	(-0.11)	(-0.09)
Ind_effect	Controlled	Controlled	Controlled	Controlled
Year_effect	Controlled	Controlled	Controlled	Controlled
Constant	10.143***	10.127***	8.429***	8.500***
	(13.69)	(13.52)	(10.52)	(10.55)
Observations	641	641	641	641
Adj. R^2	0.588	0.582	0.541	0.542
F	33.26	32.71	29.21	29.26

注：括号内为基于 White 稳健标准误修正后的 t 值；*，**，*** 分别表示在 10%，5% 和 1% 水平上显著。

本章小结

本章以 2008—2010 年中国央企控股的上市公司财务数据为研究对象，利用了国资委 2010 年在央企范围内全面实行 EVA 财务绩效评价机制的外生事件，以公司托宾 Q 值作为公司价值的衡量指标，以是否实行 EVA 财务绩效评价机制作为公司人力资本战略中对财务责任自然属性遵循情况的衡量指标，以管理层薪酬支付比（支付给管理层的总薪酬/营业收入）作为公司人力资本战略中公司对管理层财务责任履行情况的衡量指标，以员工薪酬支付比（支付给职工以及为职工支付的现金/营业收入）作为公司人力资本战略中公司对员工财务责任履行情况的衡量指标，通过基于 EVA 绩效评价机制实施前后的纵向对比回归和基于 PSM 的横向对比回归，对财务责任二重属性在公司人力资本战略中的统一性价值创造效应进行了实证检验。结果发现：①公司在人力资本战略中对财务责任自然属性的遵循（以是否实施 EVA 财务绩效评价机制 EVA_{it} 为衡量指标）与公司价值（TQ）显著正相关，并表现出稳定的价值相关性；②在以央企控股上市公司为研究对象的纵向对比回归分析中，公司对财务责任自然属性的遵循与公司对管理层财务责任（以管理层薪酬支付比 PM 为衡量指标）积极履行的交互效应与公司价值显著正相关，同时公司对财务责任自然属性的遵循与公司对员工财务责任（以员工薪酬支付比 PE 为衡量指标）积极履行的交互效应也与公司价值显著正相关，这验证和体现了财务责任二重属性在公司人力资本中的统一性价值创造效应；③基于 PSM 的横向对比回归表明，在非央企控股的背景下，公司对财务责任自然属性的遵循与公司对管理层财务责任积极履行的交互效应仍然与公司价值显著正相关，但公司对财务责任自然属性的遵循与公司对员工财务责任履行之间协同提升公司价值的统一性价值创造效应没有得到验证。

本章研究的可能贡献主要在两方面。第一，本章的研究为公司薪酬制度的设计与完善提供了经验证据的支持。本章初步验证了公司财务责任二重属性在公司人力资本战略中的统一性价值创造效应，并揭示出财务责任二重属性在其中的交互影响关系：公司对管理层和员工财务责任的履行对于公司价值的创造效应具有间接性，需要借助财务责任自然属性的履行才能有效发挥价值创造的功能。第二，本章的研究结论为国资委等监管机构完善对公司人力资本的激励考核制度提供了经验证据的支持。因为研究发现，国资委在推进财务责任融入央企人力资本战略时可能存在制度设计缺陷：目前 EVA 财务评价激励机制的设计与实现只主要凸显了对公司管理层的财务责任考核与财务激励约束，但对于员工层面的人力资本激励作用不大，未能较好地发挥员工创造公司价值的潜在能力。因此，从这一视角来看，国资委等监管机构在未来通过优化（细化）对员工财务责任约束与财务激励的考核制度将对公司发展大有裨益。

第五章 财务责任融入公司市场战略的价值创造实证检验

第一节 理论分析与研究假设

一、理论分析：财务责任在公司市场战略中的融入及其影响

从市场的角度来看，公司价值实质上是通过创新与开发、生产与交易更多更好的产品（实体产品或服务性产品）为载体展开，通过公司内部的创造与外部社会的交换来共同实现的。

公司市场战略就是衔接公司内部的创造与外部社会的交换的战略性媒介与路径：公司通过创新、制造符合市场需求的产品而发展，而公司的产品又必须通过下游市场来实现和体现其内在价值，同时公司创新、制造产品又依赖于上游市场的技术与原料的支持。在这一过程中，公司市场战略表现为一种以产品价值链管理为导向的公司战略性安排：以基于市场需求导向的产品内在价值创新为基础，以产品价值链下游的需求为驱动，同时还需要以产品价值链上游的协同创新为支持。

因此，公司市场战略本质上是以价值管理为核心、以产品价值的形成与创新为基点、以产品价值链的联动创新和市场化的交易为实现方式的战略性活动安排。公司财务作为公司主要的价值管理工具之一，就不可避免地成了公司市场战略的基本要素之一。进而，公司在市场战略中如何最优化配置相应的财务资源、如何通过战略安排以充分发挥这些财务资源的价值创造效应，就成了公司财务与公司市场战略相融合过程中的核心问题。而这也就是公司在市场战略中对所占用财务资源的责任性问题。

因此，与公司市场战略相联系的公司财务资源也应当以价值管理为导向，以责任性要求为前提来进行合理的配置使用：一方面，公司需要投入大量的财务资源进行创新产品（创新技术）的设计研发，以不断保持和提升公司产品的在市场上的竞争力与美誉度；另一方面，公司也需要投入大量的财务资源持续跟进客户的需求、做好售后产品的增值和维修工作以不断保持和提升公司的下游市场竞争力，同时投入足够的财务资源以深化与供应商战略合作关系从而不断保持和提升公司的上游市场竞争力。

一方面，这种配置体现了与公司市场战略相联系的公司财务责任自然属性的内在要求：由于公司的价值归根结底源自公司产品的内在价值，故应当投入足够的财务资源进行基于市场需求导向的产品创新以保持和不断提升产品内在价值与市场竞争力。另一方面，体现了与公司市场战略相联系的公司财务责任社会属性的外在要求与重要价值：通过积极履行对市场资本投入者供应商和客户的财务责任来建立与它们之间共生互利的"准一体化协作关系"，由此以更低的交易成本、更深层次的互利合作保持和不断提升公司的市场竞争力，进而为公司价值创造的持续实现提供更为坚实的市场资本。

因此在公司财务与公司市场战略的融合过程中，公司财务责任的二重属性对于公司市场战略的科学规划和有效实施发挥了不可或缺的关键作用，与公司财务责任的全面融合是公司市场战略创造公司价值的成效得以保障的重要方式。

二、研究假设

如上所述，将财务资源投入产品价值创新活动当中，通过财务驱动创新的方式来提升公司产品的内在价值和产品的市场竞争力并提升公司整体的价值，是公司在市场战略中积极遵循公司财务责任自然属性内在要求的一类典型外化表现：通过财务性资源的积极配置和投入，有力支持、推动公司的产品技术结构和产品价值结构，以市场需求为导向持续改进、创新，从而为公司市场战略创造公司价值奠定最基本也最为重要的基础性要素。

事实证明，在公司市场战略中遵循公司财务责任自然属性的内在要求，对于公司价值创造活动的成效往往具有基础性的影响作用。这在那些引领行业走向的优秀公司中尤为明显。例如，2013 年华为在研发创新方面的财务投入超过 300 亿元，财务性投入强度达到 12.8%[①]，而微软在同一年度的研发创新财

---

① 新浪科技. 华为 2013 年研发投入 307 亿元 ［EB/OL］. (2014-04-01)［2021-06-30］. http://tech.sina.com.cn/t/2014-04-01/02529288275.shtml.

务投入高达 104 亿美元（金额位列当年全球第四），财务性投入强度高达 14.2%①。如果产品创新方面没有如此强有力的财务资源的投入与支持，那么很难想象这些公司如何能够如此持续、强势地保持其产品在市场上的差异性与优势竞争力，也很难想象这些公司的价值创造与价值成长如何能够取得今天一般的成功与卓越。据此，本章提出假设 1。

假设 1：在公司市场战略活动中，在其他条件相同情况下，公司对财务责任自然属性内在要求的遵循情况与公司价值之间为正相关关系。

如果说与公司市场战略相联系的财务责任自然属性主要反映了公司内部价值链在市场战略中的客观要求，那么，与公司市场战略相联系的财务责任社会属性（具体表现为公司对供应商和客户的财务责任）则主要体现了公司外部价值链在市场战略中的外在影响性要求——因为它是影响公司产品内在价值的市场实现程度的外在重要因素②。在一定意义上来说，公司市场战略能否创造公司价值在财务维度上取决于两者的协同配合与一致性合力。

以绍兴酒股份公司为例，一方面，该上市公司积极协助处于价值链上游的供应商解决技术上的困难，帮助其提升产品的品质，从而为其市场战略的有效实施确立了较好的原材料合作基础（外部价值链的上游）；另一方面，该公司非常重视与经销商共同建设和维护经销渠道（如出资购买设备、配合经销商打击窜货等），重视与经销商分享渠道销售的利润，从而为其市场战略的有效实施确立了较好的销售合作基础（外部价值链的下游）。事实上，绍兴酒公司开发培养的著名黄酒品牌"塔牌"和"古越龙山"得以位居 2015 年中国十大黄酒品牌的前两位，除去其创新性财务投入的绩效之外，也受益于其坚实的市场资本的有力支持。

绍兴酒股份公司案例表明，公司越积极地履行对市场资本投入者供应商和客户的财务责任，供应商与客户也就越积极地配合和支持公司产品的价值创新提升与市场推广，而公司与供应商以及公司与客户之间的交易成本也就越低、交易也会越迅速，这一良性交互关系深化的结果是公司与供应商和客户之间得以形成共生互利的"准一体化协作关系"。反之，倘若公司不积极履行甚至选择性忽视公司对供应商和客户的财务责任，例如，拖欠应付账款、忽视经销商的合理财务诉求等，则公司的产品技术创新与产品价值提升往往难以得到市场资本投入者、供应商和客户的支持与配合，导致公司与供应商及客户之间交易

---

① 腾讯科技. 全球十大研发投入最多的公司 [EB/OL]. (2021-07-29) [2021-09-30]. https://new.qq.com/omn/20210729/20210729A0E6RL00.html.

② 包括产品内在价值的市场认可程度、市场认可的难易程度等。

成本增加而交易效率下降，最终使得公司市场战略创造公司价值的成效明显低于合理预期值。由此，可以知道，公司财务责任社会属性的履行情况在公司市场战略创造公司价值的过程中实质上产生了重要性的调节性影响效应。

由此可见，在公司市场战略中，为实现公司价值创造和公司价值有效成长的战略目标，公司财务责任的自然属性与公司财务责任的社会属性都发挥着不可替代的重要作用：前者发挥着影响公司价值创造成效的基础性作用，而后者发挥着影响公司价值创造成效的调节性作用。并且，两者相互配合，形成公司财务协助公司市场战略创造公司价值的责任维度。因此，结合本书第二章提出论证的财务责任统一性价值机理，本章提出假设2与假设3：

假设2：在公司市场战略活动中，在其他条件相同情况下，公司对财务责任自然属性的遵循与公司对供应商财务责任的积极履行之间具有协同提升公司价值的统一性价值创造效应。

假设3：在公司市场战略活动中，在其他条件相同情况下，公司对财务责任自然属性的遵循与公司对客户财务责任的积极履行之间具有协同提升公司价值的统一性价值创造效应。

从与公司市场战略相联系的财务责任自然属性来看，产品创新中财务资源的积极投入有利于促成公司产品技术结构、价值结构的升级转变，从而改进公司产品在价值链当中的竞争力和价值创造力。然而，产品创新的效应往往不会全部都在当前变现：产品技术结构、产品价值结构的转变，往往是一个分阶段推进的过程，并不是一蹴而就的。

同时，从公司市场战略中的财务责任社会属性来看，供应商与客户对公司的财务责任履行的积极回应也不必然都是"即时性"的，在很多情况下都有可能表现为"滞后性回应"，或者说"延续性回应"。这是因为，当合作深入到一定阶段时，供应商与客户对公司的财务责任履行就可能是以价值链专用性投资的方式来回应和配合，而价值链专用性投资具有典型的"锁定效应"，其本身的建设需要一定的周期，而其发挥的成效可能会相对滞后，但也更为显著。

由于在公司市场战略中，无论公司对财务责任自然属性的遵循还是公司对财务责任社会属性的积极履行，都存在一定的"延续效应"，所以，公司市场战略中财务责任的价值创造成效也可能相应地存在着一定的"延续性效应"。换言之，公司对财务责任自然属性的遵循不但可能在当期就能够有助于公司价值的提升，还有可能在下一年度中延续这一正向的价值相关效应。同样的，公司财务责任二重属性之间协同提升公司价值的统一性价值创造效应，不但可能体现在当期，还可能会在下一年度中得到延续与深入。据此，本书进一步提出由此衍生而来的假设4、假设5与假设6：

假设4：在公司市场战略活动中，在其他条件相同情况下，公司对财务责任自然属性的遵循具有提升下一期公司价值的延续性价值创造效应。

假设5：在公司市场战略活动中，在其他条件相同情况下，公司对财务责任自然属性的遵循与公司对供应商财务责任的积极履行之间具有协同提升下一期公司价值的延续性价值创造效应。

假设6：在公司市场战略活动中，在其他条件相同情况下，公司对财务责任自然属性的遵循与公司对客户财务责任的积极履行之间具有协同提升下一期公司价值的延续性价值创造效应。

第二节　研究设计

一、变量定义

（一）被解释变量

本章的被解释变量与第三章的相同，也是公司价值，同样由托宾 Q 值（TQ）来代理。与第三章相同，本章直接采用了国泰安 CSMAR 数据库对托宾 Q 值 A 的计算方法与计算结果，即用公司市场价值比上公司总资产额求值，其中公司的非流通股用每股净资产额来进行替代计算。

（二）解释变量

1. 市场战略中财务责任自然属性的代理变量

在公司的市场战略中，公司的研发投入强度能够作为公司财务责任自然属性遵循情况的代理变量。这是因为，根据本书的界定，公司财务责任的自然属性是公司追求价值增值公司自然属性在公司财务层面的原则性体现与责任性要求（界定见第一章第三节），而在以价值链管理为主线的公司市场战略中，研发投入能够最典型地体现市场战略中公司通过配置财务资源以更好实现价值增值的责任性（原则性）要求。因此，本章用研发投入强度 RD（研发投入比上营业收入）来代理公司财务责任自然属性的遵循情况。

2. 市场战略中财务责任社会属性的代理变量

如理论分析和假设推导所述，公司市场战略是通过产品价值链为路径来推进公司价值成长的。而具体在外部产品价值链上，供应商为公司提供了价值创造所需要的价值基础，客户则协助为公司实现了价值跨越。因此，分析市场战略中财务责任社会属性的履行，关注点应放在分析公司对供应商财务责任和客户财务责任的履行问题上。

现有研究中普遍使用应付账款周转率来代理"利益相关者满足度""利益相关者显性利益"及"利益相关者增值分享"等概念中关于供应商维度的利益性指标。从逻辑上来分析，必然是先有从公司立场的"财务责任履行"，而后才能有供应商的"满足程度""显性利益"与"增值分享度"等问题。所以，本书所强调的财务责任与先前文献的"供应商显性利益""供应商增值分享度"及"供应商满足度"等概念，从本质上来说是一致的。只是财务责任侧重于从公司的立场来加以分析，而"供应商满足度"等概念侧重于从利益相关者的立场来进行分析，只是切入视角不一样而已。

根据本章的分析，对于提供专用性材料并因而承担了一定剩余风险的供应商，公司无疑负有依约按时清偿应付款项的财务责任，而公司积极甚至提前履行这一财务责任，则往往能够更有效地激励供应商进行更多的专用性生产投资，从而将公司市场战略"向前延伸"。因此可以认为，应付账款周转率 AP 作为代理变量能够较好地反映公司对供应商财务责任的履行情况。同时，这也与先前相关研究具有内在一致性。

对于公司对客户财务责任履行的代理变量问题，本章也从价值链财务责任的视角来切入。从产品价值链的下游来看，由于公司与客户（无论大客户还是小客户）之间是互利型交易关系，所以公司与客户之间的财务联系主要体现在公司销售费用的支出上：对于小客户或消费者，公司有积极承担运输货物与售后维护等费用的财务责任，这属于公司销售费用的范畴；对于大客户如经销商或分销商，公司往往还负有一起建设与维护销售渠道的财务责任，而这无疑也属于公司销售费用的范畴。因此，公司对客户财务责任的履行主要体现在销售费用中直接与客户相关的支出部分。

通过对公司销售费用的明细进行分析，可以区分并计算出其中主要与客户直接有关的销售支出①，包括公司的运送产品费用、保修维修的费用，等等。营业收入源自客户，所以，为客户支出的直接相关销售费用与公司营业收入之比，在一定程度上就反映了公司在获得客户贡献的同时，对客户财务责任的相应履行程度。因此，本章用与客户直接相关的销售费用与公司营业收入之比作为代理变量来反映公司对客户财务责任的履行情况，用 CR 表示。

---

① 这一指标的计算主要从 Wind 数据库中获取数据源，Wind 数据库给出了 2012 年以来上市公司销售费用项目中关于"工资薪酬""折旧摊销""租赁费""仓储费"和"广告宣传费"五方面的明细指标。由于这五个明细指标已经基本涵盖了公司销售费用中与客户并不直接相关的固定性支出和广告性支出，那么销售费用总额中的其他部分就与客户有着较为直接密切的关系了。因此，限于直接数据的可获得性不佳，本章使用倒推的方式，通过用销售费用总额减去这五个明细项目的金额来大致计算出公司与客户直接相关的销售费用支出。

（三）控制变量

对于与模型设定相关的主要控制变量 X，本书参考先前文献的相关研究，按照公司财务状况特征类、公司治理特征类、资本市场相关特征类这三个不同层面进行选择和确定，具体设定与第三章完全一致（见第三章表3-2）。

此外，对于不同年份和行业，本章设置了虚拟变量进行相应的反映和控制。综上，本章在实证研究中所用到的相关变量如表5-1所示：

表5-1 变量定义表

	变量名称	变量含义	度量标准与释义
被解释变量	TQ	公司价值	公司市场价值/资产总额，以公司托宾 Q 值为公司价值的代理变量。其中,计算公司市场价值时,公司非流通股份取每股净资产来替代计算
	TQ_{t+1}	下一年度的公司价值	下一年度的公司市场价值/下一年度的资产总额,度量标准同上
解释变量	RD	研发投入强度	研发投入/营业收入，作为公司在市场战略中财务责任自然属性遵循情况的代理变量
	AP	应付账款周转率	营业成本/应付账款的平均余额，作为公司对供应商财务责任履行情况的代理变量
	CR	客户相关销售费用占营业收入比	与客户直接相关的销售费用/营业收入，作为公司对客户财务责任履行情况的代理变量
控制变量	Roa	公司盈利能力	总资产报酬率，EBIT/上期末总资产与本期末总资产的平均余额
	Lev	公司偿债能力	资产负债率，总负债/总资产
	GI	公司成长性	公司营业收入增长率
	PInA	无形资产密集度	期末无形资产净额/总资产
	Size	公司规模	公司总资产的自然对数
	FS	第一大股东持股比	公司第一大股东持有的股权比例
	SB	股权制衡度	第二至第五大股东持股数之和/第一大股东持股数
	PID	独立董事比例	公司董事会中独立董事所占比例
控制变量	TJ	两职合一情况	如董事长与总经理两职合一，则取值为1，否则为0
	State	公司性质	如样本上市公司为国有控股，则取值为1，否则为0
	Beta	公司股票收益风险	通过公司股票收益风险来衡量，取自国泰安数据库
	Tlist	公司上市时间	样本观测年份减去公司上市年份后加1

二、模型设计

参考王端旭和潘奇检验"利益相关者满足①程度"对公司价值创造的调节性效应的模型设计，本章建立了模型（5-1）以对研究假设1、假设2和假设3进行检验。

$$\text{TQ}_{i,t} = \alpha_0 + \beta_1\text{RD}_{i,t} + \beta_2\text{AP}_{i,t} + \beta_3\text{CR}_{i,t} + \beta_4 \times \text{RD}_{i,t} \times \text{AP}_{i,t} + \beta_5 \times \text{RD}_{i,t} \times \text{CR}_{i,t} + \beta_6 X + \varepsilon_{i,t} \tag{5-1}$$

其中，被解释变量 TQ 代表当期的公司价值，用托宾 Q 值来衡量。解释变量为代表财务责任自然属性遵循情况的研发投入强度 RD，以及代表财务责任社会属性履行情况的应付账款周转率 AP（代表公司对供应商财务责任的履行）与客户相关销售费用占营业收入比 CR（代表公司对客户财务责任的履行）。X 代表相关控制变量，ε 代表随机扰动项。

具体而言，模型（5-1）中剔除两个交互项的回归分析用于检验假设1，即检验公司市场战略中财务责任自然属性的价值相关性，包含两个交互项的回归分析，用于检验假设2和假设3，即检验财务责任二重属性在公司市场战略中的协同统一性价值创造效应。

进一步，在模型（5-1）的基础上，将被解释变量超前一期，从而建立了模型（5-2），并以此对本章提出的研究假设4、假设5和假设6进行检验。

$$\text{TQ}_{i,t+1} = \alpha_0 + \beta_1\text{RD}_{i,t} + \beta_2\text{AP}_{i,t} + \beta_3\text{CR}_{i,t} + \beta_4 \times \text{RD}_{i,t} \times \text{AP}_{i,t} + \beta_5 \times \text{RD}_{i,t} \times \text{CR}_{i,t} + \beta_6 X + \varepsilon_{i,t} \tag{5-2}$$

其中，被解释变量 TQ_{t+1} 代表下一年度的公司价值，本书用下一年度的托宾 Q 值来衡量。其他变量的定义与模型（5-1）相同。

具体而言，模型（5-2）中剔除两个交互项的回归分析用于检验假设4即检验公司市场战略中财务责任自然属性与下一年度公司价值之间的价值相关性，包含两个交互项的回归分析用于检验假设5和假设6即检验财务责任二重属性在公司市场战略中对下一年度公司价值的协同统一性价值创造效应。

三、样本选取与数据处理

Wind 数据库提供了 2012 年以来上市公司的销售费用明细项目数据，因

---

① 本书在文献综述部分已经述及，"利益相关者满足"概念的理论逻辑是分析公司从财务上积极回应和满足利益相关者的"利益索取权"的重要性和价值相关性，其在实证检验中所采用的计量指标也都是以各利益相关者相关的财务指标作为代表变量，所以，从公司财务的视角来看待，这些相关概念的提出和探讨实质上是从利益相关者的立场来"换位探讨"公司对利益相关者的财务责任履行情况及其带来的经济后果问题。

此，本章选择样本的选择范围确定为 2012—2015 年度的上市公司。在此基础上，按如下标准对初始样本进行筛选：①剔除 B 股上市公司；②剔除金融类等适用特殊会计制度的上市公司；③剔除 ST 及 PT 类上市公司；④剔除存在缺失值①与异常值（如净资产小于零等情况）的上市公司样本。在此基础上，由于作为公司对客户财务责任履行的代理变量 CR（客户相关销售费用占营业收入比）的分布中呈现出右侧拖尾过长的分布特征②，故本章对 CR 值大于该变量 99 分位数的样本进行了右侧截尾处理。由此，本次检验共获得可观测样本 5 395 个，其中国有企业样本 2 346 个，非国有企业样本 3 049 个。同时，为控制离群值对结论的影响，保证估计结果的稳健可靠，本书对所有的连续变量在上下 1% 的水平上进行了 winsorize 处理。研究所涉及的销售费用明细项目数据和研发投入数据来自 Wind 数据库，其余数据取自国泰安数据库。

此外，在行业控制的选择上，采取了与本书第三章完全一致的行业分类方法，即以证监会行业分类标准（2001）为依据，除制造业采用证监会两位行业代码外，其他行业均采用一位行业代码，最终全部样本分属于 21 个行业。

四、估计方法

本章在基本分析中采用 OLS 回归对样本数据进行了估计，对于其中的多重共线性与异方差问题进行了如下处理：①对模型（5-1）和（5-2）的 VIF 进行了测试，各变量的方差膨胀因子 VIF 最大不超过 2.28，不存在严重的多重共线性问题，而且较大的样本量有效地保证了共线性问题不会带来较大的影响；②为减少异方差因素对回归估计的影响，本章采用 White 异方差修正技术对异方差问题进行了控制。

对于潜在的内生性问题，本章一方面通过检验滞后期的方式在一定程度上抑制了内生性因素的影响；另一方面，通过在稳健性检验中使用分位数回归等其他估计方法来减少内生性因素的干扰。此外，本章还通过缩小研究样本、被解释变量与解释变量分别替代等检验方法进一步提升了研究结论的稳健性。

---

① 样本存在缺失值是指经手工收集补充后仍然无法获取数据的情况，由于 wind 数据库提供的销售费用明细数据中有不少缺失值，故损失了一定比例的样本。事实上，一部分公司确实没有严格披露该数据，同时时间精力有限，本书难以完成将 wind 明细数据——与上市公司年报数据相比对的工作。

② 由于检验的信息含量较低，本章并未报告偏度检验的直方图。

第三节　实证分析

一、描述性统计

表 5-2 列示了主要变量的描述性统计情况。

（1）在 2012—2015 年，作为公司价值代理变量的托宾 Q 值 TQ 的均值为 2.05，而中位数为 1.508，说明样本中市场估值高的公司占比较多，样本存在一定程度上的右偏的特点；同时，TQ 标准差为 2.11，表明不同公司的托宾 Q 值在分布上较为分散。

（2）作为公司市场战略中财务责任自然属性代理变量的 RD（研发投入强度）的均值仅为 3.34%，可见总体上我国上市公司在市场创新尤其是产品研发创新方面的财务资源投入强度不足。同时，RD 的标准差为 3.76%，这表明不同公司在产品研发创新的财务资源投入方面分化明显、差异较大。

（3）作为公司对供应商财务责任履行的代理变量 AP（应付账款周转率）的均值为 8.971，标准差为 17.06，说明不同公司在应付账款支付方面存在较大差异，这意味着不同行业的公司与供应商的财务合作关系很可能具有显著差别。同时，作为公司对客户财务责任履行的代理变量 CR（客户相关销售费用占营业收入比）的均值为 2.04%，这意味着与客户直接相关的销售费用在公司实际经营活动中确实具有相当的重要性，并且占到了公司财务资源中一个不能忽视的比重程度。同时，CR 的标准差为 2.07%，这表明公司与客户财务合作关系的重要性很可能具有行业性差异。

表 5-2　总样本的描述性统计

变量	样本数	均值	标准差	最小值	中位数	最大值
TQ	5 395	2.050	2.11	0.082 6	1.508	56.06
RD	5 395	0.033 4	0.037 6	2.49e-07	0.029 4	0.515 5
AP	5 395	8.971	17.06	0.138	5.294	381.9
CR	5 395	0.020 4	0.020 7	0	0.013 6	0.102 4
Roa	5 395	0.048 8	0.051 9	-0.428	0.043 3	0.605
Lev	5 395	0.447	0.204	0.008	0.444	0.995
GI	5 395	0.347	6.748	-0.915	0.063 7	363.1

表5-2(续)

变量	样本数	均值	标准差	最小值	中位数	最大值
PInA	5 395	0.050 1	0.047 8	0	0.038 5	0.351
Size	5 395	22.22	1.227	19.55	22.02	26.02
FS	5 395	0.365 8	0.153 3	0.022	0.349 6	0.891
SB	5 395	0.603	0.557	0.004 5	0.441	3.917
PID	5 395	0.372	0.055 5	0.182	0.333	0.800
TJ	5 395	0.230	0.421	0	0	1
State	5 395	0.435	0.496	0	0	1
Beta	5 395	1.130	0.24	−0.072 9	1.146	1.94
Tlist	5 395	10.78	6.277	1	10	26

二、相关系数分析

表5-3列示了模型各变量的 pearson 相关系数矩阵表。如表5-3（1）、表5-3（2）所示：

（1）公司市场战略中财务责任自然属性的代理变量 RD（研发投入强度）与公司价值的代理变量 TQ（托宾 Q 值）的相关系数为 0.286 且在 1% 水平上显著。这初步表明，在不考虑其他方面因素的情况下，公司通过在产品研发创新方面投入财务资源以遵循市场战略中财务责任自然属性的内在原则性要求，与公司价值具有正相关关系，因此假设 1 得到了初步的支持。

（2）市场战略中公司对供应商财务责任履行情况的代理变量 AP（应付账款周转率）与 TQ 的相关系数为 0.022，但不具有统计显著性关系。这初步表明，在市场战略中公司对供应商财务责任的履行行为可能不会直接给公司价值带来影响。

（3）市场战略中公司对客户财务责任履行情况的代理变量 CR（客户相关销售费用占营业收入比）与 TQ 的相关系数为 0.156 且在 1% 水平上显著，这初步表明，在市场战略中，公司对客户财务责任的积极履行行为应该是公司价值创造过程中的一个必要考察因素。

同时，对模型（5-1）和（5-2）的检验显示，各变量的方差膨胀因子 VIF 最大不超过 2.28，这表明多重共线性问题应该不会给本章的回归估计带来显著影响。

表5-3（1） 相关系数矩阵表（1）

	TQ	RD	AP	CR	Roa	Lev	GI	PInA	Size
TQ	1								
RD	0.286***	1							
AP	0.022	−0.099***	1						
CR	0.156***	0.283***	−0.132***	1					
Roa	0.174***	0.024*	0.024*	0.034**	1				
Lev	−0.361***	−0.295***	−0.064***	−0.204***	−0.247***	1			
GI	0.018 0	−0.011 0	0.060***	−0.017 0	0.068***	0.029**	1		
PInA	0.005 0	−0.052***	−0.011 0	−0.038***	−0.036***	−0.009 0	−0.009 0	1	
Size	−0.416***	−0.219***	−0.051***	−0.208***	0.050***	0.494***	0.021 0	0.023*	1
FS	−0.087***	−0.128***	0.013 0	−0.117***	0.049***	0.065***	0.002 0	0.004 0	0.285***
SB	0.123***	0.132***	0.001 0	0.082***	0.069***	−0.173***	0.019 0	0.012 0	−0.144***
PID	0.045***	0.014 0	−0.006 0	−0.002 0	−0.023*	0.003 0	0.006 0	0.012 0	0.049***
TJ	0.091***	0.089***	0.009 0	0.111***	0.027*	−0.136***	0.018 0	−0.041***	−0.172***
State	−0.220***	−0.160***	−0.046***	−0.151***	−0.130***	0.317***	−0.030**	0.035**	0.374***
Beta	−0.079***	0.080***	0.004 0	−0.052***	−0.118***	0.004 0	−0.011 0	0.024 0	−0.044***
Tlist	−0.093***	−0.176***	−0.008 0	−0.092***	−0.089***	0.347***	0.044 0	0.028**	0.275***

注：*，**，*** 分别表示在10%，5%和1%水平上显著。

表5-3（2） 相关系数矩阵表（2）

	FS	SB	PID	TJ	State	Beta	Tlist
Size							
FS	1						
SB	−0.623***	1					
PID	0.063***	−0.035***	1				
TJ	−0.065***	0.080***	0.102***	1			
State	0.198***	−0.257***	−0.016 0	−0.279***	1		
Beta	−0.032**	−0.022	−0.017 0	−0.005 0	0.054***	1	
Tlist	−0.096***	−0.200***	−0.038***	−0.208***	0.479***	−0.056***	1

注：*，**，*** 分别表示在10%，5%和1%水平上显著。

三、基本回归结果的分析

（一）公司市场战略中财务责任二重属性与公司价值的回归结果分析

表5-4列示了在公司市场战略中财务责任二重属性与公司价值之间通过

模型（5-1）进行回归估计得到的结果，其中列（1）、列（2）示了未加入交互项的回归结果，列（3）为加入了交互项后的回归结果。列（3）的回归结果显示，调整后的可决系数为 0.532，F 值为 88.88，相伴概率 P 值小于 0.000 1，表明模型（5-1）的设定比较合理。

表5-4表明，无论是否加入交互项，作为公司财务责任自然属性代理变量的研发投入强度 RD 都与作为公司价值代理变量的托宾 Q 值 TQ 在 1% 的水平上显著正相关（t 值均在 7.7 以上），这充分显示了在公司市场战略中遵循公司财务责任自然属性的内在原则性要求对于促进公司价值成长的有效性和重要性，从而支持了假设 1。

在列（3）中，作为公司财务责任自然属性代理变量的研发投入强度 RD 与作为公司对供应商财务责任履行代理变量的应付账款周转率 AP 的交互项 RD×AP 在 1% 的水平上与 TQ 显著正相关。这表明，公司财务责任自然属性与公司对供应商财务责任履行的交互效应与公司价值之间具有显著的正相关关系，从而支持了假设 2。同时，作为公司财务责任自然属性代理变量的研发投入强度 RD 与作为公司对客户财务责任履行代理变量的客户相关销售费用占营业收入比 CR 的交互项 RD×CR 在 1% 的水平上与 TQ 显著正相关。这表明，公司在市场战略中对财务责任自然属性的遵循与公司对客户财务责任履行的交互效应与公司价值之间具有显著的正相关关系，从而支持了假设 3。由此，假设 2 和假设 3 得到了实证结果的支持，即在公司市场战略活动中，公司对财务责任自然属性的遵循与公司对供应商及客户财务责任的积极履行之间具有协同提升公司价值的统一性价值创造效应。

表5-4 市场战略中财务责任二重属性与当年公司价值的回归结果

变量	TQ 全样本 （1）	TQ 全样本 （2）	TQ 全样本 （3）
RD	8.537***	8.684***	8.348***
	(7.92)	(7.76)	(7.87)
AP		0.003	0.004**
		(1.31)	(1.96)
CR		0.006	−0.619
		(0.01)	(−0.60)
RD×AP			0.607***
			(4.68)

表5-4(续)

变量	TQ 全样本 （1）	TQ 全样本 （2）	TQ 全样本 （3）
RD×CR			144. 326 ***
			（3. 30）
Roa	7. 538 ***	7. 555 ***	7. 581 ***
	（12. 97）	（13. 02）	（13. 11）
Lev	−0. 784 ***	−0. 764 ***	−0. 716 ***
	（−5. 10）	（−5. 01）	（−4. 70）
GI	0. 075	0. 070	0. 075
	（1. 38）	（1. 28）	（1. 35）
PInA	0. 620	0. 651	0. 673 *
	（1. 56）	（1. 64）	（1. 70）
Size	−0. 704 ***	−0. 703 ***	−0. 707 ***
	（−24. 50）	（−24. 43）	（−24. 71）
FS	0. 016 ***	0. 016 ***	0. 016 ***
	（9. 89）	（9. 83）	（9. 82）
SB	0. 314 ***	0. 313 ***	0. 328 ***
	（6. 57）	（6. 56）	（6. 91）
PID	1. 512 ***	1. 483 ***	1. 486 ***
	（4. 60）	（4. 50）	（4. 54）
TJ	−0. 037	−0. 036	−0. 039
	（−0. 83）	（−0. 83）	（−0. 89）
State	−0. 072	−0. 068	−0. 054
	（−1. 62）	（−1. 53）	（−1. 23）
Beta	−0. 707 ***	−0. 712 ***	−0. 728 ***
	（−7. 05）	（−7. 09）	（−7. 29）
Tlist	0. 022 ***	0. 021 ***	0. 019 ***
	（4. 90）	（4. 91）	（4. 65）
Ind_effect	Controlled	Controlled	Controlled
Year_effect	Controlled	Controlled	Controlled
Constant	16. 119 ***	16. 062 ***	16. 153 ***
	（28. 03）	（27. 81）	（28. 21）

表5-4(续)

变量	TQ 全样本 (1)	TQ 全样本 (2)	TQ 全样本 (3)
Observations	5 395	5 395	5 395
Adj. R^2	0.524	0.524	0.532
F	95.86	92.59	88.88

注：括号内为基于 White 稳健标准误修正后的 t 值；*，**，*** 分别表示在10%，5%和1%水平上显著。

（二）公司市场战略中财务责任二重属性与下一年公司价值的回归结果分析

表5-5列示了在公司市场战略中财务责任二重属性与下一年度公司价值之间通过模型（5-2）进行回归估计得到的结果，其中第（1）、第（2）列示了未加入交互项的回归结果，第（3）列则是加入了交互项后的回归结果。第（3）列回归结果显示，调整后的可决系数为0.53，F 值为68.49，相伴概率 P 值均小于0.0001，表明模型（5-2）的设定比较合理。

表5-5表明，无论是否加入交互项，RD 都与作为下一期公司价值代理变量的托宾 Q 值 TQ_{t+1} 在1%的水平上显著正相关，这显示遵循公司财务责任自然属性对于促进公司价值成长不但具有当前效应，还具有典型的延续性效应，这支持了假设4。

在第（3）列中，RD 与 AP 的交互项 RD×AP 在1%的水平上与 TQ_{t+1} 显著正相关。这表明，公司财务责任自然属性与公司对供应商财务责任履行的交互效应与下一年度公司价值之间具有显著的正相关关系，从而支持了假设5。同时，RD 与 CR 的交互项 RD×CR 在1%的水平上与 TQ_{t+1} 显著正相关性。这表明，公司财务责任自然属性与公司对客户财务责任履行的交互效应与下一年度公司价值之间具有显著的正相关关系，从而支持了假设6。

综上，假设1到假设6都得到了回归结果的支持，即在公司市场战略活动中，公司对财务责任自然属性的遵循与公司对供应商及客户财务责任的积极履行之间具有协同提升公司价值的统一性价值创造效应，而这一统一性价值创造效应不仅体现在当期，还体现在下一期，从而表现为统一性价值创造的"延续效应"。

表 5-5　市场战略中财务责任二重属性与下一年公司价值的回归结果

变量	TQ_{t+1} 全样本 （1）	TQ_{t+1} 全样本 （2）	TQ_{t+1} 全样本 （3）
RD	9.017***	9.411***	9.005***
	（6.11）	（6.19）	（6.22）
AP		0.007**	0.008***
		（2.21）	（3.09）
CR		−0.459	−0.770
		（−0.31）	（−0.53）
RD×AP			0.723***
			（4.39）
RD×CR			172.919***
			（2.81）
Roa	5.809***	5.839***	5.847***
	（8.45）	（8.51）	（8.60）
Lev	−0.766***	−0.724***	−0.656***
	（−3.93）	（−3.74）	（−3.41）
GI	0.022	0.014	0.011
	（0.36）	（0.24）	（0.18）
PInA	0.264	0.338	0.425
	（0.56）	（0.72）	（0.90）
Size	−0.762***	−0.759***	−0.765***
	（−22.37）	（−22.25）	（−22.59）
FS	0.017***	0.017***	0.017***
	（8.78）	（8.71）	（8.85）
SB	0.361***	0.358***	0.373***
	（6.07）	（6.04）	（6.35）
PID	2.087***	2.014***	2.040***
	（5.07）	（4.88）	（4.95）
TJ	−0.082	−0.077	−0.083
	（−1.51）	（−1.43）	（−1.54）
State	−0.121**	−0.111*	−0.096*
	（−2.12）	（−1.96）	（−1.75）

表5-5(续)

变量	TQ$_{t+1}$ 全样本 (1)	TQ$_{t+1}$ 全样本 (2)	TQ$_{t+1}$ 全样本 (3)
Beta	−0.710 ***	−0.723 ***	−0.732 ***
	(−6.57)	(−6.64)	(−6.73)
Tlist	0.026 ***	0.026 ***	0.024 ***
	(4.82)	(4.81)	(4.64)
Ind_effect	Controlled	Controlled	Controlled
Year_effect	Controlled	Controlled	Controlled
Constant	17.336 ***	17.209 ***	17.311 ***
	(25.54)	(25.24)	(25.57)
Observations	3 760	3 760	3 760
Adj. R^2	0.521	0.522	0.530
F	72.47	70.51	68.49

注：括号内为基于 White 稳健标准误修正后的 t 值；*，**，*** 分别表示在 10%，5% 和 1% 水平上显著。

四、进一步分析

(一) 理论推导与假设提出

产权性质上的根本性差异，让国有公司与非国有公司天然地在许多方面具有本质性差别。尤其在公司市场战略中，国有公司与非国有公司之间的差别是不能忽视的。从宏观管理层面来看，一部分国有公司（主要是垄断性或特殊领域）是以管制性定价而非市场化价格为基础开展经营活动的，其市场战略具有"不完全市场化"的特征。同时，普遍而言，国有公司往往都难以完全屏蔽来自政府的经营干预，这种干预可能是要求国有公司优先将财务资源配置于慈善公益、环境保护等方面，也可能出现导致公司市场战略偏离科学性和合理性的情况（如在政府的期望下产能过剩）。不论如何，往往或多或少地给公司应有的市场战略和相关的财务行为带来了影响。从微观层面来看，由于历史与体制的原因，国有公司运行机制的市场化程度不高，这不利于公司市场战略制定与执行所需要的良好内部治理环境的形成。

所以，国有公司经营行为与内在运行机制的"不完全市场化"特征，往往显著地削弱了国有公司与供应商和客户之间交易关系的互利属性，这使得公司财务责任在市场战略中缺少有利于其发挥价值创造效应的外在环境，从而可能影响到公司财务责任价值创造效应的发挥成效。由此，本章进一步提出假设7、假设8、假设9和假设10：

假设7：在市场战略中，在其他条件相同情况下，相对于国有公司，非国有公司对财务责任自然属性的遵循与公司对供应商财务责任的积极履行之间协同提升公司价值的统一性价值创造效应更为显著。

假设8：在市场战略中，在其他条件相同情况下，相对于国有公司，非国有公司对财务责任自然属性的遵循与公司对客户财务责任的积极履行之间协同提升公司价值的统一性价值创造效应更为显著。

假设9：在市场战略中，在其他条件相同情况下，相对于国有公司，非国有公司对财务责任自然属性的遵循与公司对供应商财务责任的积极履行之间协同提升下一期公司价值的统一性价值创造效应更为显著。

假设10：在市场战略中，在其他条件相同情况下，相对于国有公司，非国有公司对财务责任自然属性的遵循与公司对客户财务责任的积极履行之间协同提升下一期公司价值的统一性价值创造效应更为显著。

（二）回归检验

1. 公司市场战略中财务责任二重属性与公司价值的产权分组回归结果分析

表5-6报告了非国有公司样本组（简称非国有组）和国有公司样本组（简称国有组）分别对模型（5-1）进行回归检验的结果。包含交互项的第（2）列和第（4）列显示，调整后的可决系数分别为0.561与0.506，F值分别为55.52和45.08，相伴概率P值均小于0.0001，表明模型设定在分组检验中也较为合理。

表5-6表明，不论是国有组还是非国有组，RD与AP的交互项RD×AP都至少在5%的水平上与TQ显著正相关，同时在两组中这一系数的大小也比较接近（国有组0.692，非国有组0.562）。因此，总体而言，两组在交互项RD×AP上表现出一致性而非差异性，故假设7没有得到支持。

同时，在非国有组中，RD与CR的交互项RD×CR在5%的水平上与TQ显著正相关，而国有组中的交互项RD×CR与TQ不具有显著的相关关系。这意味着，在其他条件相同情况下，相对于国有公司，在非国有公司中，公司对财务责任自然属性内在要求的遵循与公司对客户财务责任的积极履行之间的交互效应更为显著。因此，假设8得到了回归结果的支持。

表5-6　市场战略中财务责任二重属性与当年公司价值的产权分组回归结果

变量	TQ 非国有组 (1)	TQ 非国有组 (2)	TQ 国有组 (3)	TQ 国有组 (4)
RD	9.993 ***	9.125 ***	4.535 **	5.998 ***
	(7.18)	(6.52)	(2.26)	(2.59)
AP	0.004	0.003	0.003	0.008 ***
	(1.15)	(1.12)	(1.40)	(2.94)
CR	0.728	-0.099	-1.972	-1.574
	(0.51)	(-0.07)	(-1.49)	(-1.10)
RD×AP		0.562 ***		0.692 **
		(4.03)		(2.50)
RD×CR		107.443 **		124.574
		(1.96)		(1.28)
Roa	9.423 ***	9.419 ***	5.314 ***	5.362 ***
	(12.11)	(12.12)	(6.70)	(6.86)
Lev	-0.406 *	-0.345	-1.162 ***	-1.139 ***
	(-1.76)	(-1.51)	(-6.37)	(-6.12)
GI	0.083	0.092	0.005	-0.004
	(1.03)	(1.14)	(0.12)	(-0.09)
PInA	1.400 **	1.338 *	-0.024	0.037
	(1.97)	(1.88)	(-0.07)	(0.10)
Size	-1.008 ***	-1.009 ***	-0.535 ***	-0.533 ***
	(-20.10)	(-20.23)	(-15.74)	(-15.97)
FS	0.021 ***	0.021 ***	0.012 ***	0.012 ***
	(8.61)	(8.61)	(5.76)	(5.79)
SB	0.331 ***	0.356 ***	0.346 ***	0.352 ***
	(5.22)	(5.67)	(5.12)	(5.18)
PID	0.872 *	0.862 *	1.132 ***	1.179 ***
	(1.89)	(1.89)	(2.61)	(2.73)
TJ	-0.027	-0.024	-0.142 **	-0.141 **
	(-0.52)	(-0.47)	(-2.51)	(-2.51)
Beta	-0.759 ***	-0.777 ***	-0.343 ***	-0.348 ***
	(-5.29)	(-5.44)	(-2.82)	(-2.90)

表5-6(续)

变量	TQ 非国有组 (1)	TQ 非国有组 (2)	TQ 国有组 (3)	TQ 国有组 (4)
Tlist	0.039***	0.036***	0.001	0.002
	(6.03)	(5.82)	(0.25)	(0.28)
Ind_effect	Controlled	Controlled	Controlled	Controlled
Year_effect	Controlled	Controlled	Controlled	Controlled
Constant	22.378***	22.458***	12.703***	12.570***
	(21.54)	(21.69)	(20.08)	(20.62)
Observations	3 049	3 049	2 346	2 346
Adj. R^2	0.554	0.561	0.502	0.506
F	57.42	55.52	47.48	45.08

注：括号内为基于 White 稳健标准误修正后的 t 值；*，**，*** 分别表示在 10%，5% 和 1% 水平上显著。

2. 公司市场战略中财务责任二重属性与下一年公司价值的产权分组回归结果分析

表5-7 报告了非国有公司样本组（简称非国有组）和国有公司样本组（简称国有组）分别对模型（5-2）进行回归检验的结果。包含交互项的第（2）列和第（4）列显示，调整后的可决系数分别为 0.544 与 0.527，F 值分别为 40.95 和 34.8，相伴概率 P 值均小于 0.000 1，表明模型设定在分组检验中也较为合理。

表5-5 表明，在非国有组中，RD 与 AP 的交互项 RD×AP 在 1% 的水平上与 TQ_{t+1} 显著正相关，而国有组中的交互项 RD×AP 与 TQ_{t+1} 不具有显著的相关关系。这意味着，在其他条件相同情况下，相对于国有公司，非国有公司对财务责任自然属性的遵循与公司对供应商财务责任的积极履行之间，协同提升下一年度公司价值的统一性价值创造效应更为显著。因此，虽然假设 7 没有得到当年公司价值回归结果的支持，但假设 9 得到了下一年度公司价值回归结果的支持。

同时，在非国有组中，RD 与 CR 的交互项 RD×CR 在 10% 的水平上与 TQ_{t+1} 显著正相关，而国有组中的交互项 RD×CR 与 TQ_{t+1} 不具有显著的相关关系。这意味着，在其他条件相同情况下，相对国有公司，非国有公司对财务责任自然属性的遵循与公司对客户财务责任的积极履行之间协同提升下一年度公司价值的统一性价值创造效应更为显著。因此，假设 10 得到了回归结果的支持。

通过基于公司产权性质的分组检验，总体而言，在市场战略的财务责任统一性价值创造效应中，体现出来的"延续效应"集中体现在非国有组当中，国有组则没有表现出任何显著的"延续效应"。考虑到国有组与非国有组的主要差异之一就在于公司运行机制的市场化程度不同，而这一方面又是公司市场战略与财务责任相融合的内部治理基础：展现出财务责任价值创造"延续效应"的非国有公司总体上显然拥有比国有公司更高程度的市场化运行机制。因此，可以认为，在市场战略中，建立了高市场化机制的公司能够更好地发挥出财务责任的统一性价值创造效应，更有机会去获得财务责任统一性价值创造效应衍生形成的价值创造"延续效应"。

表 5-7　市场战略中财务责任二重属性与下一年公司价值的产权分组回归结果

变量	TQ_{t+1} 非国有组 （1）	TQ_{t+1} 非国有组 （2）	TQ_{t+1} 国有组 （3）	TQ_{t+1} 国有组 （4）
RD	10.908 ***	9.780 ***	4.467 *	5.432 *
	(5.42)	(4.76)	(1.79)	(1.93)
AP	0.008 *	0.007 **	0.004	0.008 **
	(1.96)	(2.00)	(1.35)	(2.36)
CR	0.399	−0.266	−1.292	−0.513
	(0.20)	(−0.13)	(−0.75)	(−0.28)
RD×AP		0.706 ***		0.468
		(4.00)		(1.40)
RD×CR		137.907 *		184.526
		(1.72)		(1.44)
Roa	7.987 ***	7.964 ***	3.911 ***	3.948 ***
	(8.11)	(8.18)	(4.77)	(4.92)
Lev	−0.091	0.012	−1.348 ***	−1.310 ***
	(−0.31)	(0.04)	(−6.41)	(−6.07)
GI	−0.075	−0.079	0.068	0.061
	(−0.83)	(−0.87)	(0.91)	(0.82)
PInA	0.868	0.907	−0.050	0.017
	(0.95)	(0.98)	(−0.12)	(0.04)
Size	−1.119 ***	−1.123 ***	−0.566 ***	−0.565 ***
	(−17.99)	(−18.18)	(−15.47)	(−15.57)

表5-7(续)

变量	TQ_{t+1} 非国有组 (1)	TQ_{t+1} 非国有组 (2)	TQ_{t+1} 国有组 (3)	TQ_{t+1} 国有组 (4)
FS	0.024***	0.025***	0.010***	0.011***
	(8.08)	(8.23)	(4.41)	(4.44)
SB	0.409***	0.439***	0.337***	0.339***
	(5.09)	(5.54)	(3.91)	(3.92)
PID	1.151*	1.161*	1.400***	1.530***
	(1.89)	(1.92)	(2.96)	(3.22)
TJ	−0.093	−0.093	−0.114	−0.110
	(−1.41)	(−1.41)	(−1.53)	(−1.48)
Beta	−0.598***	−0.602***	−0.540***	−0.548***
	(−3.72)	(−3.73)	(−4.31)	(−4.38)
Tlist	0.043***	0.040***	0.009	0.007
	(4.53)	(4.29)	(0.99)	(0.82)
Ind_effect	Controlled	Controlled	Controlled	Controlled
Year_effect	Controlled	Controlled	Controlled	Controlled
Constant	24.363***	24.452***	13.848***	13.666***
	(18.80)	(18.93)	(19.31)	(19.36)
Observations	2 079	2 079	1 681	1 681
Adj. R^2	0.535	0.544	0.524	0.527
F	40.73	40.95	36.59	34.80

注：括号内为基于 White 稳健标准误修正后的 t 值；*，**，*** 分别表示在 10%，5% 和 1% 水平上显著。

第四节　稳健性检验

为较为全面地检验回归结论的稳健性，本节从以下四个方面对模型（5-1）和模型（5-2）的回归结果进行稳健性检验：第一，采用不同的回归估计方法；第二，缩小样本规模；第三，对公司价值和财务责任采用不同度量方法；第四，对控制变量采用不同度量方法。结果表明，不论是变换回归估计方法，缩小样本规模，还是变换回归估计模型中的被解释变量、解释变量，以及控制变量,稳健性检验的结论均与上文的研究结论保持一致,因此本研究具有一定的稳健性,财务责任二重属性在市场战略中协同提升公司价值的统一性价值创造效应具有一定的可靠性。稳健性检验的变量和指标均从国泰安数据库中获取。

一、稳健性检验1:采用不同的估计方法

为测试研究的稳健性,本节通过采用分位数回归估计方法来进行稳健性检验。

(一)对回归模型(5-1)采用分位数回归估计

表5-8中列示了采用分位数回归方法对回归估计模型(5-1)进行检验的结果。第(1)列到第(5)列分别列示了5、25、50、75和95分位数上对模型(5-2)进行回归检验的情况,在这5列回归结果中,代表公司财务自然属性的RD(研发投入强度)在每一列中都显著为正,同时每一列的交互项的系数的符号都为正,并且每个交互项都至少在10%的水平上具有显著性。因此,这一检验结果与主回归的研究结论保持一致。

表5-8　稳健性检验1——采用分位数回归(1)

变量	TQ 5分位数 (1)	TQ 25分位数 (2)	TQ 中位数 (3)	TQ 75分位数 (4)	TQ 95分位数 (5)
RD	2.232***	3.542***	6.302***	8.538***	16.715***
	(6.62)	(8.81)	(10.58)	(7.29)	(4.91)
AP	-0.000	0.000	0.003**	0.003	0.008
	(-0.13)	(0.01)	(2.17)	(1.17)	(1.02)
CR	0.326	0.001	0.195	-1.072	-1.099
	(0.74)	(0.00)	(0.25)	(-0.70)	(-0.25)
RD×AP	0.087***	0.154***	0.399***	0.589***	0.844***
	(2.82)	(4.20)	(7.35)	(5.51)	(2.72)
RD×CR	37.921***	33.588*	118.300***	165.537***	356.814**
	(2.59)	(1.93)	(4.58)	(3.26)	(2.42)
Roa	3.969***	5.056***	5.878***	7.126***	9.144***
	(20.88)	(22.32)	(17.50)	(10.79)	(4.76)
Lev	-0.993***	-1.057***	-1.124***	-1.056***	-0.473
	(-18.94)	(-16.92)	(-12.13)	(-5.80)	(-0.89)

表5-8(续)

变量	TQ 5分位数 （1）	TQ 25分位数 （2）	TQ 中位数 （3）	TQ 75分位数 （4）	TQ 95分位数 （5）
GI	0.021	0.048**	0.086**	0.111*	0.079
	(1.10)	(2.07)	(2.51)	(1.65)	(0.40)
PInA	0.457***	0.253	0.599*	0.528	−0.338
	(2.59)	(1.20)	(1.92)	(0.86)	(−0.19)
Size	−0.264***	−0.322***	−0.410***	−0.535***	−0.880***
	(−30.21)	(−30.93)	(−26.55)	(−17.64)	(−9.97)
FS	0.004***	0.005***	0.008***	0.017***	0.029***
	(5.39)	(5.83)	(5.93)	(6.37)	(3.66)
SB	0.079***	0.109***	0.189***	0.404***	0.834***
	(3.81)	(4.42)	(5.16)	(5.61)	(3.99)
PID	0.148	0.378**	0.995***	1.909***	2.961*
	(0.98)	(2.10)	(3.73)	(3.64)	(1.94)
TJ	0.007	0.009	−0.009	−0.037	0.046
	(0.35)	(0.38)	(−0.25)	(−0.54)	(0.23)
State	−0.008	−0.032	−0.022	0.084	0.185
	(−0.42)	(−1.30)	(−0.61)	(1.19)	(0.90)
Beta	0.004	−0.144***	−0.253***	−0.495***	−1.312***
	(0.10)	(−3.06)	(−3.63)	(−3.61)	(−3.29)
Tlist	−0.003**	0.001	0.006**	0.016***	0.036**
	(−2.07)	(0.53)	(1.98)	(2.80)	(2.15)
Ind_effect	Controlled	Controlled	Controlled	Controlled	Controlled
Year_effect	Controlled	Controlled	Controlled	Controlled	Controlled
Constant	6.561***	8.132***	10.128***	12.612***	20.658***
	(33.27)	(34.59)	(29.06)	(18.40)	(10.37)
Observations	5 395	5 395	5 395	5 395	5 395
Adj. R^2	0.329 5	0.352 5	0.353 2	0.369 3	0.418 1

注：括号内为分位数回归估计的 t 值；*，**，*** 分别表示在10%，5%和1%水平上显著。

（二）对回归模型（5-2）采用分位数回归估计

表 5-9 中列示了采用分位数回归方法对回归估计模型（5-2）进行检验的结果。第（1）列到第（5）列分别列示了 5、25、50、75 和 95 分位数上对模型（5-2）进行回归检验的情况，在这 5 列回归结果中，代表公司财务自然属性的 RD（研发投入强度）在每一列中都显著为正，同时每一列的交互项的系数之符号都为正，并且每个交互项都至少在 10% 的水平上具有显著性。因此，这一检验结果与主回归的研究结论保持一致。

回归模型（5-1）和（5-2）采用分位数回归估计方法进行回归检验的结果表明，所有检验的结果均与上文的研究结论保持一致，这从采用不同估计方法的角度进一步支持了本章所提出的假设 1、假设 2、假设 3、假设 4、假设 5 和假设 6。

表 5-9　稳健性检验 1——采用分位数回归（2）

变量	TQ_{t+1} 5 分位数 (1)	TQ_{t+1} 25 分位数 (2)	TQ_{t+1} 中位数 (3)	TQ_{t+1} 75 分位数 (4)	TQ_{t+1} 95 分位数 (5)
RD	2.958 ***	4.966 ***	7.064 ***	9.045 ***	11.517 ***
	(6.67)	(9.38)	(9.11)	(6.41)	(2.63)
AP	−0.000	0.004 ***	0.005 ***	0.005	0.015
	(−0.48)	(3.45)	(2.82)	(1.56)	(1.59)
CR	0.711	0.783	0.826	−1.949	−0.425
	(1.23)	(1.13)	(0.82)	(−1.06)	(−0.07)
RD×AP	0.116 ***	0.345 ***	0.502 ***	0.607 ***	0.722 *
	(2.64)	(6.55)	(6.51)	(4.33)	(1.66)
RD×CR	37.341 *	41.779 *	161.143 ***	160.204 **	431.932 **
	(1.89)	(1.77)	(4.65)	(2.54)	(2.21)
Roa	2.953 ***	3.882 ***	4.385 ***	4.624 ***	7.900 ***
	(11.82)	(13.01)	(10.03)	(5.81)	(3.20)
Lev	−0.865 ***	−0.915 ***	−1.179 ***	−1.054 ***	−0.351
	(−12.80)	(−11.33)	(−9.96)	(−4.89)	(−0.53)
GI	0.049 *	0.058 *	0.088 *	0.016	−0.032
	(1.84)	(1.82)	(1.88)	(0.19)	(−0.12)
PInA	0.542 **	0.417	0.290	−0.176	0.610
	(2.39)	(1.54)	(0.73)	(−0.24)	(0.27)

表5-9(续)

变量	TQ_{t+1} 5分位数 (1)	TQ_{t+1} 25分位数 (2)	TQ_{t+1} 中位数 (3)	TQ_{t+1} 75分位数 (4)	TQ_{t+1} 95分位数 (5)
Size	-0.287***	-0.376***	-0.457***	-0.614***	-1.002***
	(-25.58)	(-28.02)	(-23.26)	(-17.16)	(-9.03)
FS	0.003***	0.006***	0.010***	0.018***	0.027***
	(3.35)	(5.32)	(5.72)	(5.80)	(2.75)
SB	0.058**	0.116***	0.205***	0.506***	1.016***
	(2.16)	(3.65)	(4.38)	(5.95)	(3.86)
PID	0.453**	0.810***	1.402***	2.226***	3.936**
	(2.32)	(3.47)	(4.10)	(3.58)	(2.04)
TJ	-0.009	0.007	0.021	-0.098	-0.326
	(-0.37)	(0.24)	(0.48)	(-1.22)	(-1.31)
State	0.018	-0.072**	-0.041	0.043	-0.157
	(0.69)	(-2.33)	(-0.91)	(0.53)	(-0.61)
Beta	-0.077	-0.116**	-0.381***	-0.714***	-1.743***
	(-1.60)	(-2.02)	(-4.54)	(-4.68)	(-3.68)
Tlist	-0.004*	0.007**	0.011***	0.021***	0.037*
	(-1.90)	(2.53)	(2.72)	(3.04)	(1.71)
Ind_effect	Controlled	Controlled	Controlled	Controlled	Controlled
Year_effect	Controlled	Controlled	Controlled	Controlled	Controlled
Constant	7.118***	8.932***	11.169***	14.536***	24.181***
	(28.44)	(29.87)	(25.49)	(18.23)	(9.78)
Observations	3 760	3 760	3 760	3 760	3 760
Adj. R^2	0.317 3	0.351 2	0.355 5	0.370 2	0.419 8

注：括号内为分位数回归估计的 t 值；*，**，*** 分别表示在10%，5%和1%水平上显著。

二、稳健性检验2：缩小样本后的回归检验

为进一步测试研究的稳健性，本节通过缩小样本规模的方式进行稳健性检验。具体而言，采用了主要解释变量双边截尾的方式来筛选样本，以获得缩小规模后的新样本：第一，按应付账款周转率 AP 值的大小对各年度样本进行5%分位数和95%分位数的双边截尾处理，从而获得各年度 AP 值相对居中的

90%样本（简称为缩小样本1）；第一，按员工薪酬支付比 PE 值的大小对各年度样本进行 5%分位数和 95%分位数的双边截尾处理，从而获得各年度 PM 值相对居中的 90%样本（简称为缩小样本2）。

（一）剔除 AP 各年度上下 5%百分位数的样本后进行缩小样本的回归检验

表5-10 中列示了用缩小样本 1 对模型（5-1）和模型（5-2）的回归结果。第（3）列和第（6）列的回归结果显示，调整后的可决系数分别为 0.547 与 0.536，F 值分别为 63.97 和 47.89，相伴概率 P 值均小于 0.000 1，表明模型设定在缩小样本 1 的回归检验中仍然比较适用，仍然具有较好的解释力。

由表5-10 第（3）列和第（6）列可知，在其他因素与条件相同情况下，在缩小样本 1 的回归结果中：第一，代表公司财务自然属性的 RD（研发投入强度）在每一列中都在 1%的水平上显著为正；第二，本章主要考察的两个交互项的系数之符号仍然为正，且每个交互项的系数仍然都至少在 10%的水平上具有显著性。这与前面主回归的结论一致。

表5-10　稳健性检验 2-1——缩小样本后的回归检验（1）

变量	TQ 缩小样本1 （1）	TQ 缩小样本1 （2）	TQ 缩小样本1 （3）	TQ_{t+1} 缩小样本1 （4）	TQ_{t+1} 缩小样本1 （5）	TQ_{t+1} 缩小样本1 （6）
RD	8.964 ***	9.110 ***	11.128 ***	11.727 ***	12.097 ***	13.922 ***
	(6.38)	(6.32)	(5.89)	(6.06)	(6.10)	(5.55)
AP		0.004	0.006		0.021 *	0.023 *
		(0.40)	(0.56)		(1.71)	(1.84)
CR		−0.704	−1.056		−0.827	−1.207
		(−0.56)	(−0.87)		(−0.50)	(−0.72)
RD×AP			1.299 ***			1.359 **
			(2.74)			(2.28)
RD×CR			87.725 *			147.310 *
			(1.65)			(1.71)
Roa	8.565 ***	8.554 ***	8.636 ***	6.893 ***	6.873 ***	6.937 ***
	(11.38)	(11.33)	(11.46)	(8.67)	(8.68)	(8.77)
Lev	−0.824 ***	−0.822 ***	−0.823 ***	−0.794 ***	−0.762 ***	−0.758 ***
	(−4.74)	(−4.73)	(−4.75)	(−3.64)	(−3.42)	(−3.42)
GI	0.069	0.068	0.074	0.013	0.007	0.009
	(0.99)	(0.97)	(1.04)	(0.18)	(0.10)	(0.13)

表5-10(续)

变量	TQ 缩小样本1 （1）	TQ 缩小样本1 （2）	TQ 缩小样本1 （3）	TQ_{t+1} 缩小样本1 （4）	TQ_{t+1} 缩小样本1 （5）	TQ_{t+1} 缩小样本1 （6）
PInA	0.898*	0.893*	0.892*	0.443	0.409	0.479
	(1.72)	(1.72)	(1.73)	(0.75)	(0.69)	(0.82)
Size	−0.690***	−0.690***	−0.691***	−0.745***	−0.744***	−0.748***
	(−20.98)	(−20.96)	(−21.22)	(−19.04)	(−19.10)	(−19.21)
FS	0.015***	0.015***	0.015***	0.016***	0.016***	0.015***
	(7.78)	(7.70)	(7.62)	(6.47)	(6.45)	(6.35)
SB	0.316***	0.314***	0.308***	0.360***	0.353***	0.347***
	(5.34)	(5.32)	(5.26)	(4.79)	(4.77)	(4.70)
PID	1.828***	1.833***	1.879***	2.057***	2.067***	2.148***
	(4.44)	(4.46)	(4.58)	(4.18)	(4.22)	(4.38)
TJ	−0.067	−0.066	−0.069	−0.094	−0.089	−0.090
	(−1.29)	(−1.27)	(−1.32)	(−1.44)	(−1.37)	(−1.37)
State	−0.008	−0.008	−0.009	−0.051	−0.045	−0.048
	(−0.16)	(−0.15)	(−0.18)	(−0.80)	(−0.70)	(−0.76)
Beta	−0.819***	−0.823***	−0.823***	−0.675***	−0.676***	−0.678***
	(−6.59)	(−6.63)	(−6.72)	(−5.32)	(−5.29)	(−5.33)
Tlist	0.008	0.008	0.007	0.013**	0.012**	0.012*
	(1.51)	(1.47)	(1.40)	(2.18)	(2.03)	(1.96)
Ind_effect	Controlled	Controlled	Controlled	Controlled	Controlled	Controlled
Year_effect	Controlled	Controlled	Controlled	Controlled	Controlled	Controlled
Constant	15.816***	15.805***	15.826***	16.854***	16.698***	16.749***
	(23.62)	(23.28)	(23.49)	(22.13)	(22.00)	(22.01)
Observations	3 583	3 583	3 583	2 526	2 526	2 526
Adj. R^2	0.544	0.544	0.547	0.533	0.533	0.536
F	70.72	67.19	63.97	53.05	50.25	47.89

注：括号内为基于White稳健标准误修正后的t值；*，**，***分别表示在10%，5%和1%水平上显著。

（二）剔除 CR 各年度上下 5% 百分位数的样本后进行缩小样本的回归检验

表 5-11 中列示了用缩小样本 2 对模型（5-1）和模型（5-2）的回归结果。第（3）列和第（6）列的回归结果显示，调整后的可决系数分别为 0.53 与 0.526，F 值分别为 59.13 和 45.80，相伴概率 P 值均小于 0.0001，表明模型设定在缩小样本 2 的回归检验中仍然比较适用，仍然具有较好的解释力。

由表 5-11 第（3）列和第（6）列可知，在其他因素与条件相同的情况下，在缩小样本 2 的回归结果中：第一，代表公司财务自然属性的 RD（研发投入强度）在每一列中都在 1% 的水平上显著为正；第二，本章所主要考察的两个交互项的系数之符号仍然为正，而且每个交互项的系数仍然在 5% 或 1% 的水平上具有显著性。这与前面主回归的研究结论是一致的。

因此，回归模型（5-1）和模型（5-2）利用缩小规模后的样本进行回归检验的结果表明，所有检验的结果均与上文的研究结论保持一致，这从缩小规模样本的角度进一步支持了本章所提出的假设 1、假设 2、假设 3、假设 4、假设 5 和假设 6。

表 5-11　稳健性检验 2-2——缩小样本后的回归检验（2）

变量	TQ 缩小样本 2 (1)	TQ 缩小样本 2 (2)	TQ 缩小样本 2 (3)	TQ_{t+1} 缩小样本 2 (4)	TQ_{t+1} 缩小样本 2 (5)	TQ_{t+1} 缩小样本 2 (6)
RD	8.464***	8.448***	10.356***	8.225***	8.411***	11.615***
	(5.58)	(5.36)	(5.65)	(4.01)	(4.03)	(4.90)
AP	0.001	0.001			0.005	0.007**
	(0.16)	(0.37)			(1.11)	(2.12)
CR	0.909	1.123			0.318	1.578
	(0.36)	(0.44)			(0.10)	(0.48)
RD×AP			0.695***			0.793***
			(4.55)			(4.30)
RD×CR			325.984**			524.885***
			(2.19)			(2.60)
Roa	8.599***	8.598***	8.663***	5.954***	5.983***	6.015***
	(12.19)	(12.21)	(12.46)	(7.24)	(7.29)	(7.45)
Lev	−0.529***	−0.524***	−0.474**	−0.626***	−0.591**	−0.515**
	(−2.65)	(−2.66)	(−2.41)	(−2.58)	(−2.46)	(−2.14)

表5-11(续)

变量	TQ 缩小样本2 (1)	TQ 缩小样本2 (2)	TQ 缩小样本2 (3)	TQ_{t+1} 缩小样本2 (4)	TQ_{t+1} 缩小样本2 (5)	TQ_{t+1} 缩小样本2 (6)
GI	0.078	0.078	0.082	0.060	0.053	0.050
	(1.22)	(1.20)	(1.25)	(0.81)	(0.71)	(0.67)
PInA	1.318**	1.319**	1.306**	0.340	0.361	0.493
	(2.28)	(2.27)	(2.27)	(0.50)	(0.53)	(0.73)
Size	-0.770***	-0.770***	-0.772***	-0.840***	-0.838***	-0.839***
	(-20.56)	(-20.52)	(-20.84)	(-19.02)	(-18.92)	(-19.11)
FS	0.017***	0.017***	0.017***	0.019***	0.019***	0.020***
	(8.17)	(8.18)	(8.35)	(7.85)	(7.78)	(8.12)
SB	0.352***	0.352***	0.378***	0.424***	0.421***	0.449***
	(5.75)	(5.70)	(6.24)	(5.64)	(5.57)	(6.01)
PID	1.178***	1.173***	1.169***	1.363***	1.296**	1.285**
	(2.86)	(2.86)	(2.86)	(2.68)	(2.53)	(2.52)
TJ	-0.035	-0.035	-0.042	-0.078	-0.076	-0.088
	(-0.65)	(-0.65)	(-0.79)	(-1.18)	(-1.15)	(-1.36)
State	-0.071	-0.071	-0.060	-0.125*	-0.116*	-0.117*
	(-1.27)	(-1.28)	(-1.13)	(-1.79)	(-1.69)	(-1.74)
Beta	-0.674***	-0.673***	-0.673***	-0.821***	-0.820***	-0.820***
	(-5.63)	(-5.62)	(-5.77)	(-5.90)	(-5.89)	(-5.98)
Tlist	0.026***	0.026***	0.023***	0.029***	0.028***	0.026***
	(4.59)	(4.62)	(4.36)	(4.18)	(4.19)	(4.02)
Ind_effect	Controlled	Controlled	Controlled	Controlled	Controlled	Controlled
Year_effect	Controlled	Controlled	Controlled	Controlled	Controlled	Controlled
Constant	17.339***	17.307***	17.307***	19.202***	19.105***	18.981***
	(23.67)	(23.36)	(23.91)	(21.78)	(21.45)	(21.58)
Observations	3 583	3 583	3 583	2 508	2 508	2 508
Adj. R^2	0.519	0.519	0.530	0.514	0.514	0.526
F	61.83	61.24	59.13	47.37	46.73	45.80

注:括号内为基于White稳健标准误修正后的 t 值;*,**,*** 分别表示在10%,5%和1%水平上显著。

三、稳健性检验3：改变公司价值与财务责任的度量方法

为测试研究的稳健性，进一步通过改变公司价值与财务责任度量方法的方式更深入地进行稳健性检验。

（一）稳健性检验3：改变公司价值的度量方法

对于被解释变量公司价值，本节采用了另外其他三种不同的托宾 Q 值度量方式来进行度量：第一种，计算托宾 Q 值时，分子取公司市场价值，计算公司市场价值时公司非流通股份取每股净资产来替代计算，分母取资产总额剔除了无形资产和商誉后的有形总资产净额，具体用 TQ_b 来表示；第二种，计算托宾 Q 值时，分子取公司市场价值，计算公司市场价值时公司非流通股直接按流通股股价取值计算，分母取资产总额，具体用 TQ_c 来表示；第三种，计算托宾 Q 值时，分子取公司市场价值，计算公司市场价值时公司非流通股直接按流通股股价取值计算，分母取资产总额剔除了无形资产和商誉后的有形总资产净额，具体用 TQ_d 来表示。

表 5-12 列示了改变公司价值度量方式后的回归检验结果。在全部 6 列中，与主回归的结果相比，代表公司财务自然属性的 RD（研发投入强度）的系数符号方向和系数的显著性水平均保持不变。第（1）列至第（3）列依次表示将 TQ 替换为 TQ_b、TQ_c 和 TQ_d 后对模型（5-1）进行回归检验的结果，与主回归的结果相比，这三列中两个交互项的系数符号方向均保持不变，系数都在 1%或 5%的水平上具有显著性。第（4）列至第（6）列依次表示将 TQ 替换为 TQ_b、TQ_c 和 TQ_d 后对模型（5-2）进行回归检验的结果，与主回归的结果相比，这三列中两个交互项的系数符号方向均保持不变，系数都在 1%或 5%的水平上具有显著性。

同时，代表产权性质的变量 State 在公司价值度量方法变换的 6 列回归检验中均表现为负相关，并且其中的 5 列回归结果中的 State 系数都在 1%或 10%的水平上具有显著性。这进一步说明了国有产权性质下对于市场竞争机制引入的不足，从而致使财务责任二重属性缺少令其发挥统一性价值创造效应的有效市场竞争机制。

回归模型（5-1）和回归模型（5-2）对公司价值进行变量替换后的检验结果表明，所有检验的结果均与上文的研究结论保持一致，这从被解释变量的变量替换角度进一步支持了本章所提出的假设 1、假设 2、假设 3、假设 4、假设 5 和假设 6。

表 5-12 稳健性检验 3-1——改变公司价值度量方法的回归检验

变量	TQ_b 全样本 (1)	TQ_c 全样本 (2)	TQ_d 全样本 (3)	TQ_b$_{t+1}$ 全样本 (4)	TQ_c$_{t+1}$ 全样本 (5)	TQ_d$_{t+1}$ 全样本 (6)
RD	10.216***	8.320***	10.267***	11.128***	8.901***	11.112***
	(7.88)	(7.95)	(7.90)	(6.33)	(6.25)	(6.31)
AP	0.004	0.004**	0.004	0.009***	0.008***	0.009***
	(1.62)	(1.99)	(1.61)	(3.12)	(3.12)	(3.14)
CR	−1.216	−0.610	−1.183	−1.345	−0.675	−1.242
	(−0.98)	(−0.59)	(−0.94)	(−0.78)	(−0.47)	(−0.72)
RD×AP	0.675***	0.614***	0.700***	0.818***	0.730***	0.849***
	(4.39)	(4.66)	(4.39)	(4.25)	(4.39)	(4.27)
RD×CR	127.059**	144.550***	126.173**	163.846**	172.726***	163.138**
	(2.52)	(3.32)	(2.49)	(2.16)	(2.83)	(2.13)
Roa	7.761***	7.553***	7.763***	6.020***	5.631***	5.815***
	(11.33)	(13.17)	(11.25)	(7.61)	(8.41)	(7.32)
Lev	−0.873***	0.262*	0.184	−0.737***	0.175	0.164
	(−4.76)	(1.77)	(1.00)	(−3.21)	(0.93)	(0.71)
GI	0.195**	0.076	0.208***	0.057	0.015	0.070
	(2.49)	(1.38)	(2.59)	(0.76)	(0.25)	(0.91)
PInA	3.324***	0.662*	4.179***	2.906***	0.463	3.787***
	(6.21)	(1.69)	(7.78)	(4.99)	(0.99)	(6.44)
Size	−0.751***	−0.702***	−0.749***	−0.835***	−0.749***	−0.823***
	(−23.25)	(−25.21)	(−23.24)	(−21.25)	(−22.69)	(−20.95)
FS	0.018***	0.016***	0.018***	0.020***	0.017***	0.020***
	(9.43)	(9.85)	(9.32)	(8.90)	(8.98)	(8.91)
SB	0.436***	0.325***	0.444***	0.475***	0.374***	0.484***
	(7.33)	(6.90)	(7.36)	(6.71)	(6.45)	(6.83)
PID	1.654***	1.474***	1.641***	2.152***	2.002***	2.107***
	(4.37)	(4.53)	(4.31)	(4.57)	(4.93)	(4.49)
TJ	−0.062	−0.038	−0.063	−0.120*	−0.081	−0.122*
	(−1.22)	(−0.89)	(−1.23)	(−1.92)	(−1.53)	(−1.95)

表5-12(续)

变量	TQ_b 全样本 （1）	TQ_c 全样本 （2）	TQ_d 全样本 （3）	TQ_b$_{t+1}$ 全样本 （4）	TQ_c$_{t+1}$ 全样本 （5）	TQ_d$_{t+1}$ 全样本 （6）
State	−0.133 ***	−0.052	−0.140 ***	−0.172 ***	−0.095 *	−0.179 ***
	（−2.60）	（−1.22）	（−2.73）	（−2.69）	（−1.75）	（−2.80）
Beta	−0.805 ***	−0.726 ***	−0.812 ***	−0.877 ***	−0.716 ***	−0.874 ***
	（−7.00）	（−7.33）	（−7.03）	（−6.84）	（−6.63）	（−6.78）
Tlist	0.024 ***	0.019 ***	0.024 ***	0.027 ***	0.023 ***	0.027 ***
	（4.68）	（4.65）	（4.66）	（4.46）	（4.51）	（4.32）
Ind_effect	Controlled	Controlled	Controlled	Controlled	Controlled	Controlled
Year_effect	Controlled	Controlled	Controlled	Controlled	Controlled	Controlled
Constant	16.993 ***	16.077 ***	16.913 ***	18.792 ***	17.072 ***	18.593 ***
	（26.63）	（28.67）	（26.56）	（24.11）	（25.70）	（23.82）
Observations	5 395	5 395	5 395	3 760	3 760	3 760
Adj. R^2	0.514	0.491	0.474	0.518	0.492	0.481
F	81.32	67.39	62.77	61.95	53.74	49.10

注：括号内为基于 White 稳健标准误修正后的 t 值；*，**，*** 分别表示在 10%，5% 和 1% 水平上显著。

（二）稳健性检验 3：改变财务责任的度量方法

对于作为公司对供应商财务责任履行情况代理变量的应付账款周转率指标，本章在改变其度量方法后对模型（5-1）和模型（5-2）进行了回归检验。具体做法是：将应付账款周转率指标的分母由应付账款的平均余额改为应付账款期末余额进行了重新计算，并将重新计算后得到的新应付账款周转率指标 AP_e 代入模型（5-1）和模型（5-2）进行回归检验。

表 5-13 列示了改变公司对供应商财务责任量方式后的回归检验结果，其中，第（1）列至第（3）列依次表示将 AP 替换为 AP_e 后对模型（5-1）进行回归检验的结果，第（4）列至第（6）列依次表示将 AP 替换为 AP_e 后对模型（5-2）进行回归检验的结果。有交互项的第（3）列和第（6）列的回归结果表明，与主回归的结果相比，这两列中两个交互项的系数符号方向和系数的显著性水平均保持不变。在全部 6 列中，与主回归的结果相比，代表公司财务自然属性的 RD（研发投入强度）的系数符号方向和系数的显著性水平均保持不变。

因此，回归模型（5-1）和回归模型（5-2）对财务责任进行变量替换后的检验结果表明，所有检验的结果均与上文的研究结论保持一致，这从解释变量的变量替换角度进一步支持了假设 1、假设 2、假设 3、假设 4、假设 5 和假设 6。

表 5-13　稳健性检验 3-2——改变财务责任度量方法的回归检验

变量	TQ 全样本 (1)	TQ 全样本 (2)	TQ 全样本 (3)	TQ_{t+1} 全样本 (4)	TQ_{t+1} 全样本 (5)	TQ_{t+1} 全样本 (6)
RD	8.537 ***	8.724 ***	8.227 ***	9.017 ***	9.383 ***	8.810 ***
	(7.92)	(7.82)	(7.81)	(6.11)	(6.17)	(6.05)
AP_e		0.004 *	0.005 ***		0.005 **	0.007 ***
		(1.81)	(2.61)		(1.98)	(2.93)
CR		0.088	−0.418		−0.540	−0.776
		(0.08)	(−0.40)		(−0.37)	(−0.54)
RD×AP_e			0.459 ***			0.578 ***
			(4.27)			(4.57)
RD×CR			136.611 ***			165.682 ***
			(3.11)			(2.65)
Roa	7.538 ***	7.577 ***	7.598 ***	5.809 ***	5.853 ***	5.842 ***
	(12.97)	(13.08)	(13.14)	(8.45)	(8.54)	(8.56)
Lev	−0.784 ***	−0.756 ***	−0.711 ***	−0.766 ***	−0.730 ***	−0.674 ***
	(−5.10)	(−4.96)	(−4.67)	(−3.93)	(−3.77)	(−3.50)
GI	0.075	0.073	0.074	0.022	0.022	0.016
	(1.38)	(1.34)	(1.33)	(0.36)	(0.37)	(0.27)
PInA	0.620	0.669 *	0.687 *	0.264	0.330	0.400
	(1.56)	(1.68)	(1.74)	(0.56)	(0.70)	(0.85)
Size	−0.704 ***	−0.702 ***	−0.706 ***	−0.762 ***	−0.758 ***	−0.764 ***
	(−24.50)	(−24.38)	(−24.63)	(−22.37)	(−22.23)	(−22.54)
FS	0.016 ***	0.016 ***	0.016 ***	0.017 ***	0.017 ***	0.017 ***
	(9.89)	(9.81)	(9.83)	(8.78)	(8.69)	(8.84)
SB	0.314 ***	0.313 ***	0.327 ***	0.361 ***	0.358 ***	0.372 ***
	(6.57)	(6.55)	(6.88)	(6.07)	(6.04)	(6.33)

表5-13(续)

变量	TQ 全样本 (1)	TQ 全样本 (2)	TQ 全样本 (3)	TQ_{t+1} 全样本 (4)	TQ_{t+1} 全样本 (5)	TQ_{t+1} 全样本 (6)
PID	1.512 ***	1.476 ***	1.457 ***	2.087 ***	2.025 ***	2.032 ***
	(4.60)	(4.50)	(4.46)	(5.07)	(4.90)	(4.93)
TJ	−0.037	−0.036	−0.035	−0.082	−0.077	−0.077
	(−0.83)	(−0.83)	(−0.79)	(−1.51)	(−1.43)	(−1.44)
State	−0.072	−0.065	−0.053	−0.121 **	−0.111 *	−0.099 *
	(−1.62)	(−1.48)	(−1.21)	(−2.12)	(−1.96)	(−1.78)
Beta	−0.707 ***	−0.715 ***	−0.727 ***	−0.710 ***	−0.722 ***	−0.734 ***
	(−7.05)	(−7.11)	(−7.28)	(−6.57)	(−6.63)	(−6.74)
Tlist	0.022 ***	0.021 ***	0.020 ***	0.026 ***	0.026 ***	0.024 ***
	(4.90)	(4.88)	(4.67)	(4.82)	(4.79)	(4.66)
Ind_effect	Controlled	Controlled	Controlled	Controlled	Controlled	Controlled
Year_effect	Controlled	Controlled	Controlled	Controlled	Controlled	Controlled
Constant	16.119 ***	16.036 ***	16.122 ***	17.336 ***	17.228 ***	17.324 ***
	(28.03)	(27.73)	(28.12)	(25.54)	(25.25)	(25.58)
Observations	5 395	5 395	5 395	3 760	3 760	3 760
Adj. R^2	0.524	0.524	0.531	0.521	0.522	0.529
F	95.86	91.99	88.36	72.47	70.26	68.10

注:括号内为基于 White 稳健标准误修正后的 t 值;*,**,*** 分别表示在 10%,5% 和 1% 水平上显著。

四、稳健性检验 4:改变控制变量的度量方法

为测试研究的稳健性,本节最后从改变控制变量度量方法的角度进行了检验。

表 5-14 列示了对回归估计模型(5-1)和(5-2)进行了控制变量替换后的回归检验结果。在第(1)列到第(3)列的三个回归模型中,依次并累计递增地更换了回归估计模型(5-1)以下三个方面的控制变量,以测试稳健性:用营业利润率 POP 代替总资产报酬率 Roa,用总资产增长率 TAG 代替营业收入增长率 GI,用营业收入的对数 Size_inc 代替总资产对数 Size 反映公司规模影响因素。同样的,在第(4)列到第(6)列的三个回归模型中,依次并

累计递增地更换了回归估计模型（5-2）这三个方面的控制变量的更换，以检验控制变量对滞后一期的回归影响的稳健性。

对模型（5-1）和模型（5-2）进行控制变量替换后的检验结果表明，所有检验的结果均与上文的研究结论保持一致，这从控制变量替换角度进一步支持了本章所提出的假设1、假设2、假设3、假设4、假设5和假设6。

表 5-14 稳健性检验4——改变控制变量度量方法的回归检验

变量	TQ 全样本 (1)	TQ 全样本 (2)	TQ 全样本 (3)	TQ_{t+1} 全样本 (4)	TQ_{t+1} 全样本 (5)	TQ_{t+1} 全样本 (6)
RD	8.354***	8.246***	5.937***	9.009***	8.975***	6.428***
	(7.79)	(7.70)	(5.35)	(6.25)	(6.21)	(4.25)
AP	0.005**	0.005***	0.014***	0.009***	0.009***	0.019***
	(2.39)	(2.59)	(7.32)	(3.56)	(3.64)	(7.74)
CR	−0.413	−0.340	−0.651	−0.491	−0.473	−0.857
	(−0.40)	(−0.33)	(−0.61)	(−0.34)	(−0.33)	(−0.59)
RD×AP	0.577***	0.582***	0.462***	0.726***	0.728***	0.564***
	(4.46)	(4.49)	(3.80)	(4.67)	(4.68)	(3.85)
RD×CR	149.036***	153.467***	175.727***	178.746***	179.639***	209.049***
	(3.35)	(3.46)	(3.84)	(2.90)	(2.92)	(3.30)
POP	2.103***	2.074***	1.636***	1.797***	1.823***	1.187***
	(8.02)	(7.95)	(6.33)	(5.87)	(5.99)	(3.86)
Lev	−0.640***	−0.649***	−0.945***	−0.539***	−0.523***	−0.846***
	(−3.83)	(−3.91)	(−5.55)	(−2.78)	(−2.71)	(−4.25)
GI	0.187***			0.101*		
	(3.39)			(1.75)		
TAG		0.249***	0.151**		0.073	0.015
		(4.32)	(2.52)		(1.07)	(0.22)
PInA	0.539	0.576	0.227	0.306	0.311	−0.138
	(1.32)	(1.41)	(0.55)	(0.64)	(0.65)	(−0.28)
Size	−0.695***	−0.697***		−0.760***	−0.761***	
	(−24.04)	(−24.16)		(−22.76)	(−22.87)	

表5-14(续)

变量	TQ 全样本 (1)	TQ 全样本 (2)	TQ 全样本 (3)	TQ_{t+1} 全样本 (4)	TQ_{t+1} 全样本 (5)	TQ_{t+1} 全样本 (6)
Size_inc			−0.528 ***			−0.595 ***
			(−19.88)			(−19.21)
FS	0.016 ***	0.016 ***	0.014 ***	0.017 ***	0.017 ***	0.016 ***
	(9.71)	(9.68)	(8.20)	(8.79)	(8.79)	(7.62)
SB	0.319 ***	0.309 ***	0.267 ***	0.368 ***	0.369 ***	0.342 ***
	(6.72)	(6.48)	(5.40)	(6.27)	(6.29)	(5.60)
PID	1.426 ***	1.422 ***	1.037 ***	1.978 ***	1.969 ***	1.509 ***
	(4.30)	(4.29)	(3.03)	(4.75)	(4.73)	(3.53)
TJ	−0.060	−0.065	−0.076	−0.105 *	−0.105 *	−0.116 **
	(−1.36)	(−1.46)	(−1.64)	(−1.96)	(−1.95)	(−2.07)
state	−0.109 **	−0.100 **	−0.142 ***	−0.139 **	−0.140 **	−0.189 ***
	(−2.49)	(−2.28)	(−3.11)	(−2.50)	(−2.52)	(−3.25)
Beta	−0.796 ***	−0.789 ***	−0.805 ***	−0.777 ***	−0.782 ***	−0.819 ***
	(−7.86)	(−7.78)	(−7.71)	(−6.98)	(−7.00)	(−7.09)
Tlist	0.021 ***	0.021 ***	0.017 ***	0.026 ***	0.026 ***	0.024 ***
	(5.05)	(4.93)	(4.02)	(5.08)	(5.04)	(4.54)
Ind_effect	Controlled	Controlled	Controlled	Controlled	Controlled	Controlled
Year_effect	Controlled	Controlled	Controlled	Controlled	Controlled	Controlled
Constant	16.190 ***	16.228 ***	12.564 ***	17.394 ***	17.413 ***	13.811 ***
	(28.04)	(28.14)	(24.36)	(25.88)	(25.93)	(22.45)
Observations	5 395	5 395	5 395	3 760	3 760	3 760
Adj. R^2	0.516	0.517	0.483	0.523	0.522	0.493
F	86.70	86.87	83.21	68.61	68.73	66.61

注：括号内为基于 White 稳健标准误修正后的 t 值；*，**，*** 分别表示在 10%，5% 和 1% 水平上显著。

本章小结

本章以 2012—2015 年中国 A 股上市公司的财务数据为研究对象,以公司托宾 Q 值作为公司价值的衡量指标,以研发投入强度作为公司市场战略中对财务责任自然属性遵循情况的衡量指标,以应付账款周转率作为公司市场战略中公司对供应商财务责任履行情况的衡量指标,以客户直接相关的销售费用占营业收入比作为公司市场战略中公司对客户财务责任履行情况的衡量指标,对财务责任二重属性在公司市场战略中的统一性价值创造效应进行了实证检验。结果发现:①公司在市场战略中对财务责任自然属性的遵循与公司价值显著正相关,并表现出稳定的价值相关性;②在公司市场战略中,公司对财务责任自然属性的遵循与公司对供应商财务责任积极履行的交互效应与公司价值(包括当期和下一期)显著正相关,同时公司对财务责任自然属性的遵循与公司对客户财务责任积极履行的交互效应也与公司价值(包括当期和下一期)显著正相关,这验证和体现了公司财务责任二重属性在公司市场战略中的统一性价值创造效应,并且这种统一性价值创造效应延续体现到了下一年度,本章将此称为"延续效应";③在基于公司产权性质分组的进一步分析发现,在融入公司市场战略的财务责任统一性价值创造效应中,体现出来的"延续效应"集中体现在非国有组当中,国有组则没有表现出任何显著的"延续效应"。

本章研究的可能贡献主要体现在两个方面。第一,验证和揭示了公司财务责任二重属性的统一性价值创造效应在公司市场战略中的客观存在性与普遍适用性,同时还发现了这种统一性价值创造效应能够延伸至下一期的"延续效应"。不同于以往文献从单一维度的视角来考察和检验公司财务对公司价值创造的影响问题,本书是从二重维度的视角相互联系地进行综合考察和实证检验,这在横向上拓展了公司财务对公司价值创造影响机制的研究方法,丰富了相关研究文献。第二,揭示了非国有公司与国有公司在市场战略中发挥财务责任价值创造功能方面存在显著的差异性:在市场战略中,建立高市场化机制的公司能够更好地发挥财务责任的统一性价值创造效应,更有潜力去获得财务责任统一性价值创造效应衍生而来的价值创造"延续效应"。这一发现为当前全面推进的混合所有制改革带来启示:应注重将非国有资本的充分市场化、创造力与国有资本的规模优势、发展优势相结合,从而通过各取所长、相互促进的方式来发展混合所有制经济。

第六章 财务责任融入公司环境战略的价值创造实证检验

公司通过投入大量资金、购置新生产线和研发新技术以实现向绿色高附加值低能耗产品的转型升级，体现了公司在产品制造过程中通过财务决策中将公司价值最大化追求与公共责任承担有机结合的决心。从公司财务的视角来看，这就是公司财务责任自然属性与财务责任社会属性在环境战略统一性价值创造效应的具体外化表现。

第一节 理论分析与研究假设

一、理论分析：财务责任在公司环境战略中的融入及其影响

2014 年《中华人民共和国环保法》的全面修订标志着环境责任对公司运行的强势要求，这促使公司财务必须给出更为积极和有效的责任履行回应。

在环境战略中，作为一个新兴的财务投资方向，公司环保投资鲜明地体现了公司财务责任自然属性与公司财务责任社会属性的有机结合。一方面，由于公司环保投资是一项资本化的投入，它除了治理和改善生产环境以外，往往会同时带来污染费用（如排污费）支出的减少、废弃原料的充分综合利用等益处，甚至可以通过促进新型环保产品的研发、清洁生产方式的改进等方式来发掘和创造出公司价值的新增长点，所以，环保投资体现了与公司环境战略相联系的财务责任自然属性的内在要求。另一方面，环保投资通过增加公司自身财务性支出的方式将环境污染的外部性效应内部化，有效地减少了政府和社区为

治理生态环境的财务性支出，从而体现了公司对公共资本投入者——政府和所在社区的财务责任履行（通过替代支出的方式履行财务责任），故这又是与公司环境战略相联系的财务责任社会属性的具体履行。

可见，环保投资作为一种集环保性、财务性、公司发展性"三合一"的投资决策选择，正是公司环境战略与公司财务责任二重属性紧密结合的典型产物之一，对于经济新常态时期公司实现产品技术结构与价值结构的二重转型具有重要的引导作用。在这一方面，佰利联化学股份公司的环保投资案例颇具启发意义：佰利联在2013年投资建成了年产两亿块石膏空心砖的环保投资项目，这一项目除了能够优化环境治理、减少外部性环境保护成本以外，每年还可将23万吨废弃物钛石膏转化为石膏制品的新原料来源，从而将外部性环保负担内化为公司新的价值增长点[①]。因此，环保投资在助力建设生态文明、推进公司战略有效贯彻落实的同时，也将积极地发挥出公司财务责任的统一性价值创造效应。

二、研究假设

如上所述，公司进行环保投资是公司财务责任自然属性与财务责任社会属性围绕公司环境战略而形成的财务决策产物，其对于公司价值的成长具有创造性的推动效应。具体而言，这会从经营机制与声誉机制两个层面对公司价值创造带来积极的影响。

从经营机制来看，其实质就是财务责任自然属性对公司价值的内在追求原则在环境战略中的实现。这是因为，环保投资有助于公司实现生产经营在技术结构和价值结构上的二重转型升级，从而拓展公司的新的价值增长点，推进公司价值的可持续增长。在这一方面，佰利联股份公司的环保投资案例非常典型。作为中国最大的钛白粉出口公司，佰利联一直面临着较大的污水处理压力，然而这些并没有成为阻碍佰利联发展的瓶颈，反而成了其发展过程中的又一个新价值增长突破点。这当中，结合公司战略形成的具有前瞻意义的环保投资起到了决定性转化作用：佰利联在2013年投入了高达1.5亿元的污水处理技改工程，这一工程利用石膏进行脱水处理，在排污的同时每天持续不断地生成出具有市场价值的白石膏600吨，从而形成了减排增效的双重效益，更是助

---

① 河南佰利联化学股份有限公司 2013 年社会责任报告［EB/OL］.（2014-03-04）［2021-09-30］. https://max.book118.com/html/2017/0803/125777684.shtm.

力佰利联成为行业内第一家钛石膏生产白石膏的资源综合利用单位①。

从声誉机制来看，其实质就是公司财务责任社会属性之外在协同性价值创造机理在环境战略中的实现。公司设立和发展中不可或缺的公共性资本，包括公司设立资格的许可、公司运营中的法律保护，以及公司经营所占用环境资源等，其实质都是政府和社区以隐喻契约的方式投入公司的要素产权。能够积极履行对政府和社区财务责任的公司，往往能够因此提升公司的声誉形象，并进而更好地推动利益相关方协同推进公司价值创造。例如，积极进行环保投资的公司，会在资本市场中传递出公司重视环境治理、采用绿色发展战略的积极信号，从而将自身与行业中相对不重视环境保护的那些公司相区别开来，由此更有可能在资本市场中树立良好的发展前景预期，从而推动公司的市场价值提升。例如，1990 年创立的多米尼 400 社会指数（Domini 400 Social Index），就是美国第一个以社会性与环境性议题为准则的股市指数。此外，在我国政府主导特质下的金融系统中，具有环境保护良好声誉的公司，往往有机会以更低的融资成本获得更大额度的系统性融资，这在我国"十二五"期间出台的"绿色证券制度"与"绿色信贷制度"中尤为明显。因此，声誉机制还可以通过降低公司的融资成本等来间接的促进公司价值地提升。

比较而言，声誉机制对公司价值带来的提升影响往往与环保投资的当期更为相关；而经营机制对公司价值的提升影响不但体现在当期，往往还可能在体现在随后的年度中。如以东方钽业为例。该公司在 2008 年与 2009 年进行了大额的环保设备投入与排污治理投入，但 2010—2014 年间公司不再进行大额度的专项环保投资，而是侧重于从环保管理制度、清洁生产方案等方面入手来进行"配套的软环境建设"，以充分发挥环保投资的价值创造效应。公司持续较好的环保效益印证了经营机制对于公司价值提升的长期性影响。

可见，公司进行环保投资是公司财务责任自然属性与财务责任社会属性围绕公司环境战略相统一而形成的财务决策产物，其参与公司价值创造的方式与特征体现了公司财务责任的统一性价值创造效应，并可能在当期形成价值创造效应（通过经营机制或声誉机制）或在未来期形成价值创造效应（通过经营机制）。故本章就以环保投资强度作为公司财务责任自然属性与财务责任社会属性相统一的代理变量来提出检验财务责任统一性价值创造机理的研究假设 1 和假设 2：

①　河南佰利联化学股份有限公司 2013 年社会责任报告［EB/OL］.（2014-03-04）［2021-09-30］. https://max.book118.com/html/2017/0803/125777684.shtm.

假设 1：在其他条件相同情况下，公司环保投资强度与当期公司价值正相关。

假设 2：在其他条件相同情况下，公司环保投资强度与下一期公司价值正相关。

客观地来看，环保投资对于不同行业的公司具有完全不同的价值和意义。从制度规制来看，处于重污染行业的公司与非重污染行业的公司就面临着完全不同的经营压力：对于重污染行业公司而言，环保投资的制度要求更为迫切，甚至在一定程度上具有强制性；而对于非重污染行业公司而言，环保投资是一个不错的公司价值提升可选项，但不是必选项。从追求价值增长的财务驱动来看，环保投资对于身处重污染行业的公司而言也具有更大的价值和意义：这些公司的环保投资不仅仅是为了解决当前的环境污染问题，更重要的是，公司应当如何进行科学合理的环保投资决策以使得环保投资项目与公司主业发展相统一，使得环保投资能有效推进公司转型升级。事实上，很多重污染行业公司也确实到了不得不转型升级的"新常态时期"，无论是钢铁水泥，还是造纸纺织采掘矿，无一不在产能结构不合理和环境压力中步履维艰。因此，环保投资对于重污染行业公司的价值创造相关性，应该比其他行业的公司更为明显。因此，笔者提出本章的假设 3：

假设 3：在其他条件相同情况下，相对其他行业的公司，重污染行业公司环保投资强度与公司价值之间的正相关关系更为显著。

在分析公司投资行为的时候，股权性质往往是必须加以考虑的一个重要因素。在很多情况下，非国有公司由于市场机制的引入程度相对充分，因而相比国有公司往往更具优势、决策也往往显得更为合理。大量实证研究也表明，非国有控股的公司，往往在投资效率上要优于国有公司。于是，从逻辑上很自然地会推断得出，与其他投资活动相类似，非国有公司的环保投资效益应该优于国有公司的环保投资效益。但同时我们也应该注意到的是，环保投资与公共资本（资源）的使用和维护相关，控制着国有公司的政府也是公共资本（资源）的管理者，政府这一双重角色背景是国有公司环保投资活动中的关键性影响因素之一。事实上，相比非国有公司，国有公司往往更可能在环境保护投资（维护）支出、帮扶社区建设支出等方面率先开展表率示范工作并持续改进优化。这既有可能是因为双重角色背景的政府对国有公司提出了更高的环保投入要求，也有可能是因为"预算软约束"为国有公司带来了额外的财政补贴，还可能是出于年末国资体系考核因素的驱动等各方面原因。不论如何，国有公司与公共资本管理者政府之间在环保投资领域的政治关联影响往往显著强于非国有公司。那么，这也往往意味着，国有公司很可能在环保投资活动中获得了更多的财政补贴、更多的政策性帮扶，而这些无疑都将有利于国有公司更好地推进公司价值的提升。

基于以上分析，在此以对立假设的方式提出本章的假设4：

假设4a：在其他条件相同情况下，相对于国有公司，非国有公司环保投资强度与公司价值之间的正相关关系更为显著。

假设4b：在其他条件相同情况下，相对于非国有公司，国有公司环保投资强度与公司价值之间的正相关关系更为显著。

第二节　研究设计

一、变量定义

（一）被解释变量

与第三章一致，本章采用托宾Q值（TQ）作为公司价值的代理变量，这主要是从市场价值的维度来考虑的。具体指标上，也与第三章的度量方法相一致，直接采用国泰安CSMAR数据库中的托宾Q值A的计算方法与计算结果，即用公司市场价值比上公司总资产额求值，其中公司的非流通股用每股净资产额来进行替代计算。

（二）解释变量

本书第二章已经论述，在公司发展战略的指引和协调下，财务责任自然属性与财务责任社会属性协同创造公司价值的统一性关系既可能体现在几个相互联系的财务决策（财务活动）之中，也可能集中于公司同一个财务决策之中，这取决于公司特定战略下不同价值创造路径的客观需要。就本章而言，公司环保投资决策就是财务责任自然属性与财务责任社会属性统一于同一个财务决策之中的典型案例。这是因为，一方面，环保投资有助于公司实现生产经营在技术结构和价值结构上的转型升级，从公司财务责任自然属性的价值机理来看，体现了从公司长远发展着眼追求可持续价值创造的内在原则性指导与责任性要求。另一方面，环保投资可以改善公司所在地区的生态维持能力，从公司财务责任的社会属性来看，环保投资是公司对投入了公共资本的利益相关者（政府和所在社区）积极履行财务责任的表现，因为公司通过将外部性成本内部财务化而减少了政府和所在社区为维持环境状况的财务性支出。由此，两个方面之间即可形成内外配合、相互呼应的统一性价值创造协同关系，因而财务责任二重属性的价值创造机理就由此统一于公司环保投资决策这一项财务决策当中。

因此，本章采用环保投资强度来作为公司环境战略中财务责任二重属性相统一的代理变量。具体而言，参考唐国平和李龙会（2013）的做法，用当年增量环保投资金额除以公司总资产存量来衡量环保投资强度，用 EID 来表示。

由于目前学术界对"环保投资"的内涵和边界还远没有形成比较一致的认识，故我们需要对这一概念进行回顾和理论辨析，从而为手工收集环保投资数据提供可靠的理论基础。总的来看，由于研究视角的差异，研究者们对"环保投资"内涵与边界的认定往往有所差异。王京芳、周浩和曾又其认为，企业环保投资支出应包括环保设备的投资、清洁生产技术的投资以及缴纳的环境税[①]。唐国平和李龙会首次通过结构化描述的方式提出环保投资的构成体系：①环保技术的研发与改造支出；②环保设施及系统的投入与改造支出；③清洁生产支出；④污染治理支出；⑤生态保护支出；⑥其他类支出；⑦环境税费[②]。依据 ISO140001 环境管理认证对环保投资的相关条款，参考先前学者的研究，李虹、娄雯和田马飞（2016）将环保投资划分为以下五个方面：①环保节能技术的研发与改造支出；②环保节能设施的投入与维护支出；③清洁生产支出；④绿化等生态保护支出；⑤其他与环保有关的事项[③]。

本书认为，不同学者的观点，都有其合理和可取之处。总的来说，唐国平和李龙会对环保投资构成的内涵定义比较具有代表性，有较严密的逻辑，获得了普遍认可，也较为具体可行。因此本章将主要参考唐国平和李龙会的观点进行研究探索，同时也将吸取其他理论观点的合理之处。

参考唐国平和李龙会的研究思路和研究方式，本章也采用结构化描述方式来对环保投资进行界定与运用。同时，本章还将结合其他相关研究对他们首次提出的观点进行合理优化。例如，在唐国平和李龙会界定的具体类别中，从字面和逻辑上来分析，个别项目有容易混淆的区域："生态保护支出"既与"环保设施及系统的投入与改造支出"在涵盖的内容上有重复交叉的部分，同时又从逻辑上可以包括另外单独列示出来的"污染治理支出"类。同时，在环

---

① 王京芳，周浩，曾又其. 企业环境管理整合性架构研究 [J]. 科技进步与对策，2008（12）：147.

② 唐国平，李龙会. 企业环保投资结构及其分布特征研究 [J]. 审计与经济研究，2013（4）：94-103.

③ 李虹，娄雯，田马飞. 企业环保投资环境管制与股权资本成本 [J]. 审计与经济研究，2016（2）：94-103.

保投资的最后一项分类"其他"中，唐国平和李龙会在其中包括了"向环保基金会捐款"等间接投入项目类金额。本章认为，类似"向环保基金会捐款"的项目属于间接性投入项目，这些投入的具体去向和用途往往与捐赠投入的公司并没有直接的投资决策联系，由此也就难以产生与公司有联系的环保效益与经济效益，从而也就不再符合环保投入的定义。同时，本章进一步提出，类似的间接性投入项目，如编制责任报告和环境报告书的费用不适合归为环保投入的基本内涵当中，因为这些项目在当期就费用化了，故也不符合环保投资定义中"投资"一词的基本内涵要求。

此外，李虹、娄雯和田马飞在对环保投资进行界定时剔除了环境税费项目，本章认为这是非常合理的改进。这是因为，从内涵与外在边界上来讲，排污费等环境税费都不符合环保投资的定义与逻辑。从政府的立场来看，排污费是末端治理，与投资无关，与投资回报更无关。从公司的角度来看，排污费只是一个费用支出，是公司末端治理和环保投入后形成的相应结果，并不是末端治理与环保投入本身。或者说，环境税费的制度安排是驱动企业环保投资的制度性动因，企业具体缴纳的环保税费是企业环保投资的相应结果之一（还有其他的如收益性成效等），因此其无论从实质还是逻辑都不宜纳入环保投资的范畴中来。

综上，本章认为，可以从环境保护的不同阶段来对环保投资进行界定，即总体上分为"污染前预防类环保投资"与"污染治理类环保投资"两大类："污染前预防类环保投资"，即致力于在生产研发、产品设计、产品生产等"污染形成前期"进行的具有鲜明环境保护目的的投资；"污染治理类环保投资"，即致力于在"污染形成后"进行污染治理为的环境保护投资。由此，本章对环保投资的结构化界定可以列示为以下6类，其中"污染前预防类环保投资"为第（1）至（3）类，"污染治理类环保投资"是第（4）和（5）类，其他[1]归属到第（6）类：

（1）环保产品、环保技术的研发与改造支出；

（2）环保设施及系统的投入与改造支出；

（3）清洁生产类支出；

（4）污染治理技术的研发与改造支出；

（5）污染治理设备与系统投入与改造支出；

---

[1]　其他反映的是公司进行环境保护而发生的其他相关投资，如植被绿化（厂部绿化支出）、社区环境保护，不包括捐赠绿色基金会等间接投入，也不包括已经费用化的项目如排污费和编制社会责任报告（环境报告）等费用。

（6）其他相关支出。

本章以这一界定作为手工收集、整理样本公司年度环保投资金额的范畴与标准，并与唐国平和李龙会等研究者的普遍处理方法相一致，用当年增量环保投资金额比上公司总资产存量来衡量环保投资强度，用 EID 来表示。

（三）控制变量

本章参考先前文献的相关研究，按照公司财务状况特征类、公司治理特征类、资本市场相关特征类这三个不同层面进行选择和确定，控制变量的具体设定与第三章完全一致（见第三章表 3-2）。

此外，对于不同的年份，本章设置了虚拟变量进行相应的反映和控制。综上，本章在实证研究中所用到的相关变量如表 6-1 所示：

表 6-1　变量定义表

	变量名称	变量含义	度量标准与释义
被解释变量	TQ	公司价值	公司市场价值/资产总额，以公司托宾 Q 值为公司价值的代理变量。其中，计算公司市场价值时公司非流通股份取每股净资产来替代计算
	TQ_{t+1}	下一年度的公司价值	下一年度的公司市场价值/下一年度的资产总额，度量标准同上
解释变量	EID	环保投资强度	当年增量环保投资金额/总资产，作为公司在环境战略中财务责任自然属性与财务责任社会属性相统一的代理变量
控制变量	Roa	公司盈利能力	总资产报酬率，EBIT/上期末总资产与本期末总资产的平均余额
	Lev	公司偿债能力	资产负债率，总负债/总资产
	GI	公司成长性	公司营业收入增长率
	PInA	无形资产密集度	期末无形资产净额/总资产
	Size	公司规模	公司总资产的自然对数
	FS	第一大股东持股比	公司第一大股东持有的股权比例

表6-1(续)

变量名称	变量含义	度量标准与释义
SB	股权制衡度	第二至第五大股东持股数之和/第一大股东持股数
PID	独立董事比例	公司董事会中独立董事所占比例
TJ	两职合一情况	如董事长与总经理两职合一, 则取值为1, 否则为0
State	公司性质	如样本上市公司为国有控股, 则取值为1, 否则为0
Beta	公司风险	通过公司股票收益风险来衡量, 取自国泰安数据库
Tlist	公司上市时间	样本观测年份减去公司上市年份后加1

控制变量(表左侧标注)

二、模型设计

参考李虹、娄雯和田马飞检验环保投资之经济后果的模型设计, 本章建立了模型 (6-1) 对研究假设1、假设3和假设4进行检验:

$$TQ_{i,t} = \alpha_0 + \beta_1 EID_{i,t} + \beta_2 X + \varepsilon_{i,t} \tag{6-1}$$

其中, 被解释变量 TQ 代表公司价值, 本章用托宾 Q 值来衡量。解释变量是作为公司在环境战略中财务责任自然属性与财务责任社会属性相统一的代理变量环保投资强度, 用 EID 来表示。X 代表相关的控制变量, ε 代表随机扰动项。

进一步, 在模型 (6-1) 的基础上, 将被解释变量超前一期, 从而建立了模型 (6-2), 并以此对本章提出的研究假设2进行检验:

$$TQ_{i,t+1} = \alpha_0 + \beta_1 EID_{i,t} + \beta_2 X + \varepsilon_{i,t} \tag{6-2}$$

其中, 被解释变量 TQ_{t+1} 代表下一年度的公司价值, 本章用下一年度的托宾 Q 值来衡量。其他变量的界定与模型 (6-1) 相同。

三、样本选取与数据处理

国泰安数据库所提供的社会责任明细数据是根据中国上市公司 2008 年以来的社会责任类报告整理而成 (包括环境报告、可持续发展报告), 该数据为本章研究提供了较为可靠的基础数据。根据本章对环保投资的 6 类结构化定义, 本章以国泰安数据库所提供的 2008—2014 年度社会责任明细数据为基础, 在与相关上市公司的社会责任报告、环境报告、可持续发展报告及年度报告等原始相关资料进行比对确认、补充完善的基础上, 对上市公司的环保投资金额进行了逐一的确认和计算, 从而通过手工整理的方式获取了 2008—2014 年完整披露了公司环保投资金额的上市公司样本①。

在手工整理数据的过程中，按如下标准对样本公司进行了筛选：①剔除 B 股上市公司；②剔除金融类等适用特殊会计制度的上市公司；③剔除观测期内的 ST 及 PT 类上市公司；④剔除存在缺失值与异常值（如净资产小于零等情况）的上市公司。由此，共获得相关数据完整的 233 家上市公司可观测样本 523 个。在此基础上，为控制离群值对结论的影响，保证估计结果的稳健可靠，本章对所有的连续变量在上下 1% 的水平上进行了 winsorize 的处理。

在环保投资指标整理的过程中，基础性数据取自国泰安数据库，在具体进行手工整理、比对确认时所使用到的上市公司社会责任报告、环境报告、可持续发展报告与年度报告等主要从巨潮资讯网站上获取，有少数公司的相关环保投资信息是从该公司的官网上获得（如南宁糖业）。研究中涉及的其他数据均取自国泰安数据库。

四、估计方法

由于本章的研究样本涉及了 7 个年份，样本在不同行业与不同年份间的分布较为分散，这对回归检验的估计方法提出了较严格的要求。为更好保证回归估计的有效性，笔者先进行了 F 检验和 Hausman 检验。检验结果表明，选择非平衡面板固定效应的估计方法较为合适：在 F 检验中，检验结果在 1% 水平上（$F = 3.84$）拒绝了原假设，因而在这一研究样本中，使用非平衡面板固定效应估计方法比 OLS 更为合适；在 Hausman 检验中，检验结果在 5% 水平上（chi2 = 30.96）拒绝了原假设，因而在这一研究样本中，使用非平衡面板固定效应估计方法比非平衡面板随机效应估计方法更为合适。而且，研究样本在固定效应估计方法下，个体效应在整个误差项中的百分比（rho）达到 90.74%，超过了 90% 的水平，这进一步支持了非平衡面板固定效应估计方法在本章研究中的适用性。在非平衡面板固定效应估计方法的具体应用中，本章对不同年份设置了虚拟变量以控制年度效应（Year_effect），并按公司代码对公司个体效应（Firm_effect）进行了控制。

所有变量的 VIF 值都小于 2.90，故多重共线性问题应该不会对本章的回归估计带来显著影响。同时，本章在回归估计中采用 White 异方差修正技术对异方差问题进行了控制。

---

① 有部分公司只披露了部分环保投资金额，如 2013 年京东方 A（000725）仅披露了其合肥子公司新建的 8.5 代生产线的配套环投资，为保证度量口径与理论分析的一致性，本研究没有纳入这些金额不完整的样本。

关于内生性问题的考虑。考虑到研究样本可能存在自选择偏误从而导致一定的内生性问题，本章在稳健性检验中通过 Heckman 两阶段回归法减弱和控制了自选择问题的影响，并随后通过缩小研究样本范围、被解释变量与解释变量分别替代的方法进一步提升了研究结论的稳健性。

第三节　实证分析

一、描述性统计

表6-2 的变量描述性统计结果显示：

（1）总体而言，样本公司的市场估值不高，托宾 Q 值的均值仅为 1.212，说明样本公司的市场价值在平均水平上只是小幅高于账面价值，而标准差为 0.964，接近与 1，表明样本分布较为均匀。

（2）环保投资强度的均值和中位数分别为 0.63% 和 0.29%，说明环保投资强度高的公司相对多一些，标准差为 1.2%，明显大于公司均值，表明样本分布分散化明显。同时，环保投资强度的最小值仅为 0.058 8%，而最大值达到了 14%，变量的极差很大。而这两个两端样本的具体案例对比凸显了环保投资强度的价值相关性。

环保投资强度最小样本来自中国石油公司：中石油在 2013 年投入增量环保投资资金 1 377 万元，这一金额从绝对值上来看然具有规模性，但与其高达 234 亿元的总资产规模相比，环投占总资产规模的比例却仅为 0.058 8%。考虑到中国石油属于重污染行业，这一极低的环保投资强度反映出其在环境战略中财务资源配置决策的合理性和责任性存在严重不足。

环保投资强度最大样本是中泰化学公司，在 2008 年投入增量环保投资资金 66 500 万元，占到其总资产规模 47.458 8 亿元的 14%。财务资源在环保投资巨潮中的高强度配置，为中泰化学公司环境导向总体战略奠定了坚实的基础，更取得了非常显著的成效：2009 年，中泰化学公司被列为新疆优势资源转换试验基地，被中国氯碱协会推荐为全国节能降耗先进单位；2010 年，中泰化学公司被确立为工业循环经济示范单位，被国家工信部列为首批资源节约型、环境友好型试点企业之一。

（3）总体而言，样本中的上市公司普遍负债水平偏高，资产负债率的均值达到了 52.2%，而同一时期（2008—2014 年）A 股上市公司的平均资产负债率约为 45.3%（见本书第三章的描述性统计表）。样本中国有公司比例较高，达到了 78.8%，这反映了国有控股性质下更有可能进行环保投资。同时，公司第一大股东持股比例普遍较高，均值达到 42.6%，股权集中程度偏高，这也反映了本书在控制变量中使用股权制衡度 SB 和独立董事比例 PID 的必要性。公司上市时间总体普遍较长，平均上市时间为 11.56 年。同时，与公司环保投资强度分散化分布相似的是，公司的成长性（营业收入增长率）变量的数据分布也很分散，标准差接近均值的 4 倍，极差也非常大。

表 6-2　总样本的描述统计性

变量	样本量	均值	标准差	最小值	中位数	最大值
TQ	523	1.212	0.964	0.105	0.985	6.562
EID	523	0.006 3	0.012 0	0.000 588	0.002 9	0.140
ROA	523	0.061 9	0.056 4	−0.218	0.052 0	0.524
Lev	523	0.522	0.187	0.041 5	0.528	0.952
GI	523	0.243	0.886	−0.489	0.122	12.81
PInA	523	0.049 6	0.042 2	0.000 2	0.042 2	0.318
Size	523	23.29	1.337	20.41	23.21	25.70
FS	523	0.426	0.168	0.036 9	0.425	0.885
SB	523	0.551	0.579	0.004 5	0.315	3.455
PID	523	0.378	0.067 6	0.231	0.357	0.667
TJ	523	0.113	0.317	0	0	1
State	523	0.788	0.409	0	1	1
Beta	523	1.116	0.273	0.380	1.119	1.875
Tlist	523	11.56	5.435	1	12	23

二、相关系数分析

表 6-3 的变量 pearson 相关系数矩阵表显示：

（1）在公司环境战略中财务责任自然属性与财务责任社会属性相统一的代理变量 EID（环保投资强度）与公司价值的代理变量 TQ（公司托宾 Q 值）的相关系数为 0.083，且在 10% 的水平上显著。这初步表明，在不考虑其他因素的情况下，假设 1 得到了初步的支持。

（2）公司上市时间 Tlist 与 EID 在 1% 水平上显著负相关，系数为-0.1。结合描述性统计中公司在市时间普遍较长的特征（均值为 11.56 年，中位数是 12 年）。可以知道，这反映出样本公司普遍在原有的经营机制下已经运行了较长的时间，公司的路径依赖成了一种制约因素。同时，反映公司成长性的营业收入增长率 GI 与 EID 在 1% 水平上显著正相关，系数为 0.125。这初步表明，在不考虑其他因素的情况下，环保投资对于公司发展转型、创造新价值有着积极的正向促进作用。

（3）第一大股东持股比例 FS 与 EID 的相关系数为-0.127 并在 1% 的水平上显著。这初步表明，在不考虑其他因素的情况下，高股权集中度更可能抑制环保投资，这与唐国平和李龙会（2013）的研究发现相一致。相应地，股权制衡度与 EID 为显著的正相关关系，相关系数为 0.081 且在 10% 的水平上显著。这两个相关关系说明，公司治理对环保投资强度 EID 有着不可忽视的重要性影响。

表 6-3　相关系数矩阵表

	TQ	EID	Roa	Lev	GI	PInA	Size
TQ	1						
EID	0.083*	1					
Roa	0.456***	-0.013 0	1				
Lev	-0.569***	-0.026 0	-0.408***	1			
GI	0.072 0	0.125***	0.103**	0.064 0	1		
PInA	0.067 0	-0.106**	0.005 00	-0.107**	0.047 0	1	
Size	-0.488***	-0.186***	-0.082*	0.422***	-0.023 0	0.049 0	1
FS	-0.162***	-0.127***	-0.128***	0.101**	-0.017 0	0.084*	0.397***
SB	0.138***	0.081*	0.159***	-0.079*	0.067 0	-0.082*	-0.096**
PID	-0.008 00	-0.027 0	-0.046 0	0.032 0	-0.016 0	-0.047 0	0.154***
TJ	0.098**	-0.046 0	0.034 0	-0.097**	0.006 00	-0.061 0	-0.099**
State	-0.173***	0.033 0	-0.143***	0.146***	-0.104**	0.097**	0.278***
Beta	-0.063 0	0.045 0	-0.077*	-0.004 00	-0.082*	0.155***	-0.112**
Tlist	-0.106**	-0.100**	-0.057 0	0.098**	-0.002 00	-0.072*	0.102**

注：*，**，*** 分别表示在 10%，5% 和 1% 水平上显著。

表6-3　相关系数矩阵表（续）

	FS	SB	PID	TJ	State	Beta	Tlist
FS	1						
SB	−0.691***	1					
PID	0.152***	−0.111**	1				
TJ	−0.131***	0.161***	0.0190	1			
State	0.304***	−0.234***	−0.0200	−0.170***	1		
Beta	−0.0550	−0.078*	−0.0690	0	0.0290	1	
Tlist	−0.0320	−0.156***	−0.100**	−0.155***	0.153***	−0.126***	1

注：*，**，*** 分别表示在10%，5%和1%水平上显著。

三、回归结果分析

（一）环境战略中财务责任与公司价值的回归分析：基于环保投资的全样本检验

表6-4的第（1）列和第（2）列分别报告了模型（6-1）与模型（6-2）的回归结果。这两个模型的回归结果显示，调整后的可决系数分别为51.7%与26.9%，相伴概率 P 值均小于0.005，表明模型设定比较合理。但比较而言，模型（6-1）的设定比模型（6-2）的设定明显更为合理。

从第（1）列对模型（6-1）的回归结果表明，在其他因素与条件相同的情况下，环保投资强度EID与代表公司价值的托宾Q值TQ在5%的水平上显著正相关，相关系数为16.794。这意味着在其他条件相同的情况下，公司在总资产中每增加1%比例的环保投资就会带来公司价值16.79%的增长。因此，本章提出的假设1得到支持。换言之，公司财务责任融入环境战略的统一性价值创造效应得到了初步的验证。

从第（2）列对模型（6-2）的回归结果表明，在其他因素与条件相同的情况下，EID与代表下一年度公司价值 TQ_{t+1} 之间不存在显著相关关系，本章提出的假设2没有得到经验数据的支持。由此可见，在普遍意义上，当前的环保投资对于公司经营机制的改变程度与意义还不够重大，环保投资往往更多地停留在"治标不治本"的初级阶段，只是缓解了当前面临的环保压力与困境，却缺乏长远的影响力。

表 6-4 环境战略中财务责任与公司价值的回归分析——基于环保投资视角的检验

变量	TQ 全样本 （1）	TQ$_{t+1}$ 全样本 （2）
EID	16.794 **	1.589
	（2.15）	（0.26）
Roa	4.586 ***	1.100
	（4.70）	（0.78）
Lev	−0.341	−0.536
	（−0.86）	（−1.22）
GI	0.107	0.106 **
	（1.54）	（2.12）
PInA	1.003	−1.334
	（0.61）	（−0.51）
Size	−0.753 ***	−0.512 ***
	（−3.37）	（−3.59）
FS	0.141	−0.898
	（0.18）	（−1.09）
SB	0.346	−0.326
	（1.62）	（−1.53）
PID	0.112	0.985
	（0.18）	（1.03）
TJ	0.026	−0.016
	（0.35）	（−0.11）
State	0.125	−0.379
	（0.40）	（−0.91）
Beta	0.019	−0.365 **
	（0.13）	（−2.07）
Tlist	0.162 ***	−0.012
	（4.46）	（−0.28）
Firm_effect	Controlled	Controlled
Year_effect	Controlled	Controlled
Constant	15.987 ***	14.789 ***
	（3.43）	（4.72）

表6-4(续)

变量	TQ 全样本 (1)	TQ$_{t+1}$ 全样本 (2)
Observations	523	522
Adj. R^2	0.517	0.269
F	15.68	5.750

注：括号内为基于 White 稳健标准误修正后的 t 值；*，**，*** 分别表示在 10%，5% 和 1% 水平上显著。

（二）环境战略中财务责任与公司价值的回归分析：基于环投强度的分组检验

由于表 6-4 表明环保投资强度在投入当期具有显著的价值相关性，本章将进一步考察不同环保投资强度下这一价值相关性的具体表现。因此，本章以样本公司中环保投资强度的中位数为分界点，将样本公司划分为低环保投资组（简称低环投组）和高环保投资组（简称高环投组）后再分别对模型（6-1）进行了回归检验，结果如表 6-5 所示。

如表 6-5 所示，调整后的可决系数分别为 53.3% 与 56.5%，F 值分别为 7.22 和 9.16，相伴概率 P 值均小于 0.001，表明模型设定在分组检验中比较合理。

第（1）列对模型（6-1）的回归结果表明，在其他因素与条件相同的情况下，低环投组中环保投资强度 EID 与代表公司价值的 TQ 之间接近具有显著的正相关关系（White 稳健标准误修正后的 T 值为 1.60），但与统计上的显著性还有少许差距。

第（2）列对模型（6-1）的回归结果表明，在其他因素与条件相同的情况下，高环投组的 EID 与 TQ 之间在 10% 的水平上具有显著的正相关关系，相关系数为 16.016。这意味着在其他条件相同的情况下，高环投组公司在总资产中每增加 1% 比例的环保投资就带来公司价值（托宾 Q）16.016% 的增长。

与表 6-4 相比较，在其他因素与条件相同的情况下，高环投组回归结果中的环保投资强度与公司价值之间的相关关系，无论是相关系数上还是显著性特征上，都与全样本比较相近。而在低环投组中未能显著地体现出环保投资强度的价值相关性。由此可见，环保投资强度 EID 与公司价值 TQ 之间的相关关系总体上呈现为线性相关特征，但环保投资强度必须达到一定程度之后，这样一种线性相关关系才比较显著，较低水平的环保投资强度可能难以带来价值相关性效应，这也进一步验证了假设1的使用范围。换言之，公司财务责任在环境战略中必须充分融入，并通过财务决策发挥较为明显的导向性作用，公司财务责任的统一性价值创造效应才能在环境战略中得到较为明显的体现。

表6-5　环境战略中财务责任与公司价值的回归分析——基于环投强度的分组检验

变量	TQ 低环投组 (1)	TQ 高环投组 (2)
EID	188.309	16.016*
	(1.60)	(1.74)
Roa	4.115***	3.573**
	(2.93)	(2.48)
Lev	-0.776	-0.432
	(-0.59)	(-1.03)
GI	0.063	0.094
	(0.45)	(0.97)
PInA	4.970	-3.621
	(1.46)	(-1.22)
Size	-1.171*	-0.685***
	(-1.72)	(-3.57)
FS	0.040	-0.285
	(0.02)	(-0.34)
SB	0.631	0.116
	(1.33)	(0.41)
PID	2.299	-0.552
	(1.16)	(-0.65)
TJ	-0.058	0.123
	(-0.29)	(0.96)
State	-0.469***	0.709***
	(-2.96)	(3.38)
Beta	-0.068	-0.105
	(-0.24)	(-0.43)
Tlist	0.281**	0.109***
	(2.16)	(3.29)

表6-5(续)

变量	TQ 低环投组 (1)	TQ 高环投组 (2)
Firm_effect	Controlled	Controlled
Year_effect	Controlled	Controlled
Constant	23.948*	15.382***
	(1.78)	(3.59)
Observations	262	261
Adj. R²	0.533	0.565
F	7.22	9.16

注：括号内为基于 White 稳健标准误修正后的 t 值；*，**，*** 分别表示在 10%，5% 和 1% 水平上显著。

（三）环境战略中财务责任与公司价值的回归分析：基于污染程度的分组检验

本章以《上市公司环保核查行业分类管理名录》（环办函〔2008〕373号）中有关重污染行业的认定为依据，将样本公司区分为非重污染行业上市公司样本组（非重污染组）与重污染行业上市公司样本组（重污染组）。根据这一文件，重污染行业具体包括火电、钢铁、水泥、电解铝、煤炭、冶金、化工、石化、建材、造纸、酿造、制药、发酵、纺织、制革和采矿业一共 16 个具体行业。沈洪涛和李余晓璐、张功富等相关研究也都采用了同样的界定方式。

表 6-6 的第（1）列和第（2）列分别报告了非重污染组和重污染组对模型（6-1）的回归结果。结果显示，调整后的可决系数分别为 40.2% 与 64.6%，F 值分别为 4.51 和 17.20，相伴概率 P 值均小于 0.005，表明模型设定在分组检验中比较合理。

第（1）列对模型（6-1）的回归结果表明，在其他因素与条件相同的情况下，非重污染组中的 EID 与 TQ 之间不具有显著相关关系：White 稳健标准误修正后的 T 值仅为 0.18。

第（2）列对模型（6-1）的回归结果表明，在其他因素与条件相同的情况下，重污染组中的 EID 与 TQ 之间在 5% 的水平上具有显著的正相关关系，相关系数为 17.442。这意味着在其他条件相同的情况下，重污染组公司在总资产中每增加 1% 比例的环保投资就带来公司价值（托宾Q）17.442% 的增长。

与表 6-4 相比较，在其他因素与条件相同的情况下，重污染组样本回归结果中的环保投资强度与公司价值之间的相关关系，无论是相关系数上还是显著性特征上都与全样本比较相近。而在非重污染组中未能显著地体现出环保投资强度的价值相关性。由此可见，由于重污染行业的环境规制性更强、环保投资对于这些行业的公司转变价值创造方式意义更为重大、效应更为长远，在其他条件相同情况下，相对非重污染行业的公司，重污染行业公司环保投资强度与公司价值之间的正相关关系更为显著，这支持了本章所提出的假设3。

表 6-6 环境战略中财务责任与公司价值的回归分析——基于行业分类的分组检验

变量	TQ 非重污染组 (1)	TQ 重污染组 (2)
EID	3.338	17.442**
	(0.18)	(2.30)
Roa	7.640***	3.737***
	(3.47)	(3.49)
Lev	−1.441*	−0.286
	(−1.88)	(−0.73)
GI	0.257	0.050
	(1.42)	(0.83)
PInA	3.450	0.391
	(0.81)	(0.19)
Size	−1.020	−0.626***
	(−1.63)	(−3.22)
FS	−1.572	0.464
	(−0.78)	(0.57)
SB	0.121	0.388
	(0.26)	(1.42)
PID	1.055	−0.127
	(0.46)	(−0.25)
TJ	−0.018	0.052
	(−0.13)	(0.55)
State	−0.405***	0.715***
	(−2.94)	(3.78)
Beta	0.154	−0.206
	(0.66)	(−1.03)

表6-6(续)

变量	TQ 非重污染组 (1)	TQ 重污染组 (2)
Tlist	0. 213 **	0. 121 ***
	(2. 44)	(4. 03)
Firm_effect	Controlled	Controlled
Year_effect	Controlled	Controlled
Constant	22. 531 *	13. 199 ***
	(1. 67)	(3. 12)
Observations	235	288
Adj. R^2	0. 402	0. 646
F	4. 51	17. 20

注：括号内为基于 White 稳健标准误修正后的 t 值；*，**，*** 分别表示在 10%，5% 和 1%水平上显著。

（四）环境战略中财务责任与公司价值的回归分析：基于公司性质的分组检验

表6-7 的第（1）列和第（2）列分别报告了非国有公司样本组（简称非国有组）和国有公司样本组（简称国有组）对模型（6-1）的回归结果。结果显示，调整后的可决系数分别为 67.5% 与 54.3%，F 值分别为 5.58 和 19.6，相伴概率 P 值均小于 0.005，表明模型设定在分组检验中比较合理。

第（1）列对模型（6-1）的回归结果表明，在其他因素与条件相同的情况下，非国有组中的 EID 与 TQ 之间不具有显著相关关系：White 稳健标准误修正后的 T 值仅为 0.01。

第（2）列对模型（6-1）的回归结果表明，在其他因素与条件相同的情况下，国有组中的 EID 与 TQ 之间在 10% 的水平上具有显著的正相关关系，相关系数为 16.213。这意味着在其他条件相同的情况下，国有组公司在总资产中每增加 1% 比例的环保投资就带来公司价值（托宾 Q）16.213%的增长。

再考虑到国有公司样本数（412 家）占到总样本数的 78.8%，第（1）列与第（2）列的回归结果对比表明：全样本检验验证的环保投资强度价值相关性主要源自国有控股样本公司的影响。因此，本章所提出的假设 4b 得到了实证数据的支持。这也说明，在现阶段，环保投资的推进与成效在很大程度上还有赖于政府的介入和推动，总体上来看，环保投资还没有成为比较自觉自发的一种战略性投资行为。

表 6-7　环境战略中财务责任与公司价值的回归分析——基于公司性质的分组检验

变量	TQ 非国有组 (1)	TQ 国有组 (2)
EID	0.352	16.213*
	(0.01)	(1.94)
Roa	5.034	4.065***
	(1.34)	(3.97)
Lev	0.139	−0.458
	(0.09)	(−1.20)
GI	0.509	0.143*
	(1.11)	(1.93)
PInA	2.924	0.194
	(0.41)	(0.11)
Size	−1.250**	−0.622***
	(−2.28)	(−3.43)
FS	−5.536***	−0.068
	(−2.77)	(−0.11)
SB	−0.118	0.255
	(−0.15)	(1.24)
PID	1.371	−0.091
	(0.51)	(−0.16)
TJ	0.344	0.063
	(1.60)	(0.65)
Beta	−0.099	0.045
	(−0.23)	(0.26)
Tlist	0.299	0.143***
	(1.49)	(4.54)
Firm_effect	Controlled	Controlled
Year_effect	Controlled	Controlled
Constant	27.181***	13.588***
	(2.82)	(3.49)
Observations	111	412
Adj. R^2	0.675	0.543
F	5.58	19.60

注：括号内为基于 White 稳健标准误修正后的 t 值；*，**，*** 分别表示在 10%，5% 和 1% 水平上显著。

第四节 稳健性检验

为保证研究稳健可靠，本节从内生性控制、缩小样本规模、各方面变量替换等方面进行了稳健性检验，检验的结果与上文的研究结论保持一致。因此本章研究具有一定的稳健性，财务责任在环境战略中的统一性价值创造效应具有一定的可靠性。

一、稳健性检验 1：Heckman 两阶段回归

考虑到研究样本可能存在自选择偏误从而导致一定的内生性问题，本节首先通过 Heckman 两阶段回归法来减弱和控制了自选择问题的影响，以保证研究的稳健性。

第一阶段，构造环保投资的影响因素方程。根据 Heckman 两阶段模型的原理，第一阶段方程中的解释自变量 X_1 要包括第二阶段方程中的全部解释变量 X_2，并且第一阶段的方程还要另外包括至少一个不影响第二阶段方程的解释变量，以"排除约束"的方式避免共线性并保证方法的有效性。

据此，以第二阶段的除环保投资强度之外的全部解释变量（见表 6-1 变量定义表）和总资产增长率（排除约束变量）作为第一阶段方程对环保投资行为的解释变量，从而构造出第一阶段的环保投资影响因素方程。在此基础上，对第一阶段方程进行 Probit 回归，从而拟合得到逆米尔斯比率（Inverse Mills Ratio）lamda。如果在增加了工具变量 lamda 后的第二阶段回归中环保投资强度 EID 与公司价值 TQ 之间的显著相关关系与之前保持一致，则表明在控制自选择偏误问题后，本章所提出的假设仍然成立。

第二阶段，将 lamda 视为工具变量代入模型（6-1）进行回归估计，得到的回归结果如表 6-8 所示。

由表 6-8 可知，lamda 在回归结果的第（1）、第（3）、第（6）、第（7）和第（8）列中均显著，这显示了样本选择性偏误的客观存在性与使用 Heckman 两阶段模型进行偏误控制的必要性。在纳入工具变量 lamda 进行 Heckman 两阶段回归检验之后，无论是全样本的回归，还是分组样本的回归，本章所考察的环保投资强度 EID（环境战略中财务责任自然属性与社会属性相统一的代理变量）系数的符号未发生任何变化，系数的显著性关系保持不变，同时系数的大小也与之前较为相近。因此，在控制样本自选择方面的内生性影

响之后，文中的研究结论保持不变，本章所提出假设1、假设3和假设4b得到了进一步的支持，这表明本研究具有较好的稳健性。

表6-8　稳健性检验1——Heckman检验的主回归

变量	TQ 全样本 (1)	TQ$_{t+1}$ 全样本 (2)	TQ 低环投组 (3)	TQ 高环投组 (4)	TQ 非重污染组 (5)	TQ 重污染组 (6)	TQ 非国有组 (7)	TQ 国有组 (8)
EID	15.958**	1.428	178.589	15.878*	4.439	15.243*	3.094	15.743*
	(2.02)	(0.22)	(1.65)	(1.72)	(0.24)	(1.91)	(0.11)	(1.87)
Roa	7.972***	1.502	18.481**	5.238	9.376	8.993***	−11.853	8.409***
	(3.59)	(0.56)	(2.57)	(1.52)	(1.38)	(3.61)	(−1.17)	(3.12)
Lev	−1.118**	−0.631	−4.051**	−0.831	−1.791	−1.624***	3.528*	−1.434**
	(−2.08)	(−0.79)	(−2.46)	(−1.09)	(−1.32)	(−2.91)	(1.88)	(−2.20)
GI	0.163*	0.113	0.501**	0.121	0.299	0.135	−0.155	0.226**
	(1.88)	(1.53)	(2.16)	(1.03)	(1.32)	(1.49)	(−0.28)	(2.48)
PInA	1.201	−1.340	6.141*	−3.249	3.214	0.760	−2.114	0.294
	(0.71)	(−0.50)	(1.67)	(−1.05)	(0.75)	(0.36)	(−0.28)	(0.17)
Size	−0.051	−0.428	1.842	−0.314	−0.695	0.534	−4.470**	0.252
	(−0.14)	(−0.68)	(1.35)	(−0.44)	(−0.88)	(1.44)	(−2.54)	(0.59)
FS	0.006	−0.009	0.035	−0.001	−0.011	0.009	−0.074***	0.007
	(0.65)	(−0.97)	(1.16)	(−0.11)	(−0.38)	(1.24)	(−3.29)	(0.82)
SB	0.612**	−0.301	2.251**	0.266	0.309	0.764***	−1.390	0.655*
	(2.10)	(−0.93)	(2.07)	(0.59)	(0.31)	(2.64)	(−1.46)	(1.81)
PID	2.224	1.271	11.396**	0.534	2.605	3.058**	−10.386	2.697
	(1.44)	(0.65)	(2.15)	(0.24)	(0.47)	(1.99)	(−1.38)	(1.48)
TJ	−0.207	−0.044	−1.057**	0.008	−0.146	−0.322	1.454**	−0.244
	(−1.25)	(−0.17)	(−2.08)	(0.03)	(−0.33)	(−1.62)	(2.58)	(−1.06)
State	1.015*	−0.270	3.322*	1.157	0.051	2.197***		
	(1.65)	(−0.30)	(1.78)	(1.29)	(0.03)	(3.44)		
Beta	0.248	−0.339	1.016**	0.011	0.267	0.146	−1.457**	0.318*
	(1.46)	(−1.27)	(2.05)	(0.04)	(0.60)	(0.86)	(−2.17)	(1.95)
Tlist	0.367***	0.012	1.243**	0.208	0.331	0.440***	−0.693	0.415**
	(2.69)	(0.06)	(2.25)	(1.11)	(0.74)	(2.90)	(−1.25)	(2.45)
lamda	2.588*	0.312	11.617**	1.265	1.396	4.101**	−11.389*	3.381*
	(1.69)	(0.14)	(2.02)	(0.53)	(0.30)	(2.46)	(−1.91)	(1.73)

表6-8(续)

变量	TQ 全样本 (1)	TQ$_{t+1}$ 全样本 (2)	TQ 低环投组 (3)	TQ 高环投组 (4)	TQ 非重污染组 (5)	TQ 重污染组 (6)	TQ 非国有组 (7)	TQ 国有组 (8)
Firm_F.E	Controlled	Controlled	Controlled	Controlled	Controlled	Controlled	Controlled	Controlled
Year_F.E	Controlled	Controlled	Controlled	Controlled	Controlled	Controlled	Controlled	Controlled
Constant	−9.530	11.733	9.507	−27.710*	9.507	−27.710*	143.360**	−17.877
	(−0.70)	(0.52)	(0.26)	(−1.94)	(0.26)	(−1.94)	(2.31)	(−1.10)
Obs	523	522	262	261	235	288	111	412
Adj. R²	0.521	0.268	0.553	0.565	0.401	0.658	0.686	0.551
F	16.19	5.620	7.36	8.66	4.25	17.13	.	18.59

注：括号内为基于 White 稳健标准误修正后的 t 值；*，**，*** 分别表示在 10%、5% 和 1% 水平上显著。

二、稳健性检验 2：缩小样本后的回归检验

为进一步测试研究的稳健性，本节通过缩小样本规模的方式进行稳健性检验。具体而言，采用两种方式来筛选样本以获得缩小规模后的新样本：第一，按环保投资强度 EID 值的大小对样本进行 10% 分位数和 90% 分位数的双边截尾处理，从而获得环保投资强度 EID 相对居中的 80% 样本（以下简称"缩小样本 1"）；第二，由于 2008 年为金融危机年，这一年的样本可能具有一定的特殊性，因此，将这一年份的样本进行剔除，从而获得剔除了非常年份的新样本（以下简称"缩小样本 2"）。

表 6-9 中列示的缩小样本 1 和缩小样本 2 对模型（6-1）的回归结果。如表 6-9 所示，调整后的可决系数分别为 48.2% 与 50.4%，F 值分别为 13.62 和 17.2，相伴概率 P 值均小于 0.001，表明模型设定在缩小样本的回归检验中仍然比较适用，仍然具有较好的解释力。

由表 6-9 第（1）列可知，在其他因素与条件相同的情况下，在缩小样本 1 的回归结果中，EID 的系数符号仍然为正，而且系数的显著性由 5% 的显著性水平上升到 1% 的显著性水平。由表 6-9 第（2）列可知，在其他因素与条件相同的情况下，缩小样本 2 的回归结果中，本章所考察的 EID 系数的符号同样为正，系数的显著性水平与之前保持不变。因此，表 6-9 第（1）列和第（2）列的回归结果从改变样本规模的视角进一步支持了本章所提出的假设 1。

表 6-9　稳健性检验 2——缩小样本后的回归检验

变量	TQ 上下各截尾 10% (1)	TQ 剔除 2008 年样本 (2)
EID	46. 127 ***	16. 432 **
	(3. 20)	(2. 13)
Roa	3. 997 ***	4. 516 ***
	(4. 51)	(4. 15)
Lev	−0. 250	−0. 521
	(−0. 55)	(−1. 16)
GI	0. 146	0. 108
	(1. 47)	(1. 53)
PInA	1. 686	0. 690
	(0. 91)	(0. 37)
Size	−0. 810 ***	−0. 790 ***
	(−2. 79)	(−3. 32)
FS	−0. 389	0. 317
	(−0. 48)	(0. 38)
SB	0. 344	0. 354
	(1. 17)	(1. 58)
PID	0. 168	0. 169
	(0. 26)	(0. 25)
TJ	0. 042	0. 032
	(0. 45)	(0. 44)
State		0. 120
		(0. 38)
Beta	0. 136	0. 002
	(0. 78)	(0. 01)
Tlist	0. 168 ***	−0. 026
	(3. 62)	(−0. 79)
Firm_effect	Controlled	Controlled
Year_effect	Controlled	Controlled
Constant	17. 295 ***	19. 463 ***
	(2. 86)	(3. 84)

表6-9(续)

变量	TQ 上下各截尾 10% (1)	TQ 剔除 2008 年样本 (2)
Observations	425	506
Adj. R^2	0.482	0.504
F	13.62	17.20

注：括号内为基于 White 稳健标准误修正后的 t 值；*，**，*** 分别表示在 10%，5% 和 1% 水平上显著。

三、稳健性检验 3：改变公司价值与财务责任的度量方法

为测试研究的稳健性，本节还进一步通过改变公司价值与财务责任度量方法的方式更全面地进行稳健性检验。

对于被解释变量公司价值，本节采用了另外其他三种不同的托宾 Q 值度量方式来进行度量：第一种，计算托宾 Q 值时，分子取公司市场价值，计算公司市场价值时公司非流通股份取每股净资产来替代计算，分母取资产总额剔除了无形资产和商誉后的有形总资产净额，具体用 TQ_b 表示；第二种，计算托宾 Q 值时，分子取公司市场价值，计算公司市场价值时公司非流通股直接按流通股股价取值计算，分母取资产总额，具体用 TQ_c 表示；第三种，计算托宾 Q 值时，分子取公司市场价值，计算公司市场价值时公司非流通股直接按流通股股价取值计算，分母取资产总额剔除了无形资产和商誉后的有形总资产净额，具体用 TQ_d 表示。

对作为公司在环境战略中财务责任自然属性与财务责任社会属性相统一的代理变量环保投资强度 EID，本节采用环投投资金额取自然对数的方式进行替代性度量，并将获得的变量用 EI_ln 表示。

表 6-10 列示了改变公司价值与财务责任度量方式后的回归检验结果。第（1）列至第（3）列依次表示将 TQ 替换为 TQ_b、TQ_c 和 TQ_d 后对模型（6-1）进行回归检验的结果，在这三列中，EID 的系数符号方向和系数的显著性水平均与主回归的结果保持一致，同时系数的大小也与主回归的结果非常接近。第（4）列表示用 EI_ln 来代表环保投资强度后的回归检验结果：EI_ln 的系数符号为正，同时显著性水平较主回归的结果得到提升，达到 1% 的显著性水平（White 稳健标准误修正后的 T 值为 3.68）。

回归模型（6-1）进行公司价值变量及财务责任变量替换后的检验结果表

明，所有检验的结果均与上文的研究结论保持一致，这从被解释变量和解释变量的变量替换角度进一步支持了本章所提出的假设1。

表 6-10　稳健性检验 3——改变公司价值与财务责任度量方法后的回归检验

变量	TQ_b 全样本 （1）	TQ_c 全样本 （2）	TQ_d 全样本 （3）	TQ 全样本 （4）
EID	17.729**	16.839**	17.862**	
	(2.18)	(2.15)	(2.19)	
EI_ln				0.193***
				(3.68)
Roa	4.855***	4.608***	4.849***	4.381***
	(4.61)	(4.69)	(4.58)	(4.49)
Lev	−0.483	0.640	0.543	−0.304
	(−1.11)	(1.61)	(1.25)	(−0.76)
GI	0.128*	0.104	0.124	0.110
	(1.67)	(1.48)	(1.60)	(1.50)
PInA	2.880	1.005	3.575*	0.985
	(1.43)	(0.61)	(1.77)	(0.60)
Size	−0.779***	−0.751***	−0.766***	−0.875***
	(−3.36)	(−3.36)	(−3.32)	(−3.94)
FS	−0.147	0.113	−0.183	0.646
	(−0.16)	(0.14)	(−0.20)	(0.72)
SB	0.275	0.340	0.269	0.437*
	(1.13)	(1.59)	(1.10)	(1.93)
PID	0.292	0.070	0.245	0.285
	(0.39)	(0.11)	(0.33)	(0.44)
TJ	0.064	0.025	0.066	0.031
	(0.73)	(0.34)	(0.75)	(0.36)
State	0.110	0.127	0.118	0.154
	(0.35)	(0.40)	(0.38)	(0.48)
Beta	0.052	0.010	0.038	−0.007
	(0.31)	(0.07)	(0.23)	(−0.05)

表6-10(续)

变量	TQ_b 全样本 (1)	TQ_c 全样本 (2)	TQ_d 全样本 (3)	TQ 全样本 (4)
Tlist	0.170 ***	0.162 ***	0.170 ***	0.158 ***
	(4.45)	(4.48)	(4.49)	(4.51)
Firm_effect	Controlled	Controlled	Controlled	Controlled
Year_effect	Controlled	Controlled	Controlled	Controlled
Constant	16.606 ***	15.975 ***	16.332 ***	17.063 ***
	(3.41)	(3.42)	(3.37)	(3.68)
Observations	523	523	523	523
Adj. R^2	0.504	0.490	0.473	0.527
F	14.25	12.64	11.56	15.99

注：括号内为基于 White 稳健标准误修正后的 t 值；*，**，*** 分别表示在 10%，5% 和 1% 水平上显著。

四、稳健性检验 4：改变控制变量的度量方法

为测试研究的稳健性，本节还从改变控制变量度量方法的角度进行了稳健性检验。

表 6-11 列示了对回归估计模型（6-1）进行了控制变量替换后的回归检验结果。在第（1）列到第（3）列的三个回归模型中，依次并累计递增地更换了回归估计模型（6-1）以下三个方面的控制变量：用营业利润率 POP 代替总资产报酬率 Roa，用净利润增长率 GNP 代替营业收入增长率 GI，用营业收入的对数 Size_inc 代替总资产对数反映公司规模影响因素。

对回归模型（6-1）进行控制变量替换后的检验结果表明，所有检验结果均与上文的研究结论保持一致，这从控制变量替换的角度进一步支持了本章所提出的假设 1。

表 6-11　稳健性检验 4——改变控制变量度量方法后的回归检验

变量	TQ 全样本 (1)	TQ 全样本 (2)	TQ 全样本 (3)
EID	16.654 **	17.323 **	21.490 **
	(2.04)	(2.09)	(2.44)

表6-11(续)

变量	TQ 全样本 (1)	TQ 全样本 (2)	TQ 全样本 (3)
POP	1.272**	1.756***	1.641***
	(2.42)	(3.23)	(3.10)
Lev	-0.504	-0.298	-0.859**
	(-1.24)	(-0.68)	(-2.13)
GI	0.153*		
	(1.88)		
GNP		-0.004	-0.006
		(-1.25)	(-1.33)
PInA	0.363	0.378	0.759
	(0.22)	(0.22)	(0.40)
Size	-0.767***	-0.676***	
	(-3.40)	(-3.13)	
Size_inc			-0.178
			(-1.31)
FS	-0.233	0.271	-0.252
	(-0.29)	(0.30)	(-0.39)
SB	0.228	0.298	0.195
	(1.13)	(1.35)	(0.92)
PID	-0.305	-0.325	-0.814
	(-0.47)	(-0.50)	(-1.23)
TJ	0.010	-0.008	0.022
	(0.11)	(-0.09)	(0.23)
State	0.194	0.224	0.247
	(0.55)	(0.64)	(0.75)
Beta	0.013	-0.018	-0.095
	(0.08)	(-0.12)	(-0.58)
Tlist	0.145***	0.130***	0.058**
	(3.93)	(3.78)	(2.20)
Firm_effect	Controlled	Controlled	Controlled
Year_effect	Controlled	Controlled	Controlled

表6-11(续)

变量	TQ 全样本 (1)	TQ 全样本 (2)	TQ 全样本 (3)
Constant	17. 137 ***	14. 831 ***	4. 783
	(3. 58)	(3. 22)	(1. 62)
Observations	523	523	523
Adj. R^2	0. 480	0. 471	0. 430
F	14. 08	13. 22	11. 84

注：括号内为基于 White 稳健标准误修正后的 t 值；*，**，*** 分别表示在 10%，5%和 1%水平上显著。

本章小结

本章认为，在环境战略中，公司环保投资鲜明地体现了公司财务责任自然属性与公司财务责任社会属性的有机结合与协同统一。因此，本章通过手工整理的方式获取了 2008—2014 年完整披露了公司环保投资金额的上市公司研究样本，以公司托宾 Q 值（TQ）作为公司价值的衡量指标，以环保投资强度（EID）作为公司环境战略中财务责任二重属性相统一的代理变量，实证检验了公司财务责任融入环境战略的统一性价值创造效应。结果发现：①在公司环境战略中，公司财务责任与公司当期价值之间具有显著的正相关关系，但对下一年度的公司价值没有显著性影响，这表明公司环境战略中财务责任二重属性有机协同统一的财务选择还处于初步探索阶段，重在解决当前问题而尚缺少长远的显著效应；②分组回归表明，环保投资强度必须达到一定程度之后，环保投资强度对当期公司价值的正向影响才比较显著，较低水平的环保投资强度可能难以带来价值相关性效应，因此，公司财务责任在环境战略中必须更充分地融入和强化，并通过财务决策发挥更为明显的导向性作用，公司财务责任的统一性价值创造效应才能在环境战略中得到显著的体现；③基于污染程度不同的行业分组回归表明，由于重污染行业的环境规制性更强、环境战略对于这些行业的公司转变价值创造方式意义更为重大、效应更为长远，相对非重污染行业的公司，重污染行业公司财务责任履行与公司价值之间的正相关关系更为显著；④基于公司产权性质的分组检验表明，在公司环境战略中，国有公司的财务责任履行与公司价值之间呈现显著的正相关关系，而这一关系在非国有公司却并不成立。

本章研究的可能贡献主要在两方面。第一，本章的研究为政府制定和完善环境规制政策提供了经验证据的支持。实证检验表明，现阶段类似环保投资这样具有公司财务责任二重属性协同统一特征的财务行为的推进与成效在很大程度上还依赖政府的介入和推动，如国有公司组而不是非国有公司组的财务责任履行与公司价值具有显著正相关关系就充分体现了这一点。因此，政府需要调整当前的环境规制政策，要促使不同产权性质、不同行业的公司都能积极改进其在环境战略中的财务行为选择并取得良好的绩效。第二，本章的研究为公司优化环境战略中的财务决策和财务行为选择提供了经验证据的支持。实证结果显示，公司财务责任二重属性的统一性价值创造效应在公司环境战略中显著存在，但尚不具有良好的延续性和拓展性。这表明，公司在环境战略中的财务决策和财务行为还没有很好地与公司发展战略相融合、相协同，尚处于"治标不治本"的探索阶段。因此，公司财务责任与公司发展战略的全面融合，将为公司优化环境战略中的财务决策和财务行为选择进而提升公司价值奠定重要基础。

第七章 公司财务责任持续创造公司价值的保障机制建议

与公司财务权力配置一样，作为公司财务治理的一个基本维度，公司财务责任同样是公司治理框架和财务体系中不可或缺的一部分。依据我国正处于全面深化改革时期的特殊制度背景，笔者结合上述研究，为发挥好公司财务责任融入公司发展战略的价值创造规律和效应，试图从外部监管保障机制与内部治理保障机制两个耦合的方面初步构建起我国公司财务责任有效运行的保障机制。

第一节 关于财务责任持续创造公司价值的外部监管保障机制建议

着眼于公司财务的宏观管理视角，可以从财务制度层面对公司财务责任进行规制引导，从资本市场层面对公司财务责任进行强化治理，从信息披露层面对公司财务责任进行信息监管，由此在推进公司财务责任持续创造公司价值的意义上建立起制度规制层面→市场治理层面→信息披露层面的三个层次的外部监管保障机制。

一、制度规制层面：凸显公司财务责任的财务规则设计

财务制度的规制效应对公司财务行为的影响最为重要也最为直接。因此，我们需要首先从宏观财务规制层面进行修订完善，通过凸显财务责任的重要性和履责要求，来规制、引导公司在战略层面来关注、对待和合理运用财务责任问题。这是公司财务责任外部监管保障机制的第一个层次。

（一）以公司财务责任为主线重新设计和梳理公共财务规则体系

本书在第一章公司财务责任的制度背景中已经总结过，我国已经初步形成了对公司财务责任进行规制的三层次公共财务规则基本框架。客观的公司实践情况也在一定程度上表明此基本框架对公司财务责任形成了非常有益的规制和引导。但相比客观实践中对于公司财务责任的"规制需求"而言，公共财务规制中对公司财务责任的"规制供给"却仍然显示出不足与滞后：财务责任问题没有在规则体系中占据足够重要的制度地位，规则体系没有凸显出公司财务责任在公司财务问题中的中心地位与主线作用。顶层设计上的不充分，为下面层次公共财务规制中的不足奠定了基调，如在证监会等部门规章层次的公司财务责任规制要求中，经常在实践中表现为"头痛医头""脚痛医脚"等治理效果欠佳的情况。

对此，本书认为，首先应该将公司财务责任问题纳入《中华人民共和国民法通则》与《中华人民共和国刑法》的层面进行顶层设计，以此为接下来从《公司法》《企业财务通则》到证监会等部委规章提供自上而下的依据，进而为公司财务责任规范公司财务行为、提升公司价值创造提供更为有效、明确的全面制度指引。事实上，我国在这一方面已有探索和突破，只是还没有进行全盘的顶层设计改进。如2006年《中华人民共和国刑法修正案（六）》，将"上市公司的董事、监事、高级管理人员违背对公司的忠实义务，利用职务便利致使上市公司利益遭受重大损失的行为"首次纳入刑法范围，如违法可判处七年以下有期徒刑。尽管这一处罚相比发达资本市场的严厉规制（如中国香港地区、美国等）尚显不足，但也确实对约束和强化公司管理层积极遵循公司财务责任的应有要求提供了强有力的支持，也使得《公司法》的相关规定有了更强的约束力。又如2012年的《中华人民共和国刑法修正案（八）》，将"恶意欠薪"纳入刑法制裁的范围，从而从刑法的高度进一步强调了公司对人力资本投入者财务责任履行的法定性要求。其次，应该以现代公司制度的最新特点与发展趋势为依据修订《公司法》，从而体现出现代公司制度发展趋势对公司财务责任的全面要求，并应当同时涵盖对财务责任自然属性和社会属性两方面的要求。在这一方面，英国公司法（2006）的全面修订提供了非常有益的启示：公司目标由"公司最佳利益"修订为"公司成功"，并授予董事在可以考虑非股东利益以实现公司目标的权力①。同时，以公司财务责任为中

---

① 黄辉. 现代公司法比较研究：国际经验及对中国的启示 [M]. 北京：清华大学出版社，2011：20.

心，对《企业财务通则》进行修订和完善，以财务责任确定公司在财务上应当作为的事情和边界，以财务责任为中心和尺度配置公司所需要的财务权力①，通过财务责任的要求约束和指引公司财务权力的合理运用，从而规制和引导公司形成财务责任与财务权力动态制衡的财务治理结构关系。最后，证监会、银监会等部委在制定相关公共财务规则时应该遵循统一规划、总体统筹、多部门联动的原则，加强财务规则对公司财务责任约束的系统性和有效性，从而实现整个公共财务规则的规划统一、凸显公司财务责任的中心地位与主要控制作用。

（二）制定基于财务责任分类界定的《企业财务通则——分类应用指南（试行稿）》

《企业财务通则》（2006）对于提高企业财务管理水平、规范企业财务行为、推进现代企业制度发挥了重要的规范和指导推动作用。但过去十多年我国经济体制改革不断深化，公司财务面临的环境已经发生了深刻变化，不同特征公司的财务定位与财务行为具有鲜明差异，我们不但需要从强化财务责任约束等多个方面对《企业财务通则》进行修订完善，更需要从应用体系上对《企业财务通则》进行"落地建设"——如制定配套的应用指南与案例库②。如财政部资产管理司与中国财政杂志社于 2016 年 1 月联合发起的"新常态下的《企业财务通则》征文活动"便是一次对《企业财务通则》进行总结评价、革新探讨的理论活动。

本书认为，不同特征的公司具有不同的财务定位（不同的财务目标），从而应当具有不同的财务责任（财务责任是公司财务目标的具体责任化）。这一观点的重要现实背景是，当前国有企业全面深化改革以分类改革为基本方向，根据《关于国有企业功能界定与分类的指导意见》（2015）的要求，一直以来财务定位不清的国有企业群体开始被清晰地划分为一般竞争性行业的商业类国有企业、垄断性行业的商业类国有企业和公益类国有企业三大类，这就使得国有企业群体的财务定位（财务目标）总体上也相应地被划分为三大类：第一类与非国有公司一致，以公司价值最大化等目标为财务定位；第二类的财务定位具有复合性，在重视公司价值增值的同时也强调对国家战略的配合完成情况；第三类具有公益性特征，以追求财务支出转化为公共商品（服务）的效益性与效率性为财务定位。因此，为更好地发挥《企业财务通则》的普遍指

---

① 这里参考的是郭复初和张兆国所提出的观点。

② 汤谷良，陈玉菲. 企业财务通则的制度功能与内容重构 [J]. 财务与会计，2016（4）：9-11.

导作用，同时也更好地推进国有企业分类发展、更好地实现国有资本的保值增值，应当由财政部在充分调研、酝酿的基础上，会同国资委、证监会、银监会、发改委以及国家税务总局等其他相关部委，联合制定基于财务责任分类界定的《企业财务通则——分类应用指南（试行稿）》，以便对不同财务定位的公司进行分类、科学和有效的规范指导。

二、市场治理层面：强化公司财务责任的资本市场治理

在资本市场中，公司的财务责任集中体现在公众融资责任与投资回报责任两个方面。政府应统筹协调证监会、财政部、国资委等有关部委，为民营上市公司提供与国有上市公司平等的融资地位，以公平化、市场化、强调财务责任的融资竞争与投资回报责任来激励、推进各类上市公司和准上市公司在各方面的有序、良性竞争，从而奠定充满公平竞争性和良好流动性的资本市场基调，借此有力地保障公司融资责任和投资回报责任的有序履行，有利于促成公司财务责任价值创造功能的发挥与实现。这是公司财务责任外部监管保障机制的第二个层次。

（一）建立并不断完善资本市场融资责任的监督和问责机制

根据《中共中央关于全面深化改革若干重大问题的决定》（以下简称《决定》）第十二条，我国资本市场正处于从"半注册制"向"注册制"发展的重要转变阶段①，这意味着我国上市公司的准入门槛将进一步趋于宽松，而退出机制将趋于收紧，同时资本市场的融资活动的层次将更为深入，而方式将更为丰富②。因此，在这一时期建立并不断完善公众融资责任的监督和问责机制，无论是宏观上对于资本市场的健全完善，还是微观上对于优化公司财务责任约束下的融资行为，都有着特别重要的现实意义。

从资本市场顶层设计的意义上来看，政府应将严肃确立资本市场"三公"原则的基调定位为政府重要工作目标之一，从经济体制改革关键环节的高度来界定公开融资责任的监督问责机制。因此，应当由中央政府提出目标工作要求，由证监会牵头，会同国资委、财政部等其他部委依法严厉监管，建立和完善上市公司与董监高整个治理层的诚信问责制度，把上市公司公众融资责任的监督和问责机制贯穿各相关层面和各关键环节，形成立体式的监督管理机制：对于公开融资中有信息不真实、融资后不合理变更资金用途，以及融资后业绩

---

① 《决定》第十二条提出：推进股票发行注册制改革，多渠道推动股权融资。
② 《决定》第十二条提出：发展并规范债券市场，提高直接融资比重。

迅速下降或持续下降的上市公司，要通过积极有效的跟踪监察工作；对于有违规造假问题的公司要进行财务重罚并追究相关负责人员的行政乃至刑事责任，惩罚程度应与涉及金额成正向关系并不设上限；而对于公开融资后资金投入效应良好、公司业绩持续向好的上市公司，则应该进行充分肯定宣传，并支持其优先开展发行公司债的试点融资工作；对于持续亏损的上市公司，应将其视同为无力履行融资责任的"准退市公司"，限期内不能通过并购重组等方式恢复运营盈利能力的，则必须按期退出资本市场①。因此，针对资本市场融资责任的监督和问责机制为公司财务责任优化公司融资行为提供了约束机制和导向指引。

（二）建立并不断完善资本市场投资回报责任的监督和约束机制

我国股息率相对较高，资本市场长期处于过低水平。公众股东获得的股利分配与其名义地位极不相符，这严重影响了广大投资者对于资本市场的正确认知，这极不利于资本市场的健康、多层次地有序发展。

证监会始于 2012 年 3 月的"半强制股利分红政策"，正是明确上市公司投资回报责任的行政调控举措。2013 年，《决定》中进一步指出：应优化上市公司投资者回报机制，保护投资者尤其是中小投资者的合法权益②。这明确了强化公司对投资者回报责任的履行是我国收入改革政策中的重要前进方向，更是多层次资本市场健康有序发展的重要责任基础与制度基础。

因此，建立并不断完善资本市场投资回报的责任约束机制，是我国强化公司财务责任的资本市场治理的另一个重要方面。从我国国情出发，可以从以下两方面来尝试配合建立并不断完善资本市场投资回报责任的监督和约束机制。

一方面，应当将投资回报责任的约束机制引入制度约束层面。证监会可以在首次发行股票上市、股权再融资、发行公司债等相关规章的制度文件中，纳入对于公司股利分配要求的相关条款，从而在制度层面形成强制性的约束性要求。同时，由于不同行业的盈利情况、资本结构特征、现金持有特征等方面差异较大，故在上述制度约束要求的基础上，还应该形成分行业股利分配的指引细则，从而既合理约束又兼顾了行业差异。另一方面，将投资回报责任的监管治理纳入资本市场的日常监管体系之中，形成一种有利于推进上市公司治理完善的"新常态要求"。如将投资回报责任的监管治理与公司关联方交易的监管治理结合并行。这样的结合将带来两方面的责任治理效应：其一，可以抑制、

---

① 十八届三中全会《决定》第九条中提出：健全优胜劣汰市场化退出机制，完善企业破产制度。

② 十八届三中全会《决定》第四十四条中提出。

减少非公允关联交易及利益输送等行为，从而有利于增强公司的股利分配能力；其二，对违规关联交易的有效抑制，能反过来促使公司将股利分配放在本来应有的重要位置，并有利于公司实现科学合理的股利决策。

三、信息披露层面：推进财务责任信息披露与媒体治理并举

在财务规则引导与资本市场治理的基础上，还需要推进财务责任信息披露规制与财经媒体治理，从而通过市场评价机制来建立基于财务责任履行的公司声誉形成机制，这是公司财务责任外部监管保障机制的第三个层次。

在当前的公司年度报告模式下，公司财务责任自然属性的具体表现情况是比较明朗的。在具体项目上，这体现在资本结构动态调整的方向和调整速度、投资结构的比例构成与投资收益、产品的研发投入、公司营业收入的金额及其构成情况等方面。这些方面较好地反映了公司财务目标中效率性子目标对公司财务决策与具体财务活动的责任性约束要求及其成效①。相比之下，公司财务责任社会属性的具体表现情况在年度报告中没有得到充分披露。这主要体现为内容上的不充分和不完整：公司对于股东、债权人、管理层、员工之外其他利益相关方的财务责任履行情况没有进行相关披露。同时，现有相关信息披露项目也比较笼统，如对员工财务责任履行情况的信息披露项目仅为现金流量表中的"支付给职工以及为职工支付的现金"项目。由以上分析可见，当期公司财务责任的信息披露状况明显滞后于各利益相关方对于相关信息的客观需求。

为保障公司财务责任相关信息披露的充分性、客观性和可靠性，现提出如下建议：在公司年度报告中增加关于公司财务责任信息披露的附表②，主要是关于本年度公司财务责任社会属性的具体履行情况，即按公司对各直接利益相关方的具体财务责任履行情况分别进行列示和注明，以货币性计量为主，必要的地方加以中文注释，并同时列示上一年度的可比数据。这样一来，公司的具体财务责任履行情况就一目了然，且经过了独立审计的鉴定，具有较强的客观性和可比性。同时，公司财务责任的相关信息源自公司已有的财务报告或财务报告的编制基础（会计记录等），因此对公司增加的信息编制工作量和独立审计增加的审计工作量都不多，便于实施。

此外，要使得财务责任相关信息披露充分发挥信号传递效应，还需要积极

---

① 见第一章的图1-4：公司财务责任自然属性即公司财务效率性子目标的具体责任化，公司财务责任社会属性即公司财务公平性子目标的具体责任化。

② 用附表来集中反映公司财务责任履行情况的优势在于信息使用者的便利性和基于独立审计基础的可靠性。

推进这一领域的媒体治理工作：多层次媒体报道相配合，高效地实现财务责任信号传递，开启基于财务责任履行的公司声誉评价机制，从而为市场上的各利益相关方认知和评价公司提供有效实现路径，并形成约束公司积极履行财务责任的市场化竞争压力。具体而言，政府可从以下三个方面考虑推进媒体治理问题：其一，以证券监管部门的官方网站为披露的权威平台，通过试点上市公司财务责任履行指数板块等方式来强化信息披露的治理效应；其二，推动代表性财经网站（如新浪财经、网易财经等）、行业协会网站、公司自身主页等作为公司财务责任履行信息披露的辅助性平台，可以对公司财务责任的履行情况进行行业评分或板块评分，也可以补充披露更具体的财务责任履行相关信息；其三，推动数字媒体、财经报道等作为公司财务责任履行的个案分析平台，既能曝光严重忽视财务责任的不良表现，也能客观报道积极履行公司财务责任的良好表现（典型案例）。

第二节　关于财务责任持续创造公司价值的内部治理保障机制建议

着眼于公司内部治理的视角，应该在公司治理层面反映公司财务责任的治理性要求，在公司运营层面融入公司财务责任的统一性价值创造机理，在公司文化层面体现公司财务责任的基本理念，由此在推进公司财务责任持续创造公司价值的意义上塑造公司治理层面→公司运营层面→公司文化层面的三层次内部治理保障机制。

一、公司治理层面：以财务责任为导向的公司财务治理变革

董事会是公司实质上的最高决策机构，是行使法人财产权利和履行法人财务责任的核心组织[①]，而监事会负责监督、制约和协助董事会的有效制衡运行，两者配合成公司治理层，指引着公司的前进方向。因此，以财务责任二重属性协同统一为导向的公司财务治理革新必须从这一层面开启，让财务责任引导的公司财务治理变革与公司战略发展相结合，通过治理层的指引，落实到公司业务流程层面的每一个具体环节中去。

---

① 伍中信. 现代企业财务治理结构论：以财权为基础的财务理论研究 [M]. 北京：中国财政经济出版社，2009：35.

总体而言，财务责任二重属性协同统一的价值创造规律要求，公司财务治理应当转向内部财务治理与外部财务治理相融合、相协同统一的新发展阶段。这是公司财务责任内部治理保障机制的第一个层次。

（一）财务责任二重属性协同统一导向下的董事会变革

1. 董事会财务决策原则的变革：各方利益充分制衡

董事会财务决策机制的合理有效必须"以各方利益的相互制衡为前提"，因此，董事会的配置应体现对各方利益的充分代表性以及人员构成特征的多元性。在此基础上，要实现公司财务责任二重属性的协同统一，还需要科学设计和持续完善董事会的组织构架和议事规则，从而确保利益相关各方能够通过恰当的规则、程序和信息沟通方式，在公司财务战略规划和重大财务决策中获得与其投入资源相对等的参与权或质询听证权，而公司也能够在财务治理体系运行中及时恰当的回应"利益相关各方的当然财务索取权"，从而以财务治理推进公司与利益相关各方的二重协同发展。

2. 董事会人员构成设计变革：两个层面的多元化特征

在董事会的人员构成设计上，应同时包括董事会和独立董事两个层面的多元性特征，以充分涵盖内外部财务治理两个方面。第一是董事会中不同利益代表的多元性，如经理层、核心技术员工、下属子公司等公司内部利益相关方应有代表参与，以确保公司的财务战略和决策建立在合理可行的客观基础上；第二是独立董事背景的多元性，这是确保外部利益相关方的利益诉求得以融入公司财务战略和决策的人员保证，因而独立董事的人员结构上应该由其他公司（非关联方）高管、事务所合伙人、学术界等不同领域并具有良好声誉的专家组成，而知识结构上应该涵盖财务、利益相关者关系管理、战略管理、技术研发等不同知识能力层面，从而在背景上代表不同层面利益相关方、在能力上保障财务责任与公司财务战略能够实现有机融合。

3. 董事会组织架构设计变革：专门委员会的设置与协作化

本书认为，董事会组织架构方面应侧重通过下属专门委员会的进一步精准化与协作化设置来有力推进财务责任与公司战略的全面融合，从而可以围绕公司财务资源配置效率的约束性优化提升来有效地发挥出公司财务责任的价值创造功能。

具体而言，董事会下属专门委员会的优化设置可以围绕财务责任社会属性的具体维度有效展开。一定意义上，薪酬委员会就是围绕公司财务责任社会属性中的人力资本具体维度进行设计的。类似地，我们可以在董事会下属专门委员会中对公司财务责任社会属性中的市场资本具体维度和公共资本具体维度进行相应的组织架构设计。例如，可以在董事会下新增客户供应商关系管理委员会和公共与政府关系维护委员会：前者专门负责提议、制定与客户供应商的战略合作政策，积极推动公司在财务责任履行过程中维护和不断深化与供应商及客户的互惠合作关系，并对公司与客户及供应商合作的年度报告进行审阅和提出意见等；公共与政府关系维护委员会，负责提议和设计基于公司发展战略的公共资本发展定位和建设政策，积极推动公司在财务责任履行过程中与政府间相互合作关系的建立和培育，并对公司与政府及所在社区合作的年度报告进行审阅和提出意见等。

4. 董事会议事规则变革：财务责任二重属性相协同统一的财务决策方式

在董事会议事规则的变革中，需要向专门委员会进行恰当授权并理顺不同委员会间的协作关系以形成对财务决策的"合力优化效应"。首先，为充分发挥专业委员会的作用并有效促进财务治理的内外协同统一，客户供应商关系管理委员会和公共与政府关系维护委员会的主任委员应为具有战略高度和决策话语权的董事长或执行董事，并辅以财务专家董事及其他相关领域专家董事，其他成员主要由身份独立、声誉良好的独立董事构成，公司财务负责人应列席会议。其次，在具体议事规则方面，应注重从四个方面进行变革。第一，对于公司财务战略、重大财务决策等重大财务问题，都应当经由客户供应商关系管理委员会、公共与政府关系维护委员会等分委员会从财务责任二重属性相协同统一的角度提出专业建议，再提交董事会参考表决。第二，应建立健全客户供应商关系管理委员会、公共与政府关系维护委员会与战略委员会、审计委员会等相关专门委员会的沟通协调机制，从而帮助董事会将公司内外部不同利益诉求协同统一并形成合力。第三，客户供应商关系管理委员会和公共与政府关系维护委员会还应得到董事会的合理授权，以便在相关具体财务活动中做出一贯性指导。第四，建立并不断完善董事会与公司内外部利益相关方的"信息沟通与反馈机制"，从而不断改进董事会财务决策的全面性、效率性和效果性，并借以不断优化基于财务责任二重属性协同统一的财务决策方式。

（二）财务责任二重属性协同统一导向下的监事会变革

根据我国法律制度的要求，在财务治理中监事会主要应配置的是财务监督权。因此，与董事会的变革相呼应，公司财务治理的革新还需要公司监事会以财务责任二重属性协同统一的价值创造规律为指引，增加监管董事会及其下属的各专门委员会的设置与运行的重要职责，以监督和协助董事会各专门委员会在财务治理革新方面的持续改进。这对监事会的参与制度、人员配置和监管方式也提出了相应的变革要求。

1. 监事会参与制度变革：独立监事制度的引入

与独立董事的作用类似，在监事会中配置独立监事能够更为客观地评价和监督董事会及其下属的各专门委员会的工作履责和绩效表现，从而更有效地推进财务责任二重属性协同统一导向下的财务治理变革。尤其对集团公司而言，在子公司中引入独立监事制度以替代监事委派制度，往往可以减少多重监督的掣肘、推进监督效率的提升。合理地引入独立监事制度，往往可以为监事会有效增加独立性与监督的专业胜任能力，并且可以通过类似"由独立监事担任监事会主席、独立监事比例不少于三分之一"①的监管权力配置来进一步保障监管的独立性和客观性。事实上，我国部分上市公司已然把引进独立监事作为一项战略②。

2. 监事会人员配置变革：各方利益代表的多元化与独立监事的多元化

与董事会人员配置的多元化相一致，监事会人员的配置也应该在各方利益代表与独立监事两个层面都实行合理多元化的原则。在监事会各方利益代表的多元化人员配置方面，除了股东大会委派的监事以外，还应该包括主要债权人代表（如提供融资额度最多的银行代表）、国有股东代表（国有控股公司）、员工代表和独立监事等。这是因为，由于我国经济发展的特殊性，绝大多数公司的主要债权人是商业银行，但是由于银行在我国不能大量持有公司股权，不宜直接参与董事会决策，于是让最大债权人选派代表作为公司外部监事的治理配置较为适合。例如，作为全球最大的四家光伏公司之一，无锡尚德在2013年被破产清算并负有对银行高达73.96亿元的逾期债务，其中仅对中国银行一家的逾期欠款就高达17.55亿元。假如中国银行作为最大的债权人能够派代表作为该公司外部董事进行监督，则有可能在会对该公司盲目投资扩张（破产的主要原因之一）等激进财务决策形成一定的监督抑制作用。同时，员工驻守在公司生产经营的第一线上，对于公司的战略执行成效有着最为直接的观察与接触，所以将员工代表纳入监事会治理范畴也是必要的。独立董事的人员配置也应该贯彻合理多元化原则：从来源上应该包括不同工作背景且声誉良好的专家，如来自高校或研究机构的学者型专家、来其他公司的企业家型专家以及来政府部门的官员型专家，等等；从专业背景上应该涵盖财务管理、法律与战略管理等相关领域。工作背景与专业背景的多元化能够更好地丰富监督的视角，从而达到更富有成效的监督效果。

---

① 戴立新. 监督，从独立监事破题 [J]. 董事会，2013（4）：94-96.

② 王世权，宋海英. 上市公司应该实施独立监事制度吗？[J]. 会计研究，2011（10）：69-76.

3. 监事会监管方式变革：综合考评制度的引入

在具体监管方式上，监事会应制定对董事会及下设专门委员会的综合考评制度。通过综合考评制度，监事会对董事会及下设各专门委员会的运作流程、工作方式、信息沟通反馈情况、委员履职报告等各方面都进行客观、全面的合理评价，并据以给出改进建议，以协助董事会全方位的完善改进。

通过董事会和监事会两个方面的治理变革与相互配合，财务责任二重属性将在治理层面实现协同统一、围绕公司使命和公司发展战略走向融合共生，从而为公司的可持续价值创造奠定更为合理有益的财务治理基础。

二、公司运营层面：融入财务责任价值机理的财务行为优化

如第二章所述，在公司价值创造过程中，财务责任自然属性是前提条件，而财务责任社会属性是实现过程中的重要约束条件，两者围绕公司战略相融并进、相辅相成。因此，基于财务责任的统一性价值创造机理，应当在公司战略贯彻落实的具体运营层面，以财务责任为基础和依据来设计和优化公司财务行为，从而既有利于充分发挥这一价值创造机理在公司价值创造中的重要作用、又在贯彻于公司各个运营层面的财务行为优化中有效保障了公司财务责任的合理运行与有序履行。这是公司财务责任内部治理保障机制的第二个层次。

（一）融入财务责任统一性价值机理的融资行为选择

根据财务责任的统一性价值创造机理，在公司融资行为的设计和优化过程中，应以优化公司资本结构、提升公司价值为着眼点，指引公司在战略的制定与执行过程中，将公司对价值提升的追求与公司对股东和债权人的财务回报责任有机协调统一，从而实现公司与融资提供方（股权投资者、银行、供应商等等）的共赢。如海信集团，2009 年为建设多媒体技术国家重点实验室、开发具有良好市场前景的电视液晶模组等项目募集资金实行定向增发，实际发行价相比预案最低价溢价了 69.71%，而发行日公司股价成长为定价基准日收盘价的 263%，并且在增发完成后仍然保持稳定并略有上扬的势头。上市公司与投资者的共赢既是公司融资行为中财务责任自然属性与财务责任社会属性相统一的外在表现，也是公司建立融资信誉、实现长远融资战略的最优选择。

（二）融入财务责任统一性价值机理的投资行为选择

根据财务责任的统一性价值创造机理，在公司投资行为的设计和优化过程中，应以不断拓展、创新公司价值增长点为着眼点，指引公司在战略的制定与执行过程中将公司对价值增值的追求与公司产品服务的革新、环境生态的重建、公司—社会关系的和谐发展等各方面有机协调统一，从而形成各利益相关

方协同推进公司投资行为与公司财务价值产出的良性机制。例如，太钢不锈在坚持投资研发绿色低碳产品的创新战略实施过程中实现了产品和价值结构的转型：2008 年研制的造币用不锈钢不仅在质感和外观上达到国际水平，更首创了不锈钢在造币领域应用的先例；2010 年，太钢不锈钢自主研发的不锈钢铁路货车以优异性能率先在大秦铁路建设中被大批应用……至 2013 年，太钢不锈钢成为全国冶金行业第一家整体达标晋级的安全生产一体化一级企业，其努力不懈的绿色投资行为带来了公司财务责任二重属性协同统一、相融并进的双重效应。

（三）融入财务责任统一性价值机理的资金运营行为选择

从资金运营行为来看，公司是在整个供应链的协作和博弈中实现公司成长和价值创造的。因此，根据财务责任的统一性价值创造机理，在公司资金运营活动的设计和优化过程中，我们应以深化公司价值链协作关系、拓展公司价值创造链条（环节）为着眼点，指引公司在战略的制定与执行过程中，置身于整个供应链价值管理的高度来进行资金运营决策，重视资金运营行为和供应链财务弹性选择过程中对分销商和供应商的财务责任，从而不断推进和实现相互间深度合作的价值增值效应。例如，加多宝非常成功的深度协销模式正源于其与分销商对销售渠道的共同建设投入和收益的均沾机制①。再如，沱牌酒业公司 2016 年一季度净利润同比增长超过 170%②，从而实现四年以来首次净利润同比上升。业绩逆转的主要原因之一是沱牌酒业公司实施了基于财务责任二重属性协同统一的市场战略：一方面，沱牌公司在品牌酒的研发投入方面配置了充足的财务资源（财务责任自然属性的价值机理体现）；另一方面，沱牌公司与大客户（经销商）共同投资建设和维护销售渠道（财务责任社会属性的价值机理体现），并积极协助大客户（经销商）融资，凭借财务责任的统一性价值创造机制有力地助推了公司业绩的回升。

（四）融入财务责任统一性价值机理的分配行为选择

根据财务责任的统一性价值创造机理，在公司财务分配行为的设计和优化过程中，我们应以财务激励效应为公司长期价值增值积聚关键显性资源和重要隐性资本为着眼点，指引公司在战略的制定与执行过程中将公司对长远价值增长的追求与分配的激励性效应有机结合，从而引导有益于公司价值成长的各种

---

① 莫磊. 论公司财务责任：基于公司财务治理体系制衡的视角 [J]. 财经理论与实践，2014 (5)：62.

② 每日经济新闻. 沱牌舍得一季度经营有起色 净利润四年来首现同比增长 [EB/OL]. (2016-04-14) [2021-09-30]. http://www.nbd.com.cn/articles/2016-04-14/997875.html.

专用性资源持续投入以实现公司的良性循环态势。在积聚关键显性资源方面，如重视人力资本分配责任履行的公司往往因为能更好积聚和发挥人力资源的作用而更成功，华为与员工的双赢就是财务分配责任管理中杠杆效应的力证。2012 年华为实现净利润 154 亿元，全体 15 万员工分配了高达 124 亿的年度奖金，但其中也有 5 位高管因业绩未达标而被取消年终奖。反观华为的竞争对手中兴通讯，在 2012 年裁员减薪，却仍然面临 20 多亿亏损。这揭示了公司的发展不在于压缩人力资本，而重在如何履行财务分配责任以实现有效的激励相容。在积聚重要隐性资本方面，对政府、社区的财务支持有利于塑造公司在利益相关者心中的评价、有利于品牌知名度和消费者忠诚度的提高。

因此，以财务责任的统一性价值创造机理（规律）来指导公司财务决策的形成和具体财务行为的开展，在积极履行对利益相关各方的财务责任中追求公司财务价值的增长，是公司借助财务责任履行持续创造公司价值的必由之路。

三、公司文化层面：以财务责任为中心的公司财务文化建设

公司文化反映了一家公司的灵魂与品质，为公司的发展提供了精神层面的导向与动力。为进一步保障公司财务责任价值创造功能的发挥和实现，我们还需要将基于公司财务责任治理的价值创造理念植入公司精神层面，从而通过公司文化指引公司在财务决策和具体财务活动中以价值创造为导向，始终重视并恰当履行财务责任。公司财务文化是公司文化的核心构成部分：要在公司文化层面建立好公司财务责任的保障机制问题，一定意义上来讲，就是要建设以财务责任为中心的公司财务文化问题。这是公司财务责任内部治理保障机制的第三个层次。

（一）自上而下地植入以财务责任为中心的公司财务文化

真正融入公司并能发挥实效的财务文化，必须是自上而下地植入公司并能得到明确的重视与运用的。因此，必须将财务文化的建设纳入公司的顶层设计之中：需要确立以公司董事长为财务文化建设总负责人，以公司董事会下属战略子委员会为公司财务文化建设决策机构的组织架构设计。公司负责人也必然是公司文化的第一代表人，这意味着，公司负责人必须积极推进并率先垂范以财务责任为中心的公司财务文化建设，才能有效推动全体员工自上而下地认同、拥护并自觉遵行公司文化中的财务责任理念。如本书第二章所述，财务责任必须与公司战略相融合，才能发挥其价值创造功能。因此，由战略子委员会作为财务文化建设的领导机构，既能够从财务责任与公司战略融合的高度来进

行规划与决策，又可以在公司治理层面奠定财务文化建设以财务责任为中心的关键基调。在执行层面，可以由公司财务总监担任执行负责人，并就此对公司战略委员会和董事长负责。财务总监是衔接公司财务文化与公司文化的关键角色，他要根据公司战略委员会确立的方针和原则，在充分尊重公司文化建设现状的基础上，以现有公司文化为基础、以财务责任为导向，设计提出公司财务文化的总方案，并负责方案的动态调整、反馈改进及总体实施工作。财务文化建设的具体实施工作，可以在财务总监的领导下由公司财务部门联合公司企划部门通过专门设立财务文化建设工作小组的方式来具体开展。

（二）塑造以财务责任为中心的财务价值观

本书认为，以社会主义核心价值观当中"代表价值准则的敬业、代表价值取向的平等和代表价值目标的和谐"① 为指导，以财务责任为中心的公司财务文化应当着重塑造"包容创新、价值创造、和谐共赢"的财务价值观。财务价值观是财务文化的核心与精华，它代表了公司财务文化的价值取向与价值目标，也是构建公司财务竞争力的重要文化基石。具体而言，"包容创新"代表了公司财务价值观的基本价值准则，它是指公司财务必须与时俱进，既要适应各种与公司财务有关的新兴事物，同时自身也要不断积极创新以适应经济环境和金融环境不断创新发展的客观趋势。例如，为员工设立企业年金、购买商业保险等财务分配行为是公司财务发展到一定阶段才出现的，这是人力资本重要性不断提升且是在金融环境率先创新的背景环境下形成的创新财务行为。"价值创造"代表了公司财务价值观的基本价值取向，反映了公司财务责任自然属性的内在要求，指明了公司财务活动的主要创新方向与努力方向。"和谐共赢"则进一步体现了公司财务价值观的基本价值目标，体现了公司财务责任社会属性的客观要求，表明了公司与利益相关各方通过财务活动共生共荣的共同利益、共同目标与客观规律。

（三）形成以财务责任为中心的公司财务文化载体

在将财务文化建设纳入公司顶层设计、塑造以财务责任为中心的财务价值观的基础上，我们还需要通过全面"显性化"的方式来给予公司财务文化展示的载体，从而充分发挥其对公司财务的精神指导和促进作用。具体而言，财务总监应该在公司战略委员会的领导下，调动全体员工出谋划策，集集体智慧形成关于本公司以财务责任为中心的公司财务文化手册，或者将公司内部财务

---

① 刘云山. 着力培育和践行社会主义核心价值观 [EB/OL]. (2014-01-16) [2021-09-30]. http://cpc.people.com.cn/n/2014/0116/c64094-24136367.html.

制度与公司财务文化整体融合形成综合性财务手册。这一手册是以财务责任为中心的公司财务文化的具体指南，它以形象具体的方式解读了"包容创新、价值创造、和谐共赢"的财务价值观在公司的独特内涵与表现，它为财务工作从整体上把握重点和原则提供了方向，它为非财务部门的员工理解、支持财务工作提供了积极的指导，它为公司各利益相关者理解、支持公司的财务活动提供了依据与指南。简言之，作为以财务责任为中心的公司财务文化的载体，它发挥着指导和推进财务工作、协调各方财务关系的重要作用。此外，通过安排财务人员在定期工作汇报中专门就财务文化方面工作进行总结汇报等方式，既可以强化将公司财务文化"显性化"的作用，又有利于不断总结、改进以财务责任为中心的公司财务文化建设工作。同时，作为财务文化的核心，"包容创新、价值创造、和谐共赢"的财务价值观还可以通过公司年度报告、公司可持续发展报告等公开信息披露方式对外报道，助力公司更好地开展与利益相关各方的财务责任沟通工作。

本章小结

本章基于前文的理论分析结论和实证检验结果，从发挥公司财务责任价值创造功能的角度提出内外相配合的两层次保障机制建议。本章形成的研究观点小结如下：

本章研究结论认为，外部宏观监管机制的介入和引导、理顺公司内部治理机制对于保障公司财务责任持续创造公司价值至为关键。因此，本章尝试从外部监管保障机制与内部治理保障机制两个方面初步构建我国公司财务责任有效运行的保障机制体系。

公司财务责任持续创造公司价值的外部监管保障机制建议方面。着眼于公司财务的宏观管理视角，我们可以从财务制度层面对公司财务责任进行规制引导，从资本市场层面对公司财务责任进行强化治理，从信息披露层面对公司财务责任进行间接监管，从而建立起制度规制层面→市场治理层面→信息披露层面的三层次公司财务责任的外部监管保障机制。具体而言，在制度规制层面，应强调以公司财务责任为主线的财务规则优化设计；在市场治理层面，应强化以公司财务责任为导向的资本市场治理，重在融资责任与投资回报责任两个方面；在信息披露层面，应创新财务责任信息披露方式，从而通过市场评价机制来强化公司财务责任的约束机制，来建立基于财务责任履行的公司声誉形成机制。

公司财务责任持续创造公司价值的内部治理保障机制建议方面。着眼于公司内部治理的视角，应该在公司治理层面反映公司财务责任的治理性要求，在公司战略贯彻落实的具体运营层面融入公司财务责任的统一性价值创造机理，在公司文化层面体现公司财务责任的基本理念，从而建立起公司治理层面→公司运营层面→公司文化层面的三层次公司财务责任的内部治理保障机制。具体而言，在公司治理层面，应通过董事会和监事会两个方面的治理变革与相互配合，有力推动以财务责任为导向的公司财务治理变革；在公司运营层面，应大力提倡融入财务责任价值机理的财务行为，从而充分发挥公司财务责任的价值创造作用并在具体的财务活动中切实保障公司财务责任的合理运行与有序履行；在公司文化层面，应积极提倡以财务责任为中心的公司财务文化建设，塑造和践行"包容创新、价值创造、和谐共赢"的财务价值观。

第八章　研究结论、局限性与未来研究方向

一、研究结论

本书在回顾以往相关研究文献的基础上，以马克思辩证二重分析法为指导展开研究。首先，以制度背景对公司财务责任的现实要求和公司财务责任问题的相关理论基础为依据，以马克思主义辩证二重分析法为基本分析方法，以公司、公司财务和公司财务责任的本质性二重属性为研究的逻辑主线展开研究，并由此构建公司财务责任的理论层次结构；其次提出了财务责任与公司发展战略相融合的统一性价值创造机理，并通过四个方面的实证分析验证了这一价值机理的客观实践效应及其普遍适用性；最后，从政府宏观和公司微观两个层面提出了构建外部监管与内部治理相配合的引导公司财务责任持续创造公司价值的保障机制建议。

通过以上研究，本书提出了如下结论。本书针对理论分析结论与实证检验结果所提出的建议对于公司财务责任的确立与建设具有一定指导意义，其中实证检验的相关结论凸显了公司财务责任改进的重要实践意义。

（1）本书理论分析部分表明，马克思辩证二重分析法揭示了公司财务责任所固有的二重属性：一是与公司生产力相联系的公司财务责任的自然属性，它是公司的自然属性（生产力属性）在公司财务层面的原则性体现与责任性要求；二是与公司生产关系相联系的公司财务责任的社会属性，它是公司的社会属性（生产关系属性）在公司财务层面的原则性体现与责任性要求。在创造公司价值过程中，公司财务责任的自然属性与社会属性之间既有统一性又有矛盾性，而公司发展战略是两者间潜在矛盾性关系得以协调统一的融合平台与协同中心。基于马克思辩证二重分析法构建的公司财务责任理论与西方公司社

会责任理论之间具有本质性区别，这体现在三个方面：两种理论衍生的实践依据不同，两种理论建构的研究立场不同，两种理论研究的内涵范畴不同。

（2）本书实证研究表明，社会主义市场经济下的公司财务责任，无论是融入公司的融资战略与人力资本战略，还是融入公司的市场战略乃至环境战略，最终无一不反映在公司价值的创造成效上：公司财务责任在不同层面上的改进与提升，都对公司价值创造形成了显著的促进效应，而且这种效应是总体的、全方位的。

（3）实证检验结果进一步表明，非国有控股公司的财务责任的价值创造效应总体上更为显著，这表明非国有资本在利用公司财务责任的价值创造功能上，总体而言具有更好的竞争力与创造力。例外出现在公司环境战略中，国有公司的财务责任（以环保投资强度为代理变量）与公司价值之间呈现显著的正相关关系，而这一关系在非国有公司中却并不成立。这反映出在经济新常态时期政府在战略性、前沿性等关键领域对国有资本投向的引导和推动具有重要意义。同时，这也意味着，我们应当注重将非国有资本的竞争力、创造力与国有资本的规模优势、发展优势相结合，从而通过各取所长、相互促进的方式来发展混合所有制经济。

（4）总体上，本书研究表明，在公司治理中嵌入财务责任维度，确立财务责任与公司发展战略相融合的现代公司财务运行机制，对于约束、制衡与指引公司财权在财务决策中的合理运用具有不可或缺的制衡性治理作用，这是从科学化和系统化管理的角度提升公司（尤其是国有性质的公司）价值创造效应的重要财务方式。鉴于我国正处于全面深化改革的特殊制度背景时期，我们有必要借助外部宏观监管机制的介入和引导，理顺公司内部治理机制，构建起外部监管与内部治理相配合的引导公司财务责任持续提升公司价值创造效应的保障机制。事实上，当前以"管资本"和"分类改革"为主导方向的国有企业全面深化改革规划进一步印证了财务责任治理对于国有企业改革发展的重要意义：从国有资本的价值管理意义上来讲，国资监管以"管资本"为中心意味着国有企业全面深化改革的主线之一就是国有企业财务责任的全面深化改革问题，而国有企业的"分类改革"问题会首要表现为国有企业财务责任的分类界定、分类考核与分类监管问题。

二、研究局限性

本书研究立足于开拓创新，以马克思辩证二重分析法为指导，对公司财务责任问题进行了系统深入的研究。由于这一问题的系统性研究具有一定的创新性和探索性，且本研究在客观上具有一定的研究难度，加之本人的研究水平与研究时间有限，本书在以下方面存在研究局限：

其一，公司财务责任领域目前尚缺乏全面深入的系统性研究，这既凸显了本书研究的理论价值却也在客观上造成了一定的研究难度，尤其是在财务责任的代理变量确定方面缺乏参考。对于公司财务责任的代理变量问题，本书始终坚持以马克思辩证二重分析法为指导，紧紧围绕公司财务责任的定义内涵和代理变量的代表性、合理性来设计和选取确定。但由于本书的实证研究具有探索性，因而代理变量的设计确定方面有可能存在不尽完善之处。

其二，关于环境战略中环保投资的数据，本书以国泰安数据库提供的社会责任明细数据为基础，结合相关上市公司的社会责任报告、环境报告、可持续发展报告及年度报告进行比对确认、补充完善后通过手工计算得到。尽管本书已经尽量通过手工的方式进行补充完善，但由于国泰安数据库所提供的数据本身可能存在遗漏的情形，加上相关资料查找、核对确认的工作量确实较大，故本书研究数据仍然存在着数据遗漏的可能，因此该实证分析可能会存在一定的偏误。

其三，本书采用 A 股数据对我国上市公司进行了实证检验，但受到数据的可获取性与时间精力等主客观因素的影响，未能对非上市公司进行相应的实证检验。由于非上市公司与上市公司在发展战略、财务行为等方面往往有所差异，因而本书实证研究结论并不能直接推广到非上市公司。

三、未来研究方向

基于本书的研究内容与本书研究中尚存在的研究局限，结合我国当前的供给侧改革方向与经济新常态特征，今后可在本书研究基础上展开如下方面的后续研究：

第一，本书从公司财务责任融入公司战略的视角探讨和实证检验了公司财务责任的价值创造机理与价值创造效应。客观而言，如何通过实证研究来揭示或检验公司财务责任与公司财务权力之间的相对制衡关系对公司业绩的影响，是进一步研究中非常有探索意义和研究价值的方向。

第二，在后续的进一步研究中，将国有企业财务责任作为一个专题研究具有特别重要的现实意义。当前，分类改革的旗帜正在引领着国有企业全面深化改革，那么，对于不同类型的国有企业，应该如何界定其财务责任、界定什么样的财务责任以及如何去考核监管这些财务责任，才能充分发挥其价值创造效应？再考虑到商业大类中进一步界定细类的合理性与重要性，这不但是一个迫切需要解决的现实问题，也是一个亟待创新的、有难度的、具有中国特色理论问题。

第三，在后续的进一步研究中，在研究的思维上还可以从"批判性借鉴"的角度展开。例如，研究我国资本市场上退市公司（ST 公司）在财务责任方面的缺陷、运行障碍及其带来的财务后果，进而探讨其如何在公司财务危机、财务预警等方面发挥出财务责任应有的治理作用。在我国资本市场正在向注册制发展和转变的背景下，这一方向的研究对于提升资本市场治理水平与公司治理水平具有积极的参考价值和现实意义。

第四，在后续的进一步研究中，在研究的范围上可以从两个维度拓宽：一是将非上市公司作为研究对象展开公司财务责任问题的进一步研究，二是将其他国家的上市公司如美国上市公司作为研究对象展开公司财务责任问题的进一步研究。事实上，一部分非上市公司的基础财务信息可以通过查询特定数据库或检索该公司网站等方式获得。此外，还可以通过对非上市公司首席财务官（CFO）进行问卷调查、访谈等方式来拓展研究的深度与广度。而美国上市公司的数据可以通过查询 COMPSTAT 等数据库获取。

参考文献

[1] 巴尼，克拉克. 资源基础理论：创建并保持竞争优势 [M]. 张书军，苏晓华，译. 上海：上海三联书店，2011.

[2] 巴泽尔. 产权的经济分析 [M]. 费方域，段毅才，译. 上海：上海三联书店，1997.

[3] 白重恩，刘俏，陆洲，等. 中国上市公司治理结构的实证研究 [J]. 经济研究，2005（2）：81-91.

[4] 彼得·F. 德鲁克. 管理：使命、责任、事务（使命篇）[M]. 王永贵，译. 北京：机械工业出版社，2006.

[5] 边恭甫. 国有大中型企业内部经济效益审计若干问题思考 [J]. 审计研究，1994（2）：23.

[6] 蔡立东. 公司制度生长的历史逻辑 [J]. 当代法学，2004（11）：150-153.

[7] 蔡立东. 公司自治论 [M] 北京：北京大学出版社，2006.

[8] 曹雯，杨中环，邱凛. 加强企业财务管理的对策 [J]. 财会通讯（综合版），2004（11）：71.

[9] 曹越，伍中信. 财务动态治理结构论纲 [J]. 财经理论与实践，2010（5）：52-56.

[10] 陈爱成. 建设国家创新体系与国有企业财务绩效评价制度变革 [J]. 东北财经大学学报，2015（2）：62-66.

[11] 陈红心. 企业环境责任论 [D]. 苏州：苏州大学，2010.

[12] 陈琪. 环境绩效对提升企业经济绩效之关系：基于国外实证研究成果的分析 [J]. 现代经济探讨，2013（7）：82-87.

[13] 池国华，王志，杨金. EVA 考核提升了企业价值吗？[J]. 会计研究，2013（11）：62-63.

[14] 道格拉斯·诺斯：经济史中的结构与变迁 [M]. 陈郁，岁华平，等译. 上海：上海人民出版社，1994.

[15] 丁玫. 罗马法契约责任 [M]. 北京：中国政法大学出版社，1998.

[16] 杜兴强，杜颖洁. 公益性捐赠、会计业绩与市场绩效：基于汶川大地震的经验证据 [J]. 当代财经，2010 (2)：113-122.

[17] 杜振华，胡春. 政治经济学原理 [M]. 北京：北京邮电大学出版社，2004.

[18] 冯小宇. 企业社会责任与竞争力研究 [M]. 北京：首都经济贸易大学，2008.

[19] 弗·阿法纳西耶夫：马克思的伟大发现：劳动二重性学说的方法论作用 [M]. 李元亨，译. 济南：山东人民出版社，1991.

[20] 付雪成. 论企业的二重性质 [J]. 河南大学学报（社会科学版），2003 (7)：81-85.

[21] 傅磊. 国有企业财务管理体制改革的设想 [J]. 财政监察，2002 (1)：15-16.

[22] 干胜道. 所有者财务：一个全新的领域 [J]. 会计研究，1995 (6)：17-19.

[23] 高红贵. 马克思的人的二重性学说与企业的环境责任 [J]. 中南财经政法大学学报，2008 (1)：104-106.

[24] 葛伟军. 英国 2006 年公司法（2012 年修订译本）[M]. 北京：法律出版社，2012.

[25] 龚光明、单虹. 企业资源聚集视角下的利益相关者财务控制权配置 [J]. 财经论丛，2012 (3)：80.

[26] 龚丽. 上市公司利益相关者增值分享与公司绩效关系的实证研究 [D]. 青岛：中国海洋大学，2011.

[27] 关健、宋小丹. 主要利益相关者显性利益与中小企业业绩转向关系：基于 1998—2007 中国中小上市公司的实证分析 [J]. 系统工程，2009 (6)：61-67.

[28] 郭道扬. 二十一世纪战争与和平：会计教育、会计控制纵横论 [C]. 第七届国际会计教育会议，1992.

[29] 郭道扬. 会计史研究（第一卷）[M]. 北京：中国财政经济出版社，1998.

[30] 郭道扬. 会计史研究（第二卷）[M]. 北京：中国财政经济出版

社，2004.

［31］郭道扬. 会计史研究（第三卷）［M］. 北京：中国财政经济出版社，2008.

［32］郭复初，王庆成. 财务管理学［M］. 北京：高等教育出版社，2005.

［33］郭复初. 财务通论［M］. 上海：立信会计出版社，1997.

［34］郭复初. 国有公司财务管理现状与治理分析［J］. 财务与会计，2007（5）：24-25.

［35］郭复初. 国有企业财务管理体制改革的历程［J］. 财务与会计，2008（11）：16-18.

［36］郭复初. 论企业高层主管人员的理财行为［J］. 财政研究，1998（5）：48-49.

［37］郭复初. 企业财务通则的存在依据与体系设计［J］. 财务与会计，2016（10）：9-11.

［38］郭复初. 中国财务改革实践与理论发展［J］. 财会通讯，2000（5）：3-7.

［39］郭复初. 中国财务理论形成与前沿［J］. 财务研究，2015（5）：3-13.

［40］郭元晞. 论资本的二重属性［J］. 经济体制改革，1998（3）：10.

［41］哈罗德·德姆塞茨：关于产权的理论［J］. 银温泉，译. 经济社会体制比较，1990（6）：49-53.

［42］韩光道，杜乃涛. 论国有企业的财务自主权与财务责任制［J］. 河南大学学报（社会科学版），1996（2）：6-9.

［43］郝东洋，王静，张天西. 内部控制效率、资本结构动态调整与公司价值［J］. 山西财经大学学报，2015（12）：38-50.

［44］何召滨. 国有企业财务治理问题研究［D］. 北京：财政部财政科学研究所，2012.

［45］胡曲应. 上市公司环境绩效与财务绩效的相关性研究［J］. 中国人口、资源与环境，2012（6）：23-32.

［46］黄辉. 现代公司法比较研究：国际经验及对中国的启示［M］. 北京：清华大学出版社，2011.

［47］黄菊波. 改革与发展中的财政问题［M］. 北京：经济科学出版社，1992.

［48］黄菊波. 黄菊波文集（第二卷）［M］. 北京：经济科学出版社，2014.

[49] 纪建悦，李坤. 利益相关者关系与企业财务绩效的实证研究：基于中国房地产上市公司的面板数据分析 [J]. 管理评论，2011 (7)：143-148.

[50] 纪建悦，李鹏，吕帅. 利益相关者视角的企业价值构成探讨 [J]. 现代管理科学，2008 (2)：75.

[51] 纪建悦，刘艳青，袁治. 利益相关者满足与企业财务绩效的相关性研究：基于我国家电上市公司面板数据的实证研究 [J]. 财经科学，2010 (9)：71-78.

[52] 纪建悦，吕帅. 利益相关者满足与企业价值的相关性研究：基于我国酒店餐饮上市公司面板数据的实证分析 [J]. 中国工业经济，2009 (2)：151-160.

[53] 加文·凯利. 利害相关者资本主义 [M]. 欧阳英，译. 重庆：重庆出版社，2001.

[54] 贾生华，陈宏辉. 利益相关者的界定方法述评 [J]. 外国经济与管理，2002 (5)：13-18.

[55] 贾中河. 西方产权派的理论流变及其评价 [J]. 经济评论，1997 (3)：59-62.

[56] 见田石介. 资本论的方法 [M]. 沈佩林，译. 济南：山东人民出版社，1993.

[57] 姜付秀，黄继承. 经理激励、负债与企业价值 [J]. 经济研究，2011 (5)：46-60.

[58] 姜付秀，黄继承. 市场化进程与资本结构动态调整 [J]. 管理世界，2011 (3)：124-134.

[59] 姜付秀，屈耀辉，陆正飞，等. 产品市场竞争与资本结构动态调整 [J]. 经济研究，2008 (4)：99-110.

[60] 姜英兵. 三大财务理论范式的比较 [J]. 经济管理，2005 (22)：47-53.

[61] 雷光勇. 会计契约论 [M]. 北京：中国财政经济出版社，2004.

[62] 雷志明. 企业负债经营与财务责任 [J]. 石油大学学报（社会科学版），1991 (2)：46.

[63] 李代平. 加强财务责任指标控制降低成本费用 [J]. 四川会计，2001 (11)：20-21.

[64] 李虹，娄雯，田马飞. 企业环保投资环境管制与股权资本成本 [J]. 审计与经济研究，2016 (2)：94-103.

[65] 李敏，李嘉毅. 企业财务通则应用指南 [M]. 上海：上海财经大学出版社，2007.

[66] 李琦. 基于经济增加值业绩评价的国有企业非效率投资治理研究 [D]. 大连：东北财经大学，2012.

[67] 李维安. 上市公司治理准则：奠定中国证券市场可持续发展的制度基础 [J]. 南开管理评论，2002（1）：1.

[68] 李心合. 利益相关者财务控制论（上）[J]. 财会通讯，2001（6）：3-7.

[69] 李心合. 利益相关者财务控制论（下）[J]. 财会通讯，2001（7）：7-11.

[70] 李心合. 利益相关者财务论 [M]. 北京：中国财政经济出版社，2003.

[71] 李心合. 利益相关者产权与利益相关者财务 [M]. 财会通讯，1999（12）：14.

[72] 李心合. 论公司财务的性质与职能 [C]. 中国会计学会财务管理专业委员会学术年会，2012.

[73] 李心合. 论制度财务学构建 [J]. 会计研究，2005（7）：44-48.

[74] 李心合. 儒家伦理与现代企业理财 [J]. 会计研究，2001（6）：26-32.

[75] 李心合. 制度财务学研究导论 [J]. 会计之友，2008（6）：12-17.

[76] 连玉君，钟经樊. 中国上市公司资本结构动态调整机制研究 [J]. 南方经济，2007（1）：23-28.

[77] 林钟高，叶德刚. 财务治理结构：框架、核心与实现路径 [J]. 财务与会计，2003（4）：18-21

[78] 刘群，龙时华. 企业财务运行机制的动态协调 [J]. 当代经济，2008（5）：128.

[79] 刘燕. 公司法资本制度改革的逻辑与路径：基于商业实践视角的观察 [J]. 法学研究，2014（5）：32-35.

[80] 刘召峰. 马克思从抽象上升到具体的方法辨析 [J]. 江汉论坛，2013（10）：66-69.

[81] 刘召峰. 资本论中的"二重性学说"探论 [J]. 教学与研究，2012（1）：19-25.

[82] 卢代富. 国外企业社会责任界说述评 [J]. 现代法学，2001（3）：137-144.

［83］陆庆平. 以企业价值最大化为导向的企业绩效评价体系：基于利益相关者理论［J］. 会计研究，2006（3）：56-62.

［84］罗彬，万国超. 企业领导人员经济责任审计评价指标体系探讨［J］. 重庆工商大学学报（社会科学版），2007（4）：47-51.

［85］罗凯福. 财务思想史的演进与价值创造［J］. 财经理论与实践，2002（1）：71-75.

［86］马俊驹. 法人制度的基本理论和立法问题之探讨（上）［J］. 法学评论，2004（4）：3-12.

［87］马俊驹. 法人制度的基本理论和立法问题之探讨（下）［J］. 法学评论，2004（6）：24-37.

［88］马克思，恩格斯. 马克思恩格斯全集（第12卷）［M］. 中央编译局，译. 北京：人民出版社，2006.

［89］马克思，恩格斯. 马克思恩格斯全集（第23卷）［M］. 中央编译局，译. 北京：人民出版社，2006.

［90］马克思，恩格斯. 马克思恩格斯全集（第39卷）［M］. 中央编译局，译. 北京：人民出版社，2006.

［91］马克思. 资本论（第一卷）［M］. 中央编译局，编译. 北京：人民出版社，2008.

［92］马克思. 资本论（第三卷）［M］. 中央编译局，编译. 北京：人民出版社，2008.

［93］马新福. 社会主义法治必须弘扬契约精神［J］. 中国法学，1995（1）：41-47.

［94］玛格丽·M. 布莱尔：共同的所有权［J］. 经济与体制比较，1996（3）：29-37.

［95］玛格丽特·M. 布莱尔：所有权与控制：面向21世纪的公司治理探索［M］. 张荣刚，译. 北京：中国社会科学出版社，1999.

［96］美国法律研究院. 公司治理原则：分析与建议（上册）［M］. 楼建波，等译. 北京：法律出版社，2006.

［97］莫磊. 论公司财务与社会责任的全面融合：基于制度规制与价值创造的双重视角［J］. 会计之友，2015（6）：29-34.

［98］莫磊. 论公司财务责任：基于财务治理体系制衡的视角［J］. 财经理论与实践，2014（5）：57-64.

［99］南开大学公司治理研究中心公司治理评价课题组. 中国上市公司治

理评价系统研究 [J]. 南开管理评论, 2003 (3): 4-12.

[100] 南开大学公司治理研究中心公司治理评价课题组. 中国上市公司治理指数与公司绩效的实证分析: 基于中国 1 149 家上市公司的研究 [J]. 管理世界, 2006 (3): 104-113.

[101] 南开大学公司治理研究中心公司治理评价课题组. 中国上市公司治理指数与治理绩效的实证分析 [J]. 管理世界, 2004 (2): 63-74.

[102] 潘奇. 企业慈善捐赠的形成机制及其价值机理研究 [D]. 杭州: 浙江大学, 2011.

[103] 庞春祥. 公司本质论 [D]. 长春: 吉林大学, 2012.

[104] 逄锦聚, 洪银兴, 林岗, 等. 政治经济学 [M]. 北京: 高等教育出版社, 2002.

[105] 彭宇文, 乌画. 现代主流财务学研究范式的主要缺陷及其优化 [J]. 东南学术, 2013 (5): 99.

[106] 秦宛顺, 江若玫. 企业与利益相关者的交换、依存与合作 [J]. 社会科学研究, 2007 (2): 21.

[107] 邱彩虹, 宋维佳. 当前企业财务管理的主要问题及对策 [J]. 财经问题研究, 1998 (8): 70.

[108] 饶晓秋. 财务治理实质是一种财权划分与制衡的财务管理体制 [J]. 当代财经, 2003 (5): 109-112.

[109] 任海云. 企业主要利益相关者显性利益的分析及其量化 [J]. 商业研究, 2007 (10): 7-9.

[110] 上海辞书出版社. 辞海 (缩印本) [M]. 上海: 上海辞书出版社, 2010.

[111] 沈洪涛, 沈艺峰. 公司社会责任思想起源与演变 [M]. 上海: 上海人民出版社, 2007.

[112] 沈洪涛. 公司社会责任与公司财务业绩关系研究 [D]. 厦门: 厦门大学, 2005.

[113] 盛明泉, 张敏, 马黎珺, 等. 国有产权、预算软约束与资本结构动态调整 [J]. 管理世界, 2012 (3): 151-157.

[114] 施天涛. 公司法论 [M]. 北京: 法律出版社, 2006.

[115] 石淑华. 美国环境规制体制的创新及其对我国的启示 [J]. 经济社会体制比较, 2008 (1): 166-171.

[116] 孙建强, 福凯. 论财务学的边界及其相关科学 [J]. 山西财经大学

学报（高等教育版），2008（6）：30-35.

[117] 汤谷良，玉菲. 企业财务通则的制度功能与内容重构 [J]. 财务与会计，2016（4）：9-11.

[118] 汤谷良. 经营者财务论：兼论现代企业财务分层管理架构 [J]. 会计研究，1997（5）：20-21.

[119] 汤谷良. 现代企业财务的产权思考 [J]. 会计研究，1994（5）：6-10.

[120] 唐国平，龙会. 企业环保投资结构及其分布特征研究 [J]. 审计与经济研究，2013（4）：94-103.

[121] 王端旭，潘奇. 企业慈善捐赠带来价值回报吗：以利益相关者满足程度为调节变量的上市公司实证研究 [J]. 中国工业经济，2011（7）：118-128.

[122] 王红军. 关于企业财务通则修订中若干问题的探讨 [J]. 财务与会计，2016（10）：11-13.

[123] 王化成. 财务管理研究 [M]. 北京：中国金融出版社，2006.

[124] 王化成. 公司财务管理 [M]. 北京：高等教育出版社，2011.

[125] 王京芳，周浩，曾又其. 企业环境管理整合性架构研究 [J]. 科技进步与对策，2008（12）：147-150.

[126] 王文正. 温州：人力资本入股公司争议中诞生 [J]. 浙商，2006（11）：64-66.

[127] 王晓巍，陈慧. 基于利益相关者的企业社会责任与企业价值关系研究 [J]. 管理科学，2011（6）：29-34.

[128] 王雄元. 论利益相关者责任与公司财务治理 [J]. 会计研究，2004（3）：50-54.

[129] 王永海. 试论公司治理结构和国有企业财务控制 [J]. 中国软科学，2000（6）：97-100.

[130] 王永年. 企业社会责任与企业二重性理论 [J]. 当代经济研究，2008（1）：49-52.

[131] 王跃堂，子夜，魏晓雁. 董事会的独立性是否影响公司绩效 [J]. 经济研究，2006（5）：62-73.

[132] 王跃武. 财权、财权主体与财务治理：我国制度财务学发展的逻辑主线 [J]. 审计与经济研究，2009（3）：82-86.

[133] 王竹泉，咏梅，马广林. 利益相关者与企业价值增值创造与分享

[J]. 中国会计研究与教育, 2006 (1): 59-69.

[134] 卫兴华. 卫兴华经济文选 [M]. 北京: 中国时代经济出版社, 2011.

[135] 温素彬, 方苑. 企业社会责任与财务绩效关系的实证研究: 利益相关者视角的面板数据分析 [J]. 中国工业经济, 2008 (10): 150-160.

[136] 温素彬. 企业社会责任影响财务绩效的传导机理: 基于多元资本共生的理论解释框架 [J]. 会计之友, 2014 (9): 2-7.

[137] 伍中信, 曹越, 张荣武. 财务动态治理论纲 [J]. 财经理论与实践, 2007 (2): 77-82.

[138] 伍中信. 现代公司财务治理理论的形成与发展 [M]. 会计研究, 2005 (10): 13-18.

[139] 伍中信. 现代企业财务治理结构论: 以财权为基础的财务理论研究 [M]. 北京: 中国财政经济出版社, 2009.

[140] 向德伟. 论财务范畴 [J]. 财政研究, 1994 (8): 26-30.

[141] 谢军. 责任论 [M]. 上海: 上海世纪出版集团, 2007.

[142] 谢志华. 出资者财务论 [J]. 会计研究, 1997 (5): 23-24.

[143] 许光伟. 资本论中具有怎样的二重性学说 [J]. 教学与研究, 2014 (6): 38-47.

[144] 杨德才. 自然辩证法 [M]. 武汉: 武汉大学出版社, 2006.

[145] 杨瑞龙, 周业安. 论利益相关者合作逻辑下的企业共同治理机制 [J]. 中国工业经济, 1998 (1): 38-40.

[146] 杨瑞龙, 周业安. 企业的利益相关者理论及其应用 [M]. 北京: 经济科学出版社, 2000.

[147] 杨淑娥, 金帆. 关于公司财务治理问题的思考 [J]. 会计研究, 2002 (12): 52.

[148] 杨志. 论资本的二重性兼论公有资本的本质 [M]. 北京: 中国人民大学出版社, 2014.

[149] 杨志. 马克思二重分析方法: 理解资本二重性的方法论基础 [G]. 中国《资本论》研究会会议论文, 2002.

[150] 叶康涛, 张姗姗, 张艺馨. 企业战略差异与会计信息的价值相关性 [J]. 会计研究, 2014 (5): 44-51.

[151] 衣龙新. 财权的经济学思考 [J]. 深圳大学学报 (人文社会科学版), 2011 (3): 88.

[152] 衣龙新. 财务治理理论初探 [J]. 财会通讯（综合版），2002（10）：7-9.

[153] 衣龙新. 财务治理理论研究述评 [J]. 财会通讯（综合），2010（2）：36-37.

[154] 詹雷，王瑶瑶. 管理层激励、过度投资与企业价值 [J]. 南开管理评论，2013（3）：36-46.

[155] 张敦力. 公司治理的核心：财务治理 [J]. 中国审计，2002（4）：45-47.

[156] 张灵. 试论企业财务的社会责任 [J]. 会计之友，2013（9）：73-75.

[157] 张维迎. 博弈论与信息经济学 [M]. 上海：上海三联书店，1995.

[158] 张维迎. 所有制、治理结构与委托-代理关系 [J]. 经济研究，1996（9）：3-15，53.

[159] 张闻天. 张闻天社会主义论稿 [M]. 北京：中国党史出版社，1995.

[160] 张小军. 复合产权：一个实质论和资本体系的视角 [J]. 社会学研究，2007（4）：23-50，243.

[161] 张长江，温作民. 利益相关者的合作博弈与公司财务和谐治理 [J]. 现代管理科学，2005（9）：60-61，20.

[162] 张兆国，孔庆贵，谭业富. 试论现代企业财务机制的构造企业社会责任与财务管理变革：基于利益相关者理论的研究 [J]. 武汉大学学报（人文科学版），1998（5）：52.

[163] 张兆国，刘晓霞，张庆. 企业社会责任与财务管理变革：基于利益相关者理论的研究 [J]. 会计研究，2009（3）：123.

[164] 张兆国，张庆，宋丽梦. 论利益相关者合作逻辑下的企业财权安排 [J]. 会计研究，2004（2）：47-49.

[165] 张兆国. 论国有企业财务宏观管理中的几个问题 [J]. 财政研究，1998（4）：54-56.

[166] 赵爱玲，李洪杰. 国有企业领导人经济责任审计评价体系研究 [J]. 财会通讯，2013（5）：77-78.

[167] 郑祝军. 公司与社会的和谐发展：美国公司制度的理念变迁 [J]. 法商研究，2004（4）：120.

[168] 周叔莲. 我对国有企业改革的研究 [J]. 中国延安干部学院学报，

2012（4）：75.

[169] 周又红，王建宇，朱海霞，等. 政治经济学 [M]. 杭州：浙江大学出版社，2004.

[170] 周祖城. 企业社会责任：视角、形式与内涵 [J]. 理论学刊，2005（2）：58-61.

[171] 朱元午，马德林，强韶华，等. 财务控制 [M]. 上海：复旦大学出版社，2007.

[172] 朱元午. 论企业财务通则修订中的四个问题 [J]. 财务与会计，2016（3）：24-25.

[173] ANTONIETTI R, MARZUCCHI A. Green tangible investment strategies and export performance: a firm-level investigation [J]. Ssrn electronic journal, 2014, 108: 150-161.

[174] BACKMAN J. Social responsibility and accountability [M]. New York: New York University Press, 1975.

[175] BAI C E, QIAO L, LU J, et al. Corporate governance and market valuation in China [J]. Journal of comparative economics, 2004, 32 (4): 599-616.

[176] BANKER R D, PLEHN J M. The relation between CEO compensation and past performance [J]. Accounting review, 2013, 88 (88): 1-30.

[177] BERLE A A, MEANS G. The modern corporation and private property [J]. New York: Macmillan, 1932.

[178] BERLE A A. For whom corporate managers are trustees: a note [J]. Harvard law review, 1932, 45 (8): 1365-1368.

[179] BEURDEN P, GOSSLING T. The worth of values a literature review on the relation between corporate social and financial performance [J]. Journal of business ethics, 2008, 82 (2): 407-424.

[180] BILLETT M T, GARFINKEL J A, JIANG Y. The Influence of governance on investment: evidence from a hazard model [J]. Journal of financial economics, 2010, 102 (3): 643-670.

[181] BOSSE D A, PHILLIPS R A, HARRISON J S. Stakeholders, reciprocity, and firm performance [J]. Strategic management journal, 2009, 30 (4): 447-456.

[182] BOWEN H R. Social Responsibilities of the businessman [M]. New York: Harper & Row, 1953.

[183] BRAMMER S, PAVELIN S. Building a good reputation [J]. European management journal, 2004, 22 (6): 704-713.

[184] CARROLL A B. The four faces of corporate citizenship [J]. Business and society review, 1998, 100 (1): 1-7.

[185] CARROLL A B. The pyramid of corporate social responsibility: toward the moral management of organizational stakeholders [J]. Business horizons, 1991, 34 (4): 3.

[186] CARROLL A B. A three-dimensional conceptual model of corporate performance [J]. The academy of management review, 1979, 4 (4): 497-505.

[187] CHEMMANUR T J, CHENG Y, ZHANG T. Human capital, capital structure, and employee pay: an empirical analysis [J]. Journal of financial economics, 2009, 110 (2): 478-502.

[188] CHENG S. Board size and the variability of corporate performance [J]. Journal of financial economics, 2008, 87 (1): 157-176.

[189] CHOI J, WANG H. Stakeholder relations and the persistence of corporate financial performance [J]. Strategic management journal, 2009, 30 (8): 895-907.

[190] DAI Z, JIN L, ZHANG W. Executive pay: performance sensitivity and litigation [J]. Contemporary accounting research, 2013, 31 (1): 152 - 177.

[191] DAVIS K, BLOMSTROM R L. Business and society: environment and responsibility (3rd) [M]. New York: McGraw-Hill, 1975.

[192] DAVIS K. Five propositions for social responsibility [J]. Business horizon, 1975, 18 (3): 19-24.

[193] DEMSETZ H, LEHN K. The structure of corporate ownership: causes and consequences [J]. Journal of political economy, 1985, 93 (6): 1155-1177.

[194] DODD E M. For whom are corporate managers trustees? [J]. Harvard law review, 1932, 45 (7): 1145-1163.

[195] DRUCKER P. Management: tasks, responsibility, practices [M]. New York: Harper & Row Publishers, 1974.

[196] EISDORFER A, GIACCOTTO C, WHITE R. Capital structure, executive compensation, and investment efficiency [J]. Journal of banking & Finance, 2013, 37 (2): 549-562.

[197] FAMA E F, JENSEN M C. Agency problems and residual claims [J].

Journal of law and economics, 1983, 26 (2): 327-349.

[198] FAMA E F, JENSEN M C. Separation of ownership and Control [J]. Journal of law and ecnomics, 1983, 26 (2): 301-325.

[199] FAULKENDER M W, FLANNERY M J, HANKINS K W, et al. Are Adjustment Costs Impeding Realization of Target Capital Structure? [C]. AFA 2008 New Orleans Meetings Paper.

[200] FERGUSON T, VOTH H J. Betting on hitler: The value of political connections in nazi germany, department of economics and business [M]. Barcelona: Universitat Pompeu Fabra, 2005.

[201] FISMAN R. Estimating the value of political connections [J]. American economic review, 2001, 91 (4): 1095-1102.

[202] FLANNERY M J, RANGAN K P. Partial adjustment toward target capital structures [J]. Ssrn electronic journal, 2004, 79 (3): 469-506.

[203] FLORES J, MONTAGNA J M, VECCHIETTI A. Investment planning in energy considering economic and environmental objectives [J]. Computers & chemical engineering, 2015, 72 (2): 222-232.

[204] FREEMAN R E. Strategic management: a stakeholder approach [M]. Cambridge: Cambridge University Press, 1951.

[205] FRIEDMAN M. The social responsibility of business is to increase its profits, ethical theory and business (3rd) [M]. Englewood Cliffs, NJ: Prentice-Hall, 1988: 87-91.

[206] GELETKANYCZ M A, HAMBRICK D C. The external ties of top executives: Implications for strategic choice and performance [J]. Administrative science quarterly, 1997, 42 (4): 654-681.

[207] GEOFF M. Corporate social and financial performance: an investigation in the U.K. supermarket industry [J]. Journal of business ethics, 2001, 34 (3-4): 299-315.

[208] GEVA A. Three models of corporate social responsibility: interrelationships between theory, research and practice [J]. Business and society review, 2008, 113 (1): 1-41.

[209] GIROUD X, MUELLER H M. Corporate governance, product market competition, and equity prices [J]. Journal of finance, 2011, 66 (2): 563-600.

[210] GOLDMAN E, ROCHOLL J, SO J. Do politically connected boards affect firm value? [J]. Review of financial studies, 2009, 22 (6): 2331-2360.

[211] GROSSMAN J, HART D. Takeover bids, the free-rider problem, and the theory of the corporation [J]. Journal of economics, 1980, 11 (1): 42-64.

[212] HILL C W, JONES T M. Stakeholder-agency theory [J]. Journal of management studies, 1992, 29 (2): 131-154.

[213] JENSEN M C, MECKLING W H. Theory of the firm: managerial behavior, agency costs and ownership structure [J]. Journal of financial economics, 1976, 3 (4): 305-360.

[214] JO H, KIM H, LEE B, et al. Corporate environmental responsibility and financial performance around the world [M]. Beijing: Social Science Electronic Publishing, 2013.

[215] LAAN G V, EES H V, WITTELOOSTUIJN A V. Corporate social and financial performance: an extended stakeholder theory, and empirical test with accounting measures [J]. Journal of business ethics, 2008, 79 (3): 299-310.

[216] LANIS R, RICHARDSON G. Corporate social responsibility and Tax aggressiveness: An empirical analysis [J]. Accounting and public policy, 2012, 31 (1): 86-108.

[217] LIM S J, PHILLIPS J. Embedding CSR values: the global footwear industry's evolving governance structure [J]. Journal of business ethics, 2008, 81 (1): 143-156.

[218] MARX K, ENGLES F. Werke band 23 [M]. Berlin: Dietz Verlag, 1962.

[219] MAX R. The legislation of the Greeks and Romans on Corporations [M]. Columbia: Columbia University Press, 1909.

[220] MCGUIRE J W. Business and society [M]. New York: McGraw Hill, 1963.

[221] MILGORM J, ROBERT J. Economics, organization and management, englewood cliffs [M]. New Jersey: Prentcie Hall, 1992.

[222] MIN-DONG P L. A review of the theories of corporate social responsibility: Its evolutionary path and the road ahead [J]. International journal of management reviews, 2008, 10 (1): 53-73.

[223] MITCHEL A, WOOD D. Toward a theory of stakeholder identification and salience: Defining the principle of whom and what really counts [J]. Academy of management review, 1997, 22 (4): 853-886.

[224] MOORE G. Corporate social and financial performance: an investigation in the U.K. supermarket industry [J]. Journal of business ethics, 2001, 34 (4): 299-316.

[225] NIKOLAOS A, PANAYIOTOU, KONSTANTIN G. Aravossis and peggy moschou, a new methodology approach for measuring corporate social responsibility performance [J]. Water, air and soil pollution focus, 2009, 9 (1): 129-138.

[226] RUF B M, MURALIDHAR K R, BROWN M et al. An empirical investigation of the relationship between change in corporate social performance and financial performance: a stakeholder theory perspective [J]. Journal of business ethics, 2001, 32 (2): 143-156.

[227] SCHOLTENS B. A note on the interaction between corporate social responsibility and financial performance [J]. Ecological economics, 2008, 44 (2): 52-57.

[228] SCHOLTENS B. Finance as a driver of corporate social responsibility [J]. Journal of business ethics, 2006, 68 (1): 19-33.

[229] SHAW K W, ZHANG M H. Is CEO cash compensation punished for poor firm performance? [J]. Social Science Electronic Publishing, 2008, 85 (3): 1065-1093.

[230] SOPPE A. Sustainable corporate finance [J]. Journal of business ethics, 2004, 53 (2): 213-224.

[231] STANWICK P A, SARAH D S. The Relationship between corporate social performance, and organization size, financial performance, and environmental performance: an empirical examination [J]. Journal of business ethics, 1998, 17 (2): 195-204.

[232] TANG J, CROSSAN M, ROWE W. Dominant CEO, Deviant strategy, and extreme performance: The moderating role of a powerful board [J]. Journal of management studies, 2011, 48 (7): 1479-1503.

[233] WONG H W. Political connections and firm performance: the case of Hong Kong [J]. Journal of east asian studies, 2010, 10 (2): 275-313.

[234] WU W, WU C, ZHOU C, et al. Political connections, tax benefits and firm performance: evidence from China [J]. Journal of accounting & public policy, 2012, 31 (3): 277-300.

[235] YANG C H, TSENG Y H, CHEN C P. Environmental regulation, induced R&D and productivity: evidence from Taiwan's manufacturing industries [J]. Resource and energy economics, 2012, 34 (4): 514-532.